白描画による仏像の見方図典

香取良夫【画・著】

十一面《じゅういちめん》化《け》仏観音《ぶつかんのん》【覚禅鈔《かくぜんしょう》】

論創社

はじめに

仏像とは、釈迦牟尼《しゃかむに》を訳して釈尊《しゃくそん》と親しまれている、この実在の人物であることから、御釈迦《おしゃか》様《さま》を人間の生身《しょうじん》の姿として理解しやすく造形したものであります。

仏像は仏教とともに天竺《てんじく》（印度《いんど》）から中国・朝鮮を経て、仏の教《おし》えである〝人間はどのように生きるべきか〟について御釈迦様が三十五歳で悟《さと》りを開《ひら》き、仏陀《ぶっだ》となり、八十歳で入滅されるまでの四十五年間にわたって、悟り得た教えを経典《きょうてん》（御経《おきょう》）に纏《まと》めました。

私達が御経や呪文《じゅもん》の真言《しんごん》（マントラ）を読めなくても、仏教の神髄が理解できるように造られたものが仏像であるわけです。今日まで千二百年以上の時が経っても、仏様たちはいつでも見守り導いてくれて御利益を受けることができるように静かに佇《たたず》んでいるのです。仏様を拝むとき慈悲《じひ》の心をもって俯《うつむ》き加減な眼差《まなざ》しで応えます。ですから仏の持物《じもつ》のもつ役割や功徳《くどく》のもつ教《おし》えを理解することは、仏様からの御利益《ごりやく》を預《あず》かることになります。仏尊《ぶっそん》のこれらの特徴を理解することはさらに御利益を高められるでしょう。

長い歴史の中で、仏像や図像は度重なる戦火や地震による巻き添えと湿気や虫蝕《むしばみ》、持物《じもつ》や彩色などの欠落・剝落《はくらく》したこれらの仏図像を当初の姿に戻す白描画線によって、また仏像研究者諸氏による御指導のもと挿絵師として五十年間にわたって従事してきましたので、仏像を親しみ、理解する手助けとなることを願います。

香取良夫

本書の使い方

本書では仏像の知識を知るために白画《はくが》（白描画《はくびょうが》）の仏像研究の挿絵師として、五十年に渡って学者の指導のもとに描き続けたものであります。

その仏像画の種類を如来形《にょらいぎょう》、観音《かんのん》形、菩薩《ぼさつ》形、明王《みょうおう》形、天《てん》形、その他の諸尊《しょそん》形に分けて描き上げた尊像について図解した図像集《ずぞうしゅう》であります。

それぞれの各尊については宗教上の各宗派の経典《きょうてん》・教法《きょうほう》においても記憶による発音や口伝《くでん》の事柄などさまざまな意味の奥義がありますが、その時の各尊の師事した学者の新義の見解をもとに編纂《へんさん》したことを理解していただきたく思います。

また古本の図像抄などは湿気・欠落の状態のものが多く見られますが、経典と儀軌《ぎき》をもとに立像《りゅうぞう》を観察《かんざつ》し写実的に著《あらわ》し、できるかぎりに振り仮名を記しました。

白描画による仏像の見方図典◉目　次

はじめに i
本書の使い方 ii

如来形《にょらいぎょう》

釈迦如来《しゃかにょらい》〔奈良県・西大寺蔵〕 2
阿弥陀如来《あみだにょらい》〔奈良県・東大寺蔵〕 4
見返《みかえ》り阿弥陀如来《あみだにょらい》〔京都府・禅林寺蔵〕 6
阿弥陀《あみだ》如来の来迎《らいごう》〔当麻曼荼羅縁起絵巻〕 8
薬師如来《やくしにょらい》〔京都府・神護寺蔵〕 10
善名称吉祥王如来《ぜんみょうしょうきちじょうおうにょらい》〔十巻抄〕 12
毘盧遮那如来《びるしゃなにょらい》〔奈良県・東大寺蔵〕 14
大日如来《だいにちにょらい》（金剛界《こんごうかい》）〔十巻抄〕 16
大日如来《だいにちにょらい》（胎蔵界《たいぞうかい》）〔十巻抄〕 18
弥勒如来《みろくにょらい》〔奈良県・東大寺蔵〕 20
金剛薩埵《こんごうさった》〔兵庫県・円教寺蔵〕 22
仏眼仏母《ぶつげんぶつも》〔別尊雑記〕 24
定光仏《じょうこうぶつ》〔十巻抄〕 26
仏頂尊《ぶっちょうそん》〔大仏頂尊曼荼羅〕 28
熾盛光仏頂《しじょうこうぶっちょう》〔醍醐寺図像本〕 30

観音形《かんのんぎょう》

聖観音《しょうかんのん》〔滋賀県・延暦寺蔵〕 34
夢違《ゆめちが》い観音《かんのん》〔奈良県・法隆寺蔵〕 36
救世観音《くぜかんのん》〔奈良県・法隆寺蔵〕 38
百済観音《くだらかんのん》〔奈良県・法隆寺蔵〕 40
十一面観音《じゅういちめんかんのん》〔奈良県・長谷寺蔵の本尊御影大画軸仏画〕 42
千手観音《せんじゅかんのん》〔十巻抄〕 44
不空羂索観音《ふくうけんじゃくかんのん》〔十巻抄〕 46
如意輪観音《にょいりんかんのん》〔大阪府・観心寺蔵〕 48
馬頭観音《ばとうかんのん》〔別尊雑記〕 50
阿摩提観音《あまだいかんのん》〔別尊雑記〕 52
准胝観音《じゅんていかんのん》〔高雄曼荼羅図像本〕 54
白衣観音《びゃくえかんのん》〔京都府・相国寺蔵の吉山明兆画〕 56
水月観音《すいがつかんのん》〔大悲救苦水月観音菩薩曼荼羅〕 58
魚籃観音《ぎょらんかんのん》〔葛飾北斎画〕 60

菩薩形《ぼさつぎょう》

弥勒菩薩《みろくぼさつ》〔京都府・広隆寺蔵〕 64
文殊菩薩《もんじゅぼさつ》〔奈良県・西大寺蔵〕 66
宝髻文殊菩薩《ほうけいもんじゅぼさつ》〔高雄曼荼羅図像本〕 68
渡海文殊菩薩《とかいもんじゅぼさつ》〔奈良県・般若寺蔵〕 70
普賢菩薩《ふげんぼさつ》〔十巻抄〕 72
延命普賢菩薩《えんめいふげんぼさつ》〔覚禅鈔〕 74

延命菩薩《えんめいぼさつ》〔十巻抄〕 76
虚空蔵菩薩《こくうぞうぼさつ》（業用《ごうゆう》）〔京都府・神護寺蔵〕 78
地蔵菩薩《じぞうぼさつ》〔奈良県・東大寺蔵より作画〕 80
大勢至菩薩《だいせいしぼさつ》〔京都府・知恩院蔵〕 82
日光菩薩《にっこうぼさつ》〔桑実寺縁起絵巻〕 84
月光菩薩《がっこうぼさつ》〔桑実寺縁起絵巻〕 86
金剛吼菩薩《こんごうくぼさつ》〔五大力菩薩図像〕 88
大随求菩薩《だいずいぐぼさつ》〔諸尊図像本〕 90
持世菩薩《じせぼさつ》〔十巻抄〕 92
馬鳴菩薩《めみょうぼさつ》〔醍醐寺図像本〕 94
五秘密菩薩《ごひみつぼさつ》〔覚禅鈔〕 96

明王形《みょうおうぎょう》

不動明王《ふどうみょうおう》〔十巻抄〕 100
降三世明王《ごうざんぜみょうおう》〔別尊雑記〕 102
軍荼利明王《ぐんだりみょうおう》〔別尊雑記〕 104
大威徳明王《だいいとくみょうおう》〔別尊雑記〕 106
金剛夜叉明王《こんごうやしゃみょうおう》〔別尊雑記〕 108
烏枢沙摩明王《うすさまみょうおう》〔十巻抄〕 110
愛染明王《あいぜんみょうおう》〔奈良県・西大寺蔵〕 112
孔雀明王《くじゃくみょうおう》〔醍醐寺図像本〕 114
太元帥明王《たいげん(すい)みょうおう》〔京都府・醍醐寺蔵の堯助僧正画〕 116
金剛童子《こんごうどうじ》〔十巻抄〕 118
馬頭大威怒明王《ばとうだいいぬみょうおう》〔葛飾北斎画〕 120
矜羯羅《こんがら》・制吒迦《せいたか》（不動童子《ふどうどうじ》）〔和歌山県・金剛峯寺蔵〕 122

天形《てんぎょう》

阿修羅《あしゅら》〔奈良県・興福寺蔵〕126
善如龍王《ぜんにょりゅうおう》〔請雨経図像本〕128
大梵天《だいぼんてん》〔京都府・東寺蔵〕130
帝釈天《たいしゃくてん》〔京都府・東寺蔵の十二天屛風〕132
吉祥天《きちじょうてん》〔京都府・浄瑠璃寺蔵〕134
執金剛神《しゅこんごうしん》〔奈良県・東大寺蔵〕136
仁王尊《におうそん》〔奈良県・東大寺南大門立像〕138
四天王《してんのう》〔葛飾北斎画〕140
兜跋毘沙門天《とばつびしゃもんてん》〔京都府・鞍馬寺蔵〕142
刀八毘沙門天《とうはちびしゃもんてん》〔葛飾北斎画〕144
深沙大将《じんじゃたいしょう》〔奈良県・閑生院蔵、大正大蔵経図像〕146
吉祥天《きちじょうてん》と梵釈《ぼんしゃく》〔吉祥天曼荼羅図像〕148
宝蔵天女《ほうぞうてんにょ》〔十巻抄〕150
辯財天《べんざいてん》〔別尊雑記〕152
伎芸天女《ぎげいてんにょ》〔奈良県・秋篠寺蔵〕154
訶利帝母《かりていも》〔醍醐寺図像本〕156
氷揭羅天《ひょうぎゃらてん》〔十巻抄〕158
火天《かてん》〔京都府・東寺蔵の十二天屛風〕160
焔摩天《えんまてん》〔京都府・東寺蔵の十二天屛風〕162
羅刹天《らせつてん》〔京都府・東寺蔵の十二天屛風〕164
水天《すいてん》〔京都府・東寺蔵の十二天屛風〕166
風天《ふうてん》〔京都府・東寺蔵の十二天屛風〕168
伊舎那天《いしゃなてん》〔京都府・東寺蔵の十二天屛風〕170
地天《ちてん》〔京都府・東寺蔵の十二天屛風〕172
日天《にってん》〔京都府・東寺蔵の十二天屛風〕174
月天《がってん》〔京都府・東寺蔵の十二天屛風〕176

摩醯首羅天《まけいしゅらてん》〔十巻抄〕 178
摩利支天《まりしてん》〔葛飾北斎画〕 180
大黒天《だいこくてん》〔藤原信実画〕 182
穰虞梨童女《じょうぐりどうにょ》〔密教図像本〕 184
韋駄天《いだてん》〔京都府・万福寺蔵〕 186
飛天女人《ひてんにょにん》〔静岡県・浅間神社蔵の狩野栄信画〕 188
増長天《ぞうちょうてん》と持国天《じこくてん》（二王門の二王）〔奈良県・東大寺蔵〕 190
大聖歓喜天《だいしょうかんぎてん》〔十巻抄〕 192

その他の諸尊形《しょそんぎょう》

閻魔大王《えんまだいおう》〔奈良県・白毫寺蔵〕 196
蔵王権現《ざおうごんげん》〔東京都・総持寺蔵〕 198
僧形八幡神《そうぎょうはちまんしん》〔奈良県・東大寺蔵〕 200
木花之開耶姫命《このはなのさくやひめのみこと》〔葛飾北斎画〕 202
十六羅漢《じゅうろくらかん》〔狩野派下絵図像〕 204
聖徳太子《しょうとくたいし》（孝養像《きょうよう》）〔大阪府・四天王寺蔵〕 206
鍾馗《しょうき》〔河鍋暁斎画〕 208
七福神宝船《しちふくじんたからぶね》〔喜多川歌麿画〕 210

附録

坐像《ざぞう》（各名称） 214
立像《りゅうぞう》（各名称） 215
仏《ほとけ》の三十二相《そう》①〜⑬ 216
仏《ほとけ》の三十二相《そう》⑭〜㉜ 217

如来形《にょらいぎょう》の特徴《とくちょう》 218
《足裏《あしうら》の瑞祥七相《ずいしょうしちそう》》 219
懸仏《かけぼとけ》 220
秘仏《ひぶつ》と印仏《いんぶつ》　印契《いんげい》 221
須弥壇《しゅみだん》 222
厨子《ずし》　三具足《みつぐそく》と六器《ろっき》 223
金剛杵《こんごうしょ》と金剛鈴《こんごうれい》　華鬘《けまん》 224
宝瓶《ほうびょう》　華籠《けこ》 225
銅鑼《どら》と銅鈸《どうばつ》　磬架《けいか》 226
鉦鼓《しょうご》と楽太鼓《がくだいこ》 227
宝輪《ほうりん》　雲版《うんばん》 228
荷太鼓《にないだいこ》　双盤《そうばん》 229
如意《にょい》　火舎《かしゃ》と木魚《もくぎょ》 230
倶利迦羅龍王剣《くりからりゅうおうけん》　釣鐘《つりがね》 231
干支《えと》の守《まも》り本尊《ほんぞん》 232
卵塔《らんとう》と五輪塔《ごりんとう》　多宝塔《たほうとう》 233
鳳凰《ほうおう》　鶬鴰《そうかつ》（真鶴《まなづる》） 234
迦陵頻伽《かりょうびんが》　青龍《しょうりゅう》 235
参考文献 236
索引 252
略歴 253

如《にょ》来《らい》形《ぎょう》

菩《ぼ》薩《さつ》行《ぎょう》を修《おさ》め悟《さと》りを開いた者《もの》で、
最上位にあって仏《ぶっ》陀《だ》とも称する。

釈迦如来《しゃかにょらい》

御利益

煩悩《ぼんのう》を清めて汚れを除き、病気や怪我をもきれいに治して、一切の衆生《しゅじょう》を救済する。

釈尊《しゃくそん》と慕われて呼称される、この生身《しょうじん》の釈迦は実在の人物で悟《さと》りを開《ひら》いた者《もの》（仏陀《ぶっだ》）であることから、生涯（仏伝《ぶってん》）を下天・入胎・住胎・出生・出家・成道《じょうどう》・説法・涅槃《ねはん》の「釈迦八相《しゃかはっそう》」といわれる姿を象徴する形で表現され、その誕生から入滅を単像として造られている。

この釈迦仏は礼拝の対象として印相《いんぞう》と持物《じもつ》を執《と》る形で表わされ、一方では三尊《さんぞん》形《ぎょう》で左脇侍《わきじ》に文殊菩薩《もんじゅぼさつ》を、右脇侍に普賢菩薩《ふげん》を配した形像が多くなったが、以前は左脇侍に帝釈天《たいしゃくてん》、右脇侍に梵天《ぼんてん》を配していた。

釈迦が仏教を完成させたのは過去に成道《じょうどう》して成仏《じょうぶつ》した前生名の毘婆尸仏《びばしぶつ》・尸棄《しき》仏・毘舎浮《びしゃふ》仏・倶留孫《くるそん》仏・倶那含牟尼《くながんむに》仏・迦葉《かしょう》仏、そして七番目に実在の釈迦牟尼《むに》仏を過去七仏と『神呪経《しんじゅきょう》』に記されている。

出家後の姿（如来の通形姿）

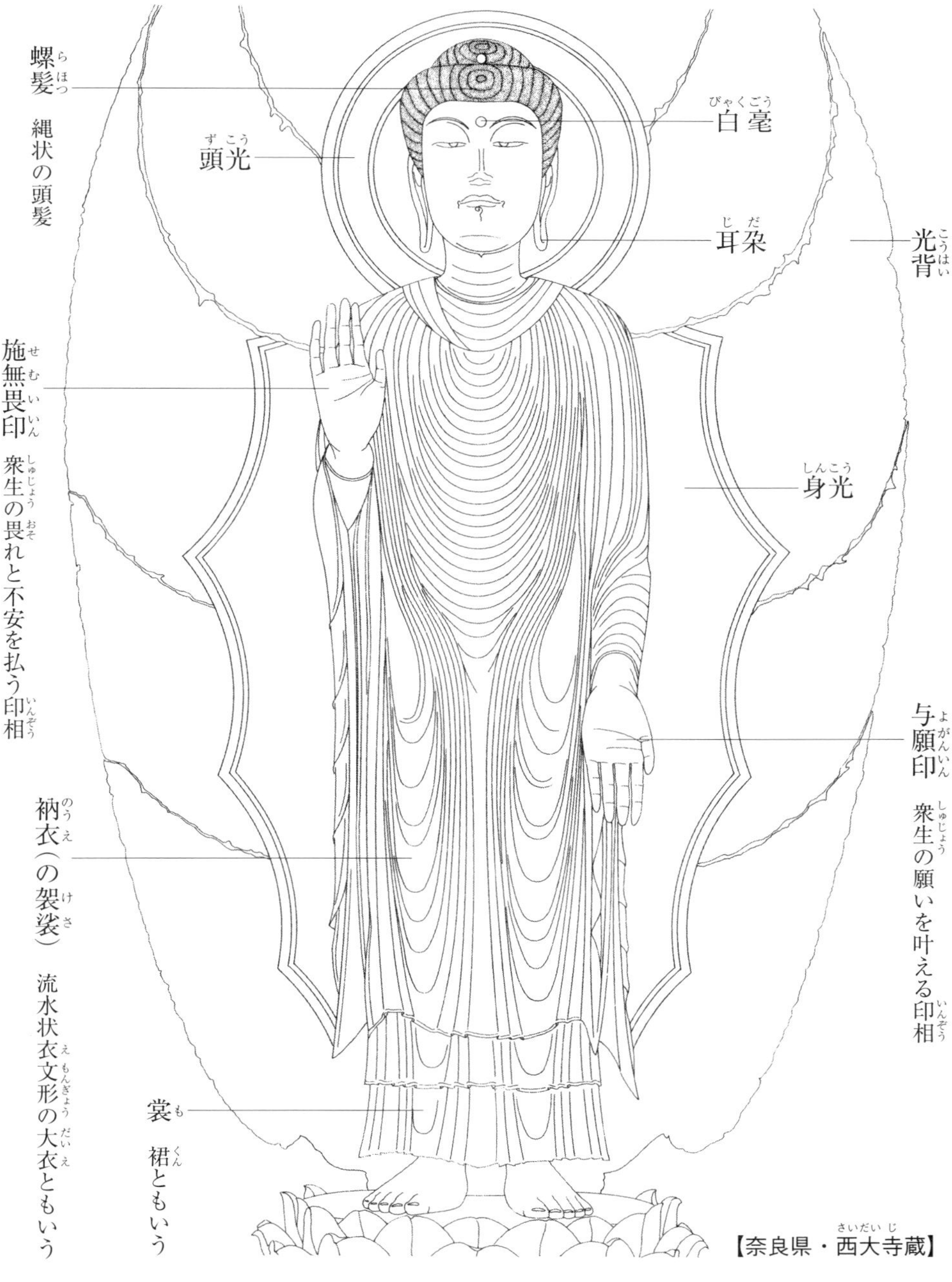

【奈良県・西大寺《さいだいじ》蔵】

阿《あ》弥《み》陀《だ》如《にょ》来《らい》

御利益

「南《な》無《む》阿《あ》弥《み》陀《だ》仏《ぶつ》」と合掌して念仏を唱えると、極楽（安楽）浄土に往生させてくれる。

阿弥陀如来《あみだにょらい》は阿弥陀仏とも弥陀《みだ》とも称され、無限の徳を表わすことで無量寿《むりょうじゅ》如来ともいう。『無量寿経』によるとこの弥陀は過去仏の感化によって法蔵菩薩《ほうぞうぼさつ》となって五劫《ごこう》という永い期間に思惟《しゆい》して衆生救済の「四十八の大願《だいがん》」を成就《じょうじゅ》したことで阿弥陀如来となり、さらに今も説法《せっぽう》している。

この大願には阿弥陀仏を唱えるとかならず九品往生《くぼんおうじょう》と呼ばれる来迎法《らいごうほう》によって臨《りん》終《じゅう》の際には阿弥陀如来が迎えに来て、娑婆《しゃば》界の西方《さいほう》の極楽浄土《ごくらくじょうど》に往生できるとされている。あの世の極楽の教主である。

三尊《さんぞん》形式での阿弥陀如来と左脇侍《わきじ》の観世音菩薩《かんぜおんぼさつ》（聖観音《しょうかんのん》）、右脇侍の勢至《せいし》菩薩とするひとつの光背《こうはい》に収まることで、一光三尊像《いっこうさんぞんぞう》とも呼称され信仰された百済《くだら》の影響をもつ長野県・善光寺《ぜんこうじ》の阿弥陀立像《りゅうぞう》がある。

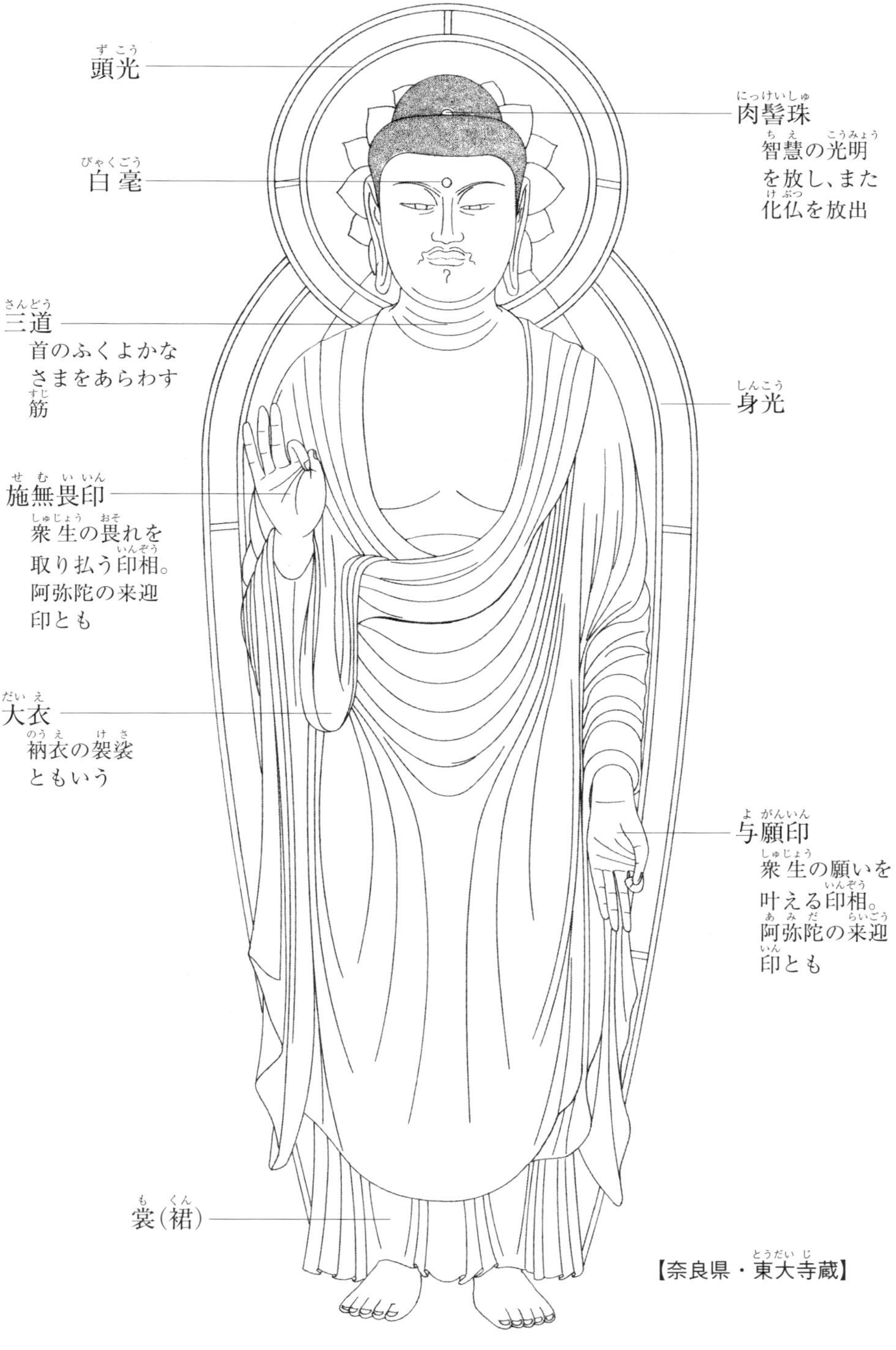

【奈良県・東大寺《とうだいじ》蔵】

見返《みかえ》り阿弥陀如来《あみだにょらい》

御利益

未《いま》だかと遅《おそ》しの衆生にも慈悲の愛と心をもって救済を施すとされる。また怪異《けい》や悪霊を払ってくれる。

阿弥陀仏《あみだぶつ》と一緒に僧侶《そうりょ》の永観《えいかん》が念仏《ねんぶつ》しながら修行《しゅぎょう》していると、弥陀《みだ》が左向きになり永観を見返《みかえ》り〝永観よ遅いのう〟と言うと、常々に衆生《しゅじょう》の救済を願う永観はその振り返った姿を留《とど》めみて、慈悲《じひ》の心を表わす「見返り阿弥陀」の伝説となった。古くはこの形像は観世音《かんぜおん》・勢至《せいし》の菩薩《ぼさつ》像を脇侍《わきじ》とした三尊像《さんぞんぞう》であった。今では京都府・禅林寺《ぜんりんじ》の「紅葉《もみじ》と桜の永観堂《えいかんどう》」に上品下生《じょうぼんげしょう》の来迎法《らいごうほう》を表わす印相《いんぞう》での見返り阿弥陀を最古の作例とされる。

また一説によると生身《しょうじん》の阿弥陀仏とするために見返り阿弥陀の像にしたという。これら以外にも見返り阿弥陀には群馬県・万日堂《まんにちどう》、富山県・光照寺《こうしょうじ》、山形県・善光寺《ぜんこうじ》、東京都・長寿院《ちょうじゅいん》の像がある。また阿弥陀如来の浄土《じょうど》を表わした当麻曼《たいままん》茶羅図《だらず》が阿弥陀堂に納められています。

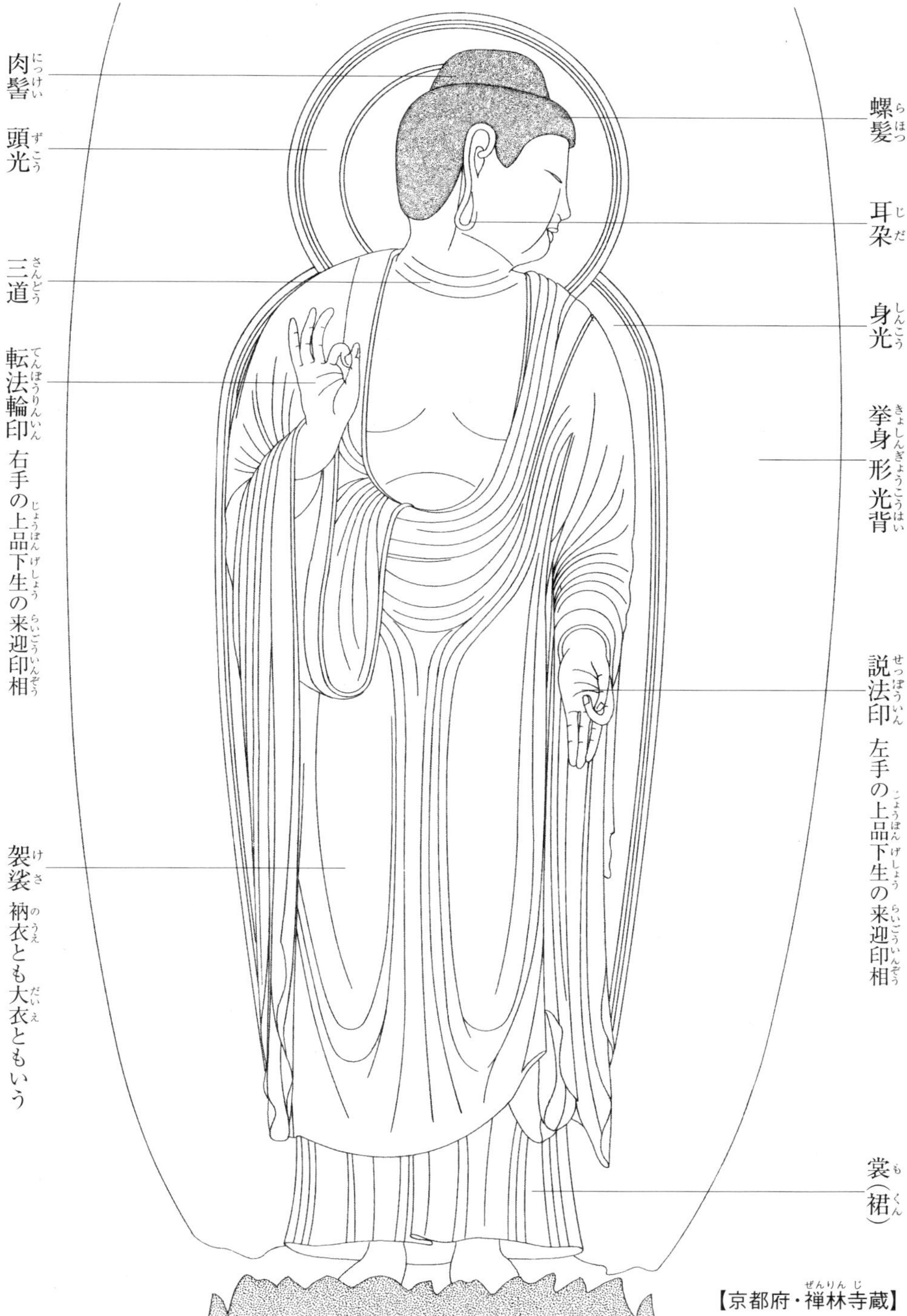

【京都府・禅林寺《ぜんりんじ》蔵】

阿弥陀如来《あみだにょらい》の来迎《らいごう》

御利益

菩薩と阿弥陀の来迎印の形で、極楽浄土への迎えで来世利益と福利が施される。

『観無量寿経《かんむりょうじゅきょう》』によると阿弥陀如来《あみだにょらい》の来迎《らいごう》への「九品往生相《くぼんおうじょうそう》」は二十五菩薩《ぼさつ》の雅楽《ががく》の伴奏《ばんそう》と阿弥陀如来の印相《いんぞう》で表わされている。上品《じょうぼん》は行いが良い人、中品《ちゅうぼん》は普通の人、下品《げぼん》は罰を受ける人と分けられ、如来の印相によって上生《じょうしょう》は定印《じょういん》を、中生《ちゅうしょう》は説法印《せっぽういん》を、下《げ》生《しょう》は来迎印《らいごういん》とされ、死者への生前の信仰への深浅《しんせん》に応じて悪行と善行によって、どの来迎法で迎えられ、極楽《ごくらく》へと往生《おうじょう》できるかは、耳を澄《す》まして合掌《がっしょう》すれば救われる。

九品往生相《くぼんおうじょうそう》

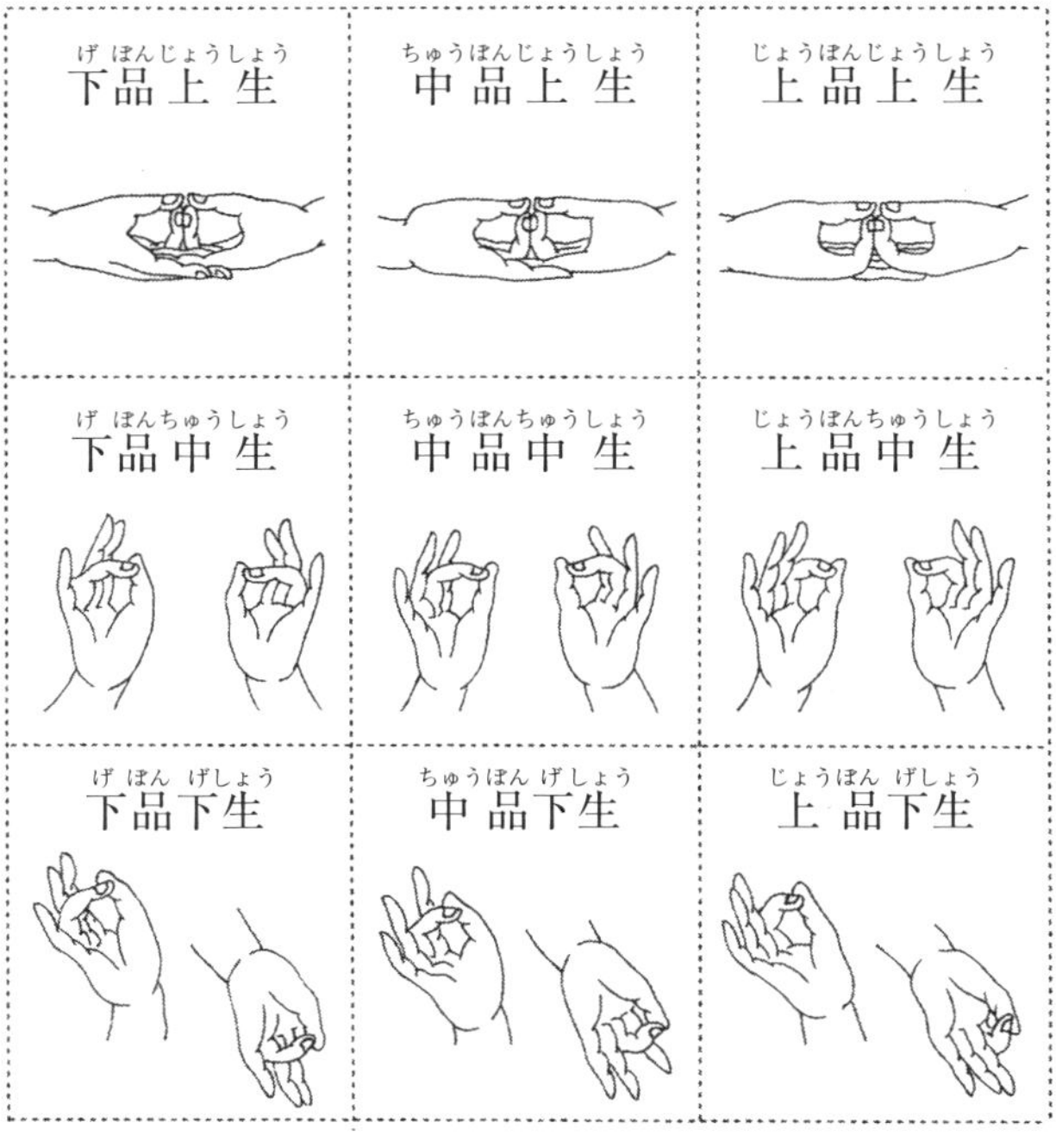

阿弥陀如来《あみだにょらい》と八菩薩《はちぼさつ》の来迎《らいごう》

【当麻曼荼羅縁起絵巻《たいままんだらえんぎえまき》】

薬師如来《やくしにょらい》

御利益

衆生《しゅじょう》の病気に治癒《ちゆ》・安楽《あんらく》を与える尊《そん》で、すべての窮乏《きゅうぼう》と苦難を取り払って、願いを成就《じょうじゅ》してくれる。

薬師瑠璃光如来《やくしるりこうにょらい》を略して薬師如来と呼び、瑠璃光王如来、医王《いおう》如来ともいう。瑠璃光の浄土《じょうど》（仏国《ぶっこく》）の教主であり、菩薩《ぼさつ》の時に世のため衆生《しゅじょう》のために修行《しゅぎょう》しながら「十二の大願《だいがん》」を誓願し、特に医薬を得られない衆生を救済し、病気平癒《へいゆ》させることで信仰されている。

当初は如来のなかでは薬師経の『経軌《きょうき》』にわずかに説かれ、薬師像の例は極めて少ないが、先の十二の大願の除病安楽《じょびょうあんらく》や息災離苦《そくさいりく》が現世利益《げんぜりやく》的なことと眼病平癒《げんびょうへいゆ》を願う人々に万病に効く薬壺《やっこ》をもつことが特徴となって盛んに信仰されていった。この薬壺は形相が宝珠《ほうじゅ》と同じような法力の功徳《くどく》があることも大きな要因とされ、薬師如来はこの薬壺を三昧耶形《さんまやぎょう》として持することが強調されるようになった。奈良県・新薬師寺は有名である。

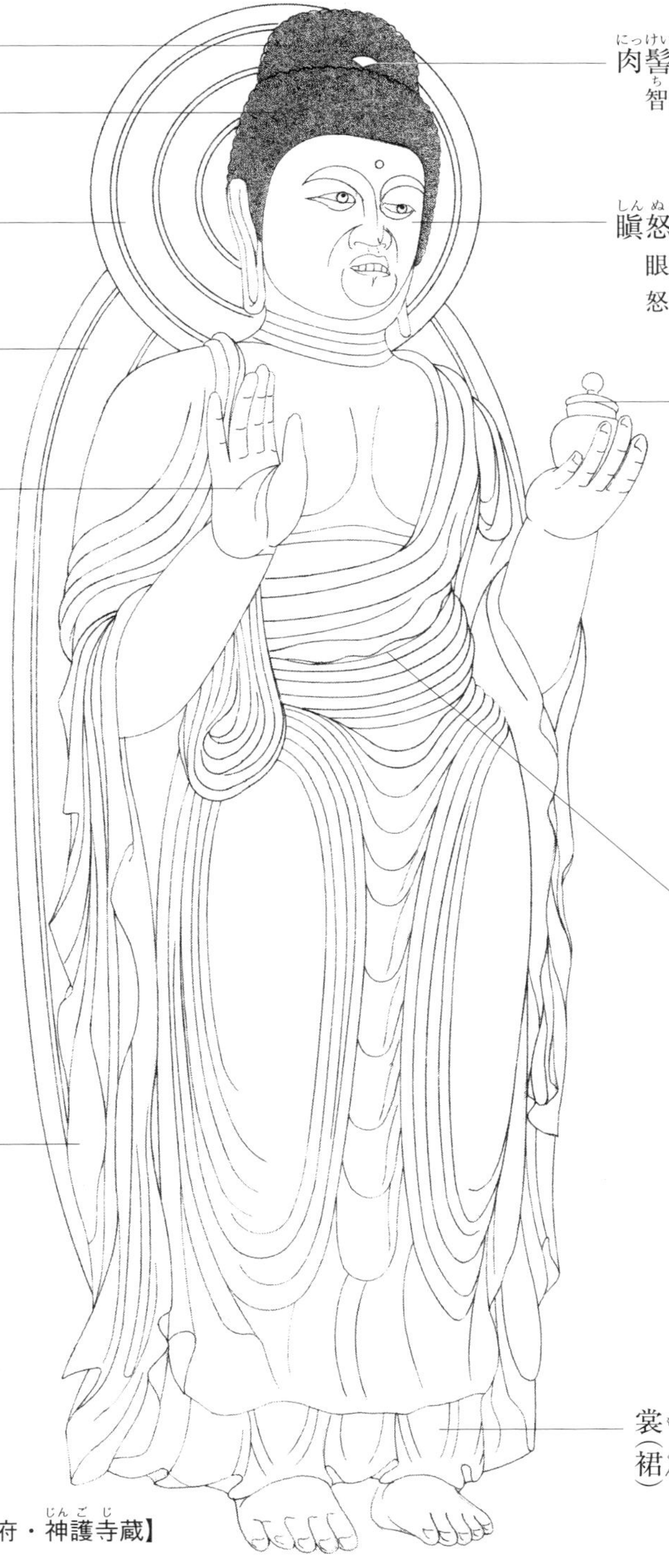

【京都府・神護寺《じんごじ》蔵】

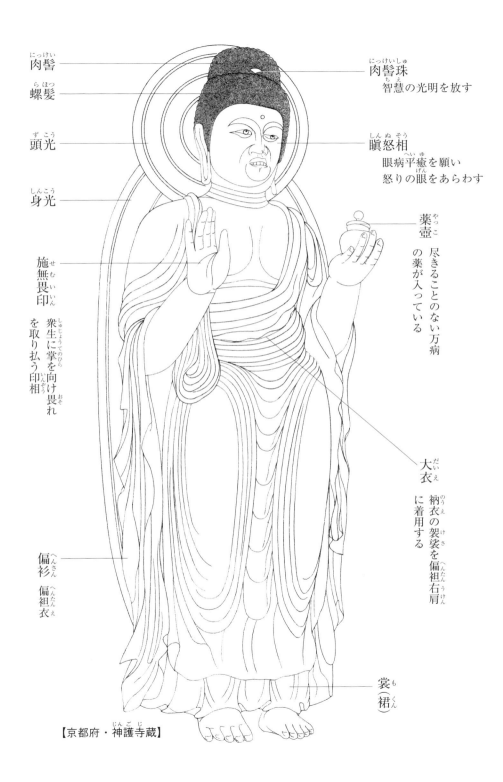

善名称吉祥王如来《ぜんみょうしょうきちじょうおうにょらい》

御利益

一切の智慧や功徳で、衆生を毒害から逃れさせ、心病を滅して身病をなおすとされる。

善名称吉祥王如来《ぜんみょうしょうきちじょうおうにょらい》は薬師《やくし》如来の分身《ぶんしん》とされる薬師瑠璃光七仏《るりこうしちぶつ》のひとつであり、薬師如来の信仰の大いなる隆盛となって造像されていった。薬師如来像の光背《こうはい》に瑠璃光七仏を化仏《けぶつ》として形像《ぎょうぞう》されもした。

光勝《こうしょう》世界に善名称吉祥王如来、妙宝《みょうほう》世界に宝月智厳光音自在王《ほうげつちごんこうおんじざいおう》如来、円満香積《えんまんこうしゃく》世界に金色宝光妙行成就《こんじきほうこうみょうぎょうじょうじゅ》如来、無憂《むゆう》世界に無憂最勝吉祥《さいしょうきちじょう》如来、法幢《ほうどう》世界に法《ほう》海雷音《かいらいおん》如来、善住宝海《ぜんじゅうほうかい》世界に法海勝慧遊戯神通《ほうかいしょうえゆうげじんつう》如来、浄瑠璃《じょうるり》世界に薬師瑠璃光如来を配したことが『七仏本願功徳経』に記される。

仏の世界では四方四仏の例にならって薬師は東方、阿弥陀《あみだ》は西方、弥勒《みろく》は南方、釈迦《しゃか》は北方の浄土《じょうど》は各々の四方にあると考えられた。このことで薬師如来の浄土が東方と『経軌《きょうき》』で説かれ、さらに信仰された。

螺髪《らほつ》
小さな巻貝状
の粒形の髪
肉髻《にっけい》
頭光《ずこう》
挙身形光背《きょしんぎょうこうはい》
後光《ごこう》をかたどった
光背
施無畏印《せむいいん》
畏《おそ》れを取り払う
印相《いんぞう》
身光《しんこう》
衲衣《のうえ》の袈裟《けさ》
如意《にょい》の三宝珠《さんほうじゅ》
どのような願い
も叶える宝の玉
結跏趺坐《けっかふざ》
最上位の吉祥坐《きっしょうざ》
ともいう坐り方

【十巻抄《じっかんしょう》】

毘《び》盧《る》遮《しゃ》那《な》如《にょ》来《らい》

御利益

左手の五指から胎蔵界《たいぞうかい》の五仏を、右手の五指から金剛界《こんごうかい》の五仏を応身仏《おうじんぶつ》として、一切の衆生《しゅじょう》を救済する。

盧舎那仏《るしゃなぶつ》ともいわれる、この大仏は仏教が伝来されて約二百年後に造られました。古来より全宇宙のあらゆる世界（仏界）を照らす太陽の力を光明遍照《こうみょうへんじょう》・光輝《こうき》普遍《ふへん》という意味からして毘盧遮那如来《びるしゃなにょらい》と称されました。

釈迦《しゃか》のようにこの世に生まれて生身《しょうじん》の如来とは違って仏教の真理である法身仏《ほっしんぶつ》は毘盧遮那如来とすることが『梵網経《ぼんもうきょう》』での蓮華蔵《れんげぞう》世界の浄土《じょうど》の教主と記される。この蓮華の台座に毘盧遮那如来が坐して、千葉《せんよう》の花弁に囲まれて千の大釈迦と一葉《いちよう》ごとに百億の小釈迦が配され、その最上位に君臨するのが毘盧遮那如来とされ、この形像にした奈良県・東大寺《とうだいじ》の大仏坐像《ざぞう》には蓮華座の花弁に千の大釈迦が菩薩《ぼさつ》に囲まれ線刻され、光背《こうはい》には十六の如来を配し、唐招提寺《とうしょうだいじ》の仏像の光背に八六四体の釈迦を表わすが元は千体とされる。

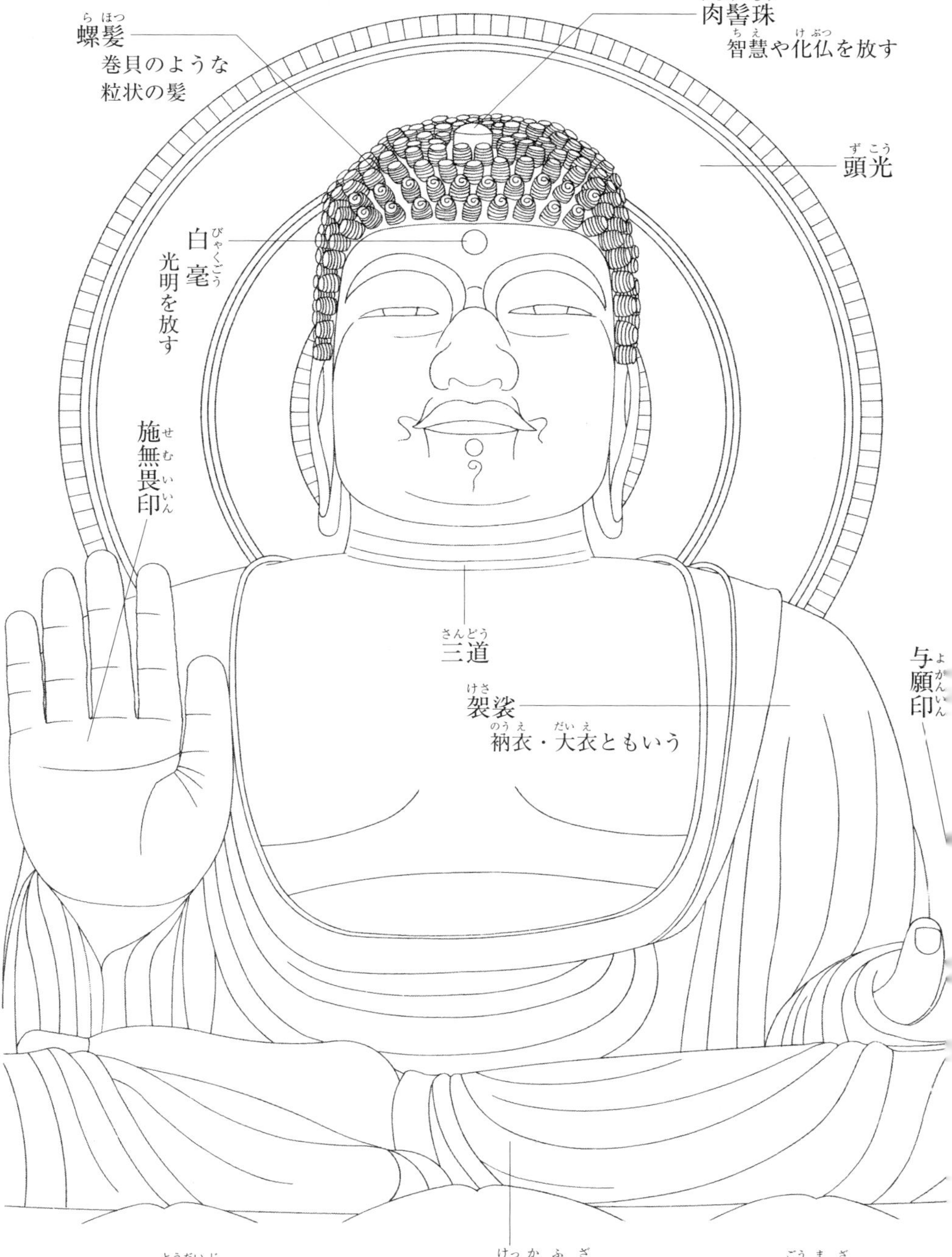

【奈良県・東大寺《とうだいじ》蔵】

大日如来《だいにちにょらい》（金剛界《こんごうかい》）

御利益

智《ち》の光明をもって遍《あま》ねく一切の衆生《しゅじょう》にあらゆる煩悩《ぼんのう》を打ち破って、救済して願いを叶える。

密教《みっきょう》においては大日如来を最上位の仏尊《ぶっそん》とされる。元来如来形《にょらいぎょう》は成道《じょうどう》（悟《さと》りを開いた者）の姿で大衣《だいえ》（衲衣《のうえ》の袈裟《けさ》）をまとった姿で表わされるが、この大日如来は出家前の菩薩形《ぼさつぎょう》で表わされる。金剛界《こんごうかい》の大日如来は宝冠《ほうかん》を被《かぶ》り、衲衣の袈裟を偏袒《へんたん》右肩《うけん》（袈裟の着用法）するとき、右片袖をぬいて右肩をあらわすという最敬礼の姿で瓔珞《ようらく》・環珞《かんらく》で荘厳《しょうごん》し、智拳印《ちけんいん》（左手の立てた人差し指を右手で握る印相《いんぞう》）を結ぶ、金剛界の根本仏《こんぽんぶつ》とされた。

この金剛界の大日如来は仏《ほとけ》の智《ち》（精神的叡知《えいち》）の世界の教主とされることが『金《こん》剛頂経《ごうちょうぎょう》』に記され、五智《ごち》如来とは中心に大日如来の法界体性智《ほっかいたいしょうち》・東方に阿閦《あしゅく》如来の大円鏡智《だいえんきょうち》・南方に宝生《ほうしょう》如来の平等性智《びょうどうしょうち》・西方に阿弥陀《あみだ》如来（無量寿《むりょうじゅ》如来）の妙観察智《みょうかんざつち》・北方に不空成就《ふくうじょうじゅ》の成所作智《じょうしょさち》として祀《まつ》られる。

金《こん》剛《ごう》界《かい》五《ご》仏《ぶつ》

【十巻抄《じっかんしょう》】

大日如来《だいにちにょらい》（胎蔵界《たいぞうかい》）

御利益

理《ことわり》の光明で菩提《ぼだい》の悟《さと》りをもって、衆生《しゅじょう》を救済し、病気平癒《へいゆ》・息災離苦《りく》・心願不空《しんがんふくう》が叶えられる。

胎蔵界《たいぞうかい》の大日如来《だいにちにょらい》は結跏趺坐《けっかふざ》（両足を反対の太腿《ふともも》にのせる坐《すわ》り方で、左足を内にして組む吉祥坐《きっしょうざ》ともいう）し、左掌《てのひら》の上に右手を重ね両親指の先を接する法界《ほっかい》定印《じょういん》（禅《ぜん》定印）を結び、悟《さと》りと慈悲《じひ》を表わしている。

菩提《ぼだい》（悟《さと》り）を求める胎蔵界の大日如来は仏《ほとけ》の理《ことわり》（物質的条理《じょうり》）の根本仏《こんぽんぶつ》であり、遍《あま》ねく衆生《しゅじょう》すべてを照らす太陽神で、すべての仏は大日如来の化身仏《けしんぶつ》とすることが『大日経《だいにちきょう》』に記される。そして五仏には中心に大日如来を、東方に宝幢《ほうどう》如来を、南方に開敷華王《かいふけおう》如来を、西方に無量寿《むりょうじゅ》如来（阿弥陀《あみだ》如来）を、北方に天鼓雷《てんくらい》音《おん》如来とされるが、胎蔵界と金剛界の五仏は尊名がちがっても、大日如来の智徳《ちとく》を密接不離《みっせつふり》で表わすことでふたつの世界観があるが根本仏は大日如来であって四仏どうしは同じ意の尊である。

胎蔵界五仏《たいぞうかいごぶつ》

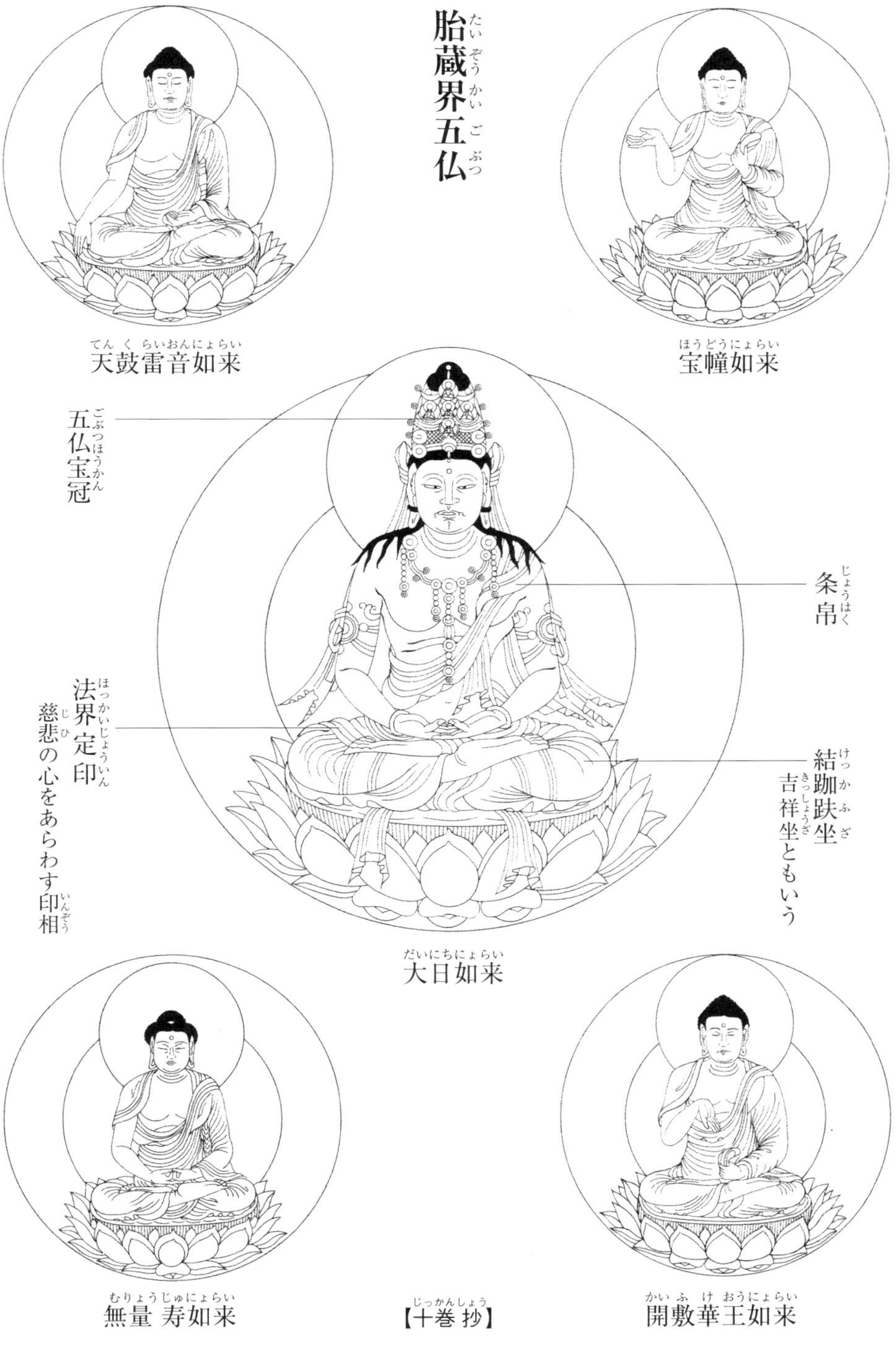

【十巻抄《じっかんしょう》】

弥勒如来《みろくにょらい》

御利益

慈《いつく》しむ愛から合掌《がっしょう》すれば罪障《ざいしょう》を除き、敬《うやま》えば罪過《ざいか》は消滅して、衆生《しゅじょう》を救ってくださる。

弥勒《みろく》は釈迦《しゃか》の次に成仏《じょうぶつ》することから菩薩《ぼさつ》であるが如来《にょらい》で表わされ、未来仏《みらいぶつ》、当来《とうらい》仏、弥勒如来仏とも称される。この弥勒は成道《じょうどう》して龍華樹《りゅうげじゅか》下で悟《さと》りを開《ひら》いた者《もの》として如来となり、実在の釈迦入滅して五十六億七千万年後に、娑婆《しゃば》界（人間界）に出現し、釈迦の弟子として釈迦の救済にもれた衆生を教化《きょうけ》し、救うことで三会《さんえ》（三回の説法）を行った。

この弥勒の菩薩から如来という二面性から弥勒信仰にも弥勒の住する兜率天《とそつてん》に往《おう》生《じょう》する菩薩形《ぎょう》の上生《じょうしょう》信仰と弥勒の出現し誕生するという如来形の下生《げしょう》信仰が、平安期に起こる。奈良は吉野の金峯山《きんぷせん》で弥勒の兜率浄土《じょうど》に往生する信仰が起こり、その後に金峯山は救済の下生《げしょう》の地とする信仰も起こっていった。さらにそこから弥勒来迎《らいごう》という末法《まっぽう》思想も生じる。

【奈良県・東大寺《とうだいじ》蔵】

金剛薩埵《こんごうさった》

御利益

菩薩形《ぼさつぎょう》でもあり、勇猛果敢《ゆうもうかかん》な金剛杵《こんごうしょ》の威力で衆生《しゅじょう》のさまよう迷妄《めいもう》から脱皮《だっぴ》させ打破して救済している。

金剛薩埵《こんごうさった》は別称に金剛手菩薩《こんごうしゅぼさつ》と、また金剛主秘密王、執《しゅう》金剛、真如《しんにょ》金剛とも称す。普賢《ふげん》菩薩と同体とされて普賢薩埵《ふげんさった》と呼称する。大日如来《だいにちにょらい》の仏母《ぶつも》、金剛尊の部母《ぶも》として崇《あが》められる。この尊は菩薩形で三鈷杵《さんこしょ》か五鈷《ごこ》杵と五鈷鈴《れい》を執持《しつじ》し、衆生《しゅじょう》の災厄《さいやく》を金剛薩埵の金剛法力《ほうりき》によって救済される。金剛手院では十六大菩薩の本尊として阿閦如来《あしゅくにょらい》と並び配されている。

金剛薩埵の別称ともされる金剛王菩薩《こんごうおう》は菩提心《ぼだいしん》を発し自在であることが、王に相応《ふさわ》しい意から外敵を引っ掛けて捕らえる金剛鉤《こんごうこう》を持物《じもつ》としている。また大日如来から派生《はせい》（発生）した金剛薩埵と教理的に愛染明王《あいぜんみょうおう》とを合体させた尊が金剛王菩薩で五智《ごち》の宝冠《ほうかん》を戴《いただ》き四臂《しひ》で左手に弓と金剛鈴、右手に箭《せん》（矢）と金剛杵（五鈷杵）を執持し、金剛夜叉《こんごうやしゃ》明王と同一尊である。

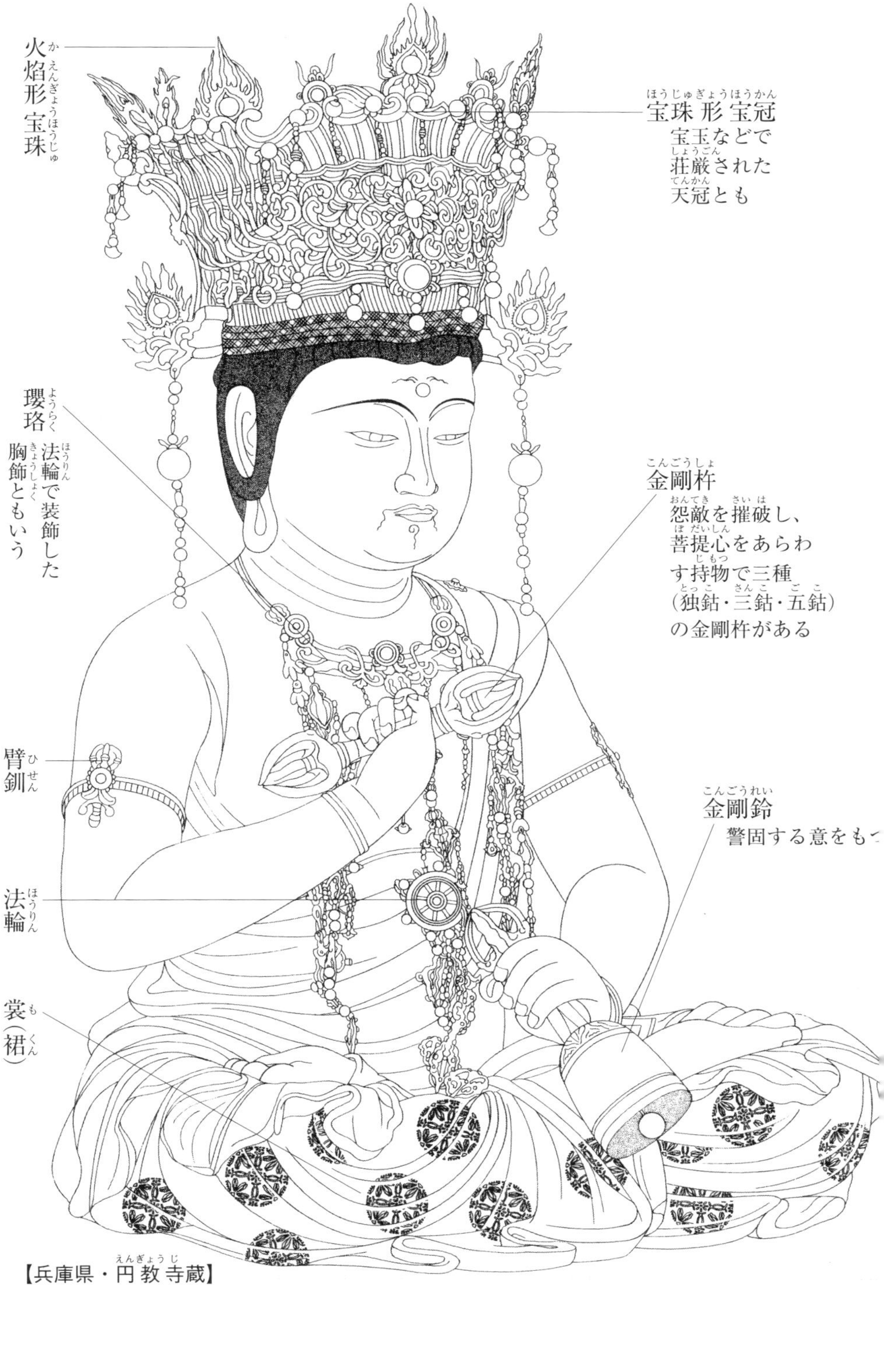

【兵庫県・円教寺《えんぎょうじ》蔵】

仏眼仏母《ぶつげんぶつも》

御利益

仏母《ぶつも》の功徳《くどく》を五眼《ごげん》の眼相で表わして、息災と無病を祈り、衆生を救済し、寿命をのばす施《ほどこし》がある。

仏眼仏母《ぶつげんぶつも》は仏眼尊《そん》、遍知眼《へんちげん》、仏眼仏母尊とも呼ばれる。如来の眼相《げんそう》を人格化してあらわされ、『大日経疏《だいにちきょうしょ》』によると眼には衆生を観察して教化《きょうけ》するに智《ち》を生む無限大の徳《とく》をもち、諸仏の能生《のうしょう》の徳をもつ母の意から仏眼仏母と称される。なお経典によって三種の仏眼仏母が説かれている。

大日如来所変《にょらいしょへん》の仏眼尊《ぶつげんそん》：遍知院《へんちいん》（仏母院、仏心院）の尊とされ、遍照《へんじょう》と日光《にっこう》の如く三昧《さんまい》に住し、菩薩形で法界定印《ほっかいじょういん》を執《と》る。

釈迦《しゃか》如来所変の仏眼尊：釈迦院で相好《そうごう》の如来宝《ほう》を、左手に蓮華《れんげ》上に宝珠《ほうじゅ》を、右手に施無畏印《せむいいん》で胸前に観察《かんざつ》している。

金剛薩埵《こんごうさった》所変の仏眼尊：『瑜祇経《ゆぎきょう》』には大白蓮《だいびゃくれん》に住し、両目は微笑《ほほえ》み、二手は臍《へそ》にして法界法印《ほっかいほういん》を結ぶ金剛界の仏眼仏母。

【別尊雑記《べっそんざっき》】

定光仏《じょうこうぶつ》

御利益

仏の白毫《びゃくごう》より光明を照らしながら放って、悪霊を消滅させ衆生に功徳《くどく》を与え救済する。

定光《じょうこう》とは当て字とされ、『顕教経典《けんぎょうきょうてん》』において燃燈仏《ねんとうぶつ》、錠光仏《じょうこうぶつ》と記される。密《みっ》教《きょう》においては仏頂尊《ぶっちょうそん》の無見頂相《むけんちょうそう》（如来《にょらい》の頂《いただき》は見ることがない）の功徳《くどく》と同一尊とされ、摂一切《しょういっさい》仏頂として『十巻抄《じっかんしょう》』に図録されています。

三十日秘仏《ひぶつ》という、一ケ月三十日に三十仏名の初めにこの定光仏を上首とし、三十日目には釈迦《しゃか》如来とされ、礼拝された。後にこの尊が娑婆《しゃば》に縁《えん》あることから人々が供《く》養《よう》し、定光仏と縁を結ぶ意に用いられ、今日では縁日の守り本尊《ほんぞん》となっている。

『三十日秘仏図譜《さんじゅうにちひぶつずふ》』に描《えが》かれた定光仏《じょうこうぶつ》

頂髻形肉髻《ちょうけいぎょうにっけい》
頂上の肉が盛り上がり
智慧《ちえ》がつまっている
火焔形身光《かえんぎょうしんこう》
身体から発される光明
挙身形光背《きょしんぎょうこうはい》
火焔形頭光《かえんぎょうずこう》
螺髪《らほつ》
白毫《びゃくごう》
三道《さんどう》
条帛《じょうはく》
肩から脇に斜めに掛ける細長い布
法界定印《ほっかいじょういん》
大衣《だいえ》
結跏趺坐《けっかふざ》
最上位の坐り方で吉祥坐《きっしょうざ》ともいう
蓮華座《れんげざ》
裳《も》(裙《くん》)

【十巻抄《じっかんしょう》】

仏頂尊《ぶっちょうそん》

御利益

最も尊い頭頂《とうちょう》の功徳《くどく》をもって、天災天変、延命増強、無病息災、敬愛、滅罪の障害を払う施しがある。

仏頂尊とは如来《にょらい》の頭頂《とうちょう》の智《ち》の功徳《くどく》を仏格化した最勝最尊《さいしょうさいそん》をいう。形像は『大《だい》智度論《ちどろん》』による三十二相（仏の容貌《ようぼう》）に説かれる頂上内髻相《ちょうじょうないけいそう》にして五智宝冠《ごちほうかん》を頂く仏尊にすることとなって、三仏頂は『大日経疏《だいにちきょうしょ》』には如来として、発生《はっしょう》仏頂（最高《さいこう》仏頂・会同《かいどう》仏頂とも）、広生《こうしょう》仏頂（大転輪《だいてんりん》仏頂・広大《こうだい》仏頂とも）と無辺《むへん》音声《おんじょう》仏頂（無量音《むりょうおん》仏頂・聖無辺《しょうむへん》仏頂とも）を説かれ、さらには五仏頂尊、八仏頂尊、九仏頂尊、十仏頂尊とあげるが、名称は『経軌《きょうき》』によって一定しない。

発生仏頂《はっしょうぶっちょう》『胎蔵界曼荼羅釈迦院図像《たいぞうかいまんだらしゃかいんずぞう》』

【大仏頂尊曼荼羅《だいぶっちょうそんまんだら》】

熾《し》盛《じょう》光《こう》仏《ぶっ》頂《ちょう》

御利益

その毛孔《もうく》より無量の大光明を放って、地震や台風の災害を取り払ってくれる。

仏頂尊《ぶっちょうそん》は無見頂相《むけんちょうそう》（如来の頂《ちょう》は見ることができない）の功徳《くどく》を仏格化して、教理的に造られた最勝最尊《さいしょうさいそん》の仏とされる。熾盛光《しじょうこう》仏頂は十仏頂のひとつで、『阿娑縛抄《あさばくしょう》』に天変地異《てんぺんちい》の修法の本尊とされると記されている。

その十仏頂とは尊勝《そんしょう》仏頂・広大《こうだい》仏頂・発生《はっしょう》仏頂・無量音声《むりょうおんじょう》仏頂・白傘蓋《びゃくさんがい》仏頂・最勝《さいしょう》仏頂・殊勝《しゅしょう》仏頂・光聚《こうじゅう》仏頂・摧破《さいは》仏頂・熾盛光仏頂と称する。

『熾盛光曼荼羅《まんだら》』・『尊勝曼荼羅』・『一字金輪《いちじきんりん》仏頂』では、この熾盛光仏頂は摂一切《しょういっさい》仏頂とも呼称され、五仏の相にして手指は釈迦《しゃか》の如しで、仏身の毛孔《もうく》より無量の光明《こうみょう》（熾盛光）を放って、輪宝《りんぽう》を出現させて教令《きょうりょう》するとある。

釈迦院《しゃかいん》には如来相好尊《そうごうそん》という如来の仏身を仏格化して、如来舌《にょらいぜつ》、如来笑《しょう》、如来愍《みん》、如来悲《ひ》、如来慈《じ》、如来喜《き》、如来宝《ほう》、如来牙《げ》などがあるがすべて菩薩形である。

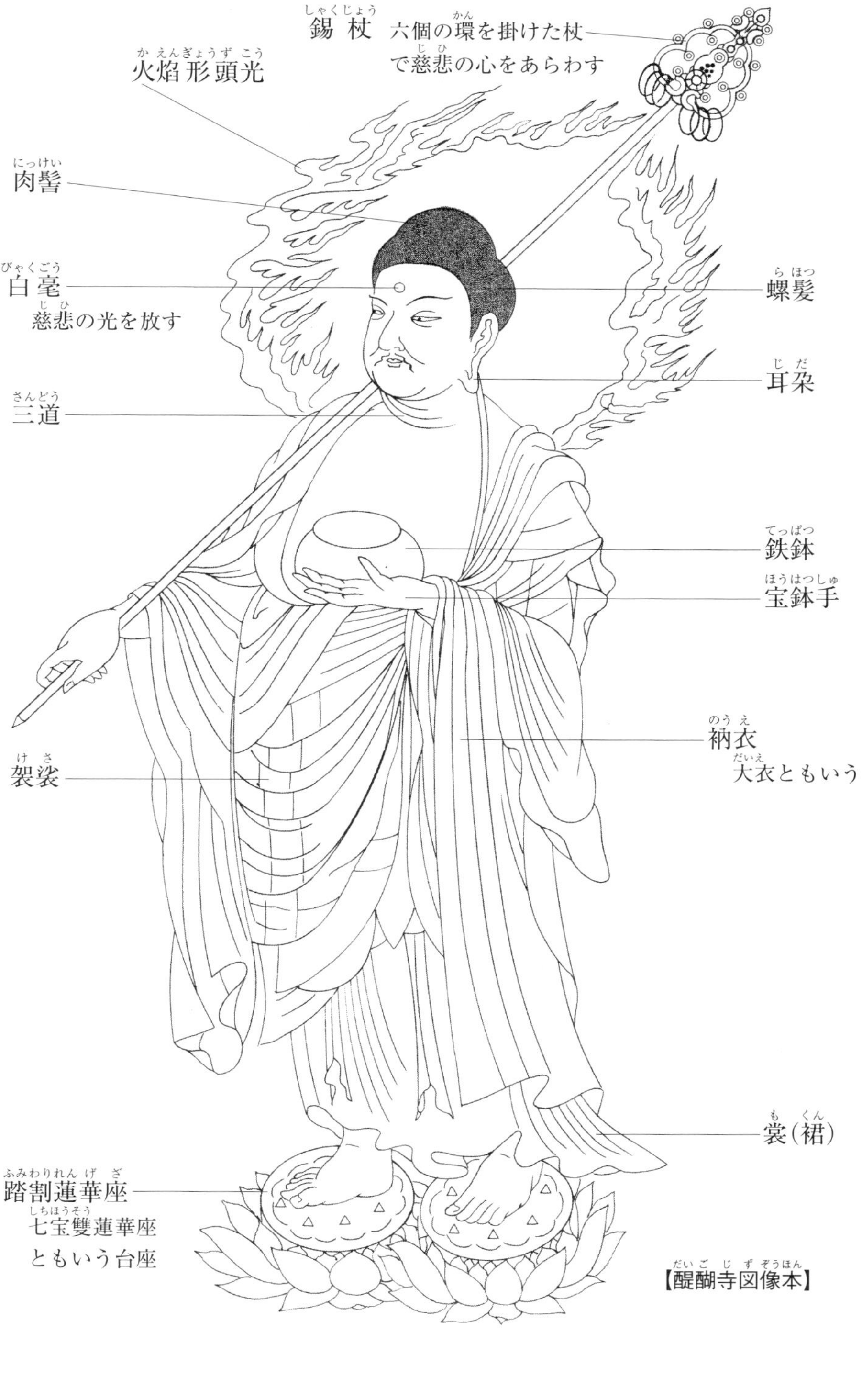
錫杖《しゃくじょう》 六個の環《かん》を掛けた杖で慈悲《じひ》の心をあらわす
火焔形頭光《かえんぎょうずこう》
肉髻《にっけい》
白毫《びゃくごう》
慈悲《じひ》の光を放す
三道《さんどう》
螺髪《らほつ》
耳朶《じだ》
鉄鉢《てっぱつ》
宝鉢手《ほうはつしゅ》
衲衣《のうえ》
大衣《だいえ》ともいう
袈裟《けさ》
裳《も》(裙《くん》)
踏割蓮華座《ふみわりれんげざ》
七宝《しちほう》雙蓮華座
ともいう台座
【醍醐寺図像本《だいごじずぞうほん》】

観《かん》音《のん》形《ぎょう》

頭上に化仏《けぶつ》を戴《いただ》き、
一切の衆生《しゅじょう》を観察《かんざつ》し、
苦難から救済することが自在《じざい》である。

聖観音《しょうかんのん》

御利益

観音菩薩《かんのんぼさつ》の名を唱えれば大慈大悲《だいじだいひ》の心でさまざまな姿に応化身《おうげしん》して、あらゆる災難の苦厄《くやく》を救いくださる。

大抵、観音を指す時、観世音菩薩《かんぜおんぼさつ》を略したこの聖観音《しょうかんのん》を呼称される。元来、観音とは正しく衆生《しゅじょう》の音を観察《かんざつ》し、声も聴くことから正観音《しょうかんのん》ともいう。また諸法を観察する無礙自在《むげじざい》である意から聖観音自在菩薩とも別称される。わが国では変化《へんげ》観音が造られた観音（十一面《めん》・千手《せんじゅ》・不空羂索《ふくうけんじゃく》・馬頭《ばとう》・如意輪《にょいりん》・准胝《じゅんてい》など）の以前の正観音を示すために聖の字を冠して聖観音と称した。『儀軌《ぎき》』には聖観音を説かない経典はなく、広く信仰された。

密教では阿弥陀如来《あみだにょらい》の左脇侍《わきじ》に観世音菩薩（聖観音）、右脇侍に勢至《せいし》菩薩としているが観音三十三応現身《おうげんしん》を説く『摂無礙経《しょうむげきょう》』では六道《ろくどう》の衆生を救済するためにさまざまに変化《へんげ》して出現している。『観無量寿経《かんむりょうじゅきょう》』でも聖観音の功徳《くどく》が説かれ、現世利《げんぜり》益《やく》の本尊として信仰され、極楽《ごくらく》に往生《おうじょう》できると。

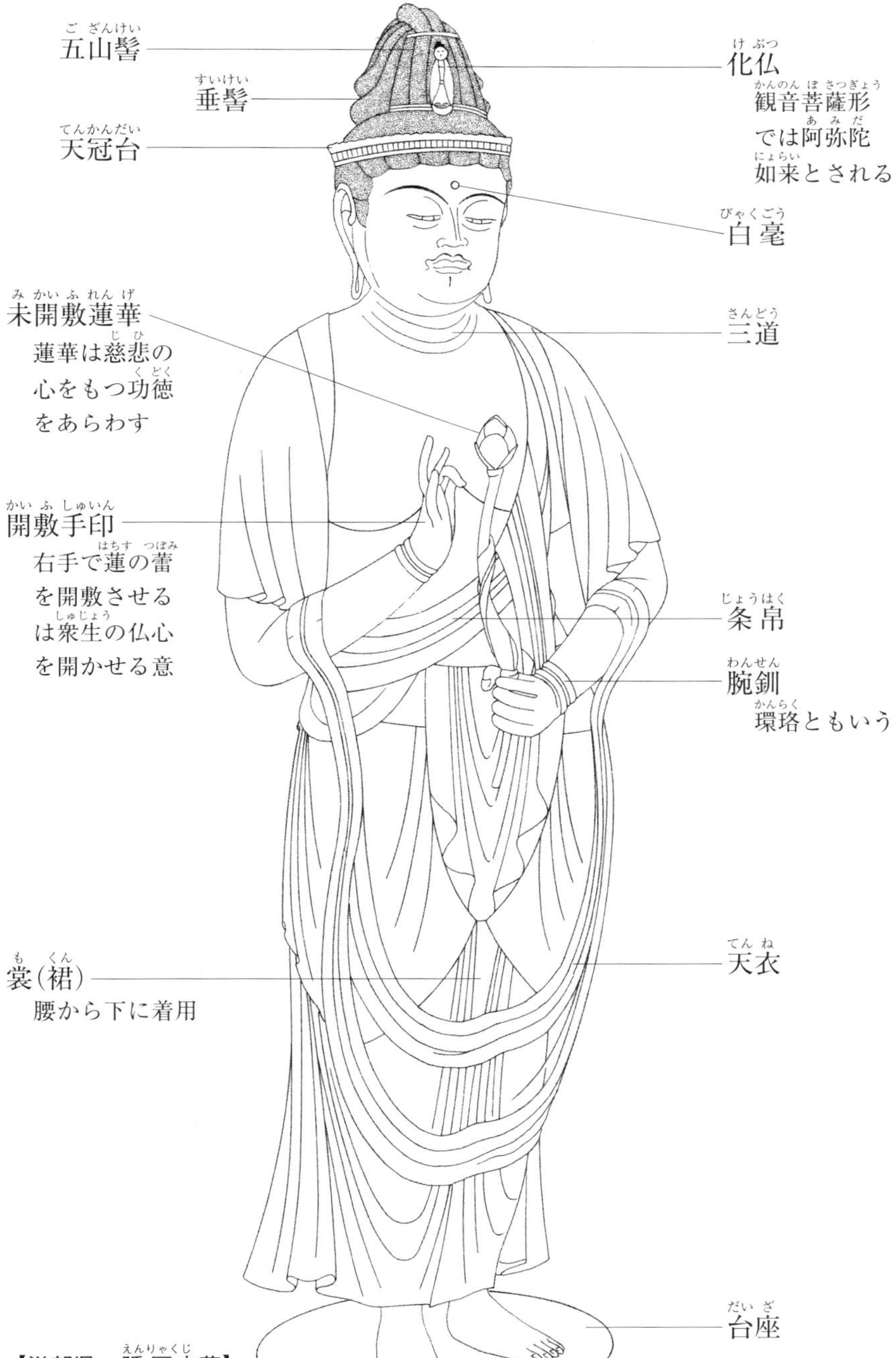

【滋賀県・延暦寺《えんりゃくじ》蔵】

夢《ゆめ》違《ちが》い観音《かんのん》

御利益

凶夢を吉夢に変えてくれる。また悪霊を取り払って衆生を救済する。

名称の由来は昔から、悪夢《あくむ》（凶夢《きょうむ》）を良夢《りょうむ》（吉夢《きちむ》）に変《か》えて衆生《しゅじょう》を救済すると伝えられて、観音菩薩《かんのんぼさつ》像《ぞう》と信仰されたので夢違《ゆめちが》い観音《かんのん》と呼ばれた。その造形は蠟《ろう》をひいた滑《なめ》らかな白鳳《はくほう》時代の銅像であって、その愛らしい表情は自然な微笑《ほほえみ》を浮かべて水瓶《すいびょう》を持つ手は奥床《おくゆか》しい蓮華《れんげ》の花のように見紛《みまが》うようで、全身からは初初《ういうい》しさが見え、体躯《たいく》からは摩訶不思議《まかふしぎ》さが漂《ただよ》っている。

この夢違い観音は観音菩薩像とも称されている唐様式《からようしき》の像である。法隆寺《ほうりゅうじ》には観音菩薩像と言える九つの面をもつ風格ある九面観音《くめんかんのん》が白檀《びゃくだん》で彫られた木造の像もあり、環珞《かんらく》・瓔珞《ようらく》・天衣《てんね》もすべて一材から彫られている。この九面観音は十一《じゅういち》面観音《めんかんのん》の異形像《いぎょうぞう》として唐から請来《しょうらい》されたと伝えられている。他にも日光菩薩《にっこうぼさつ》、月光菩薩《がっこうぼさつ》も観音菩薩と伝承される。

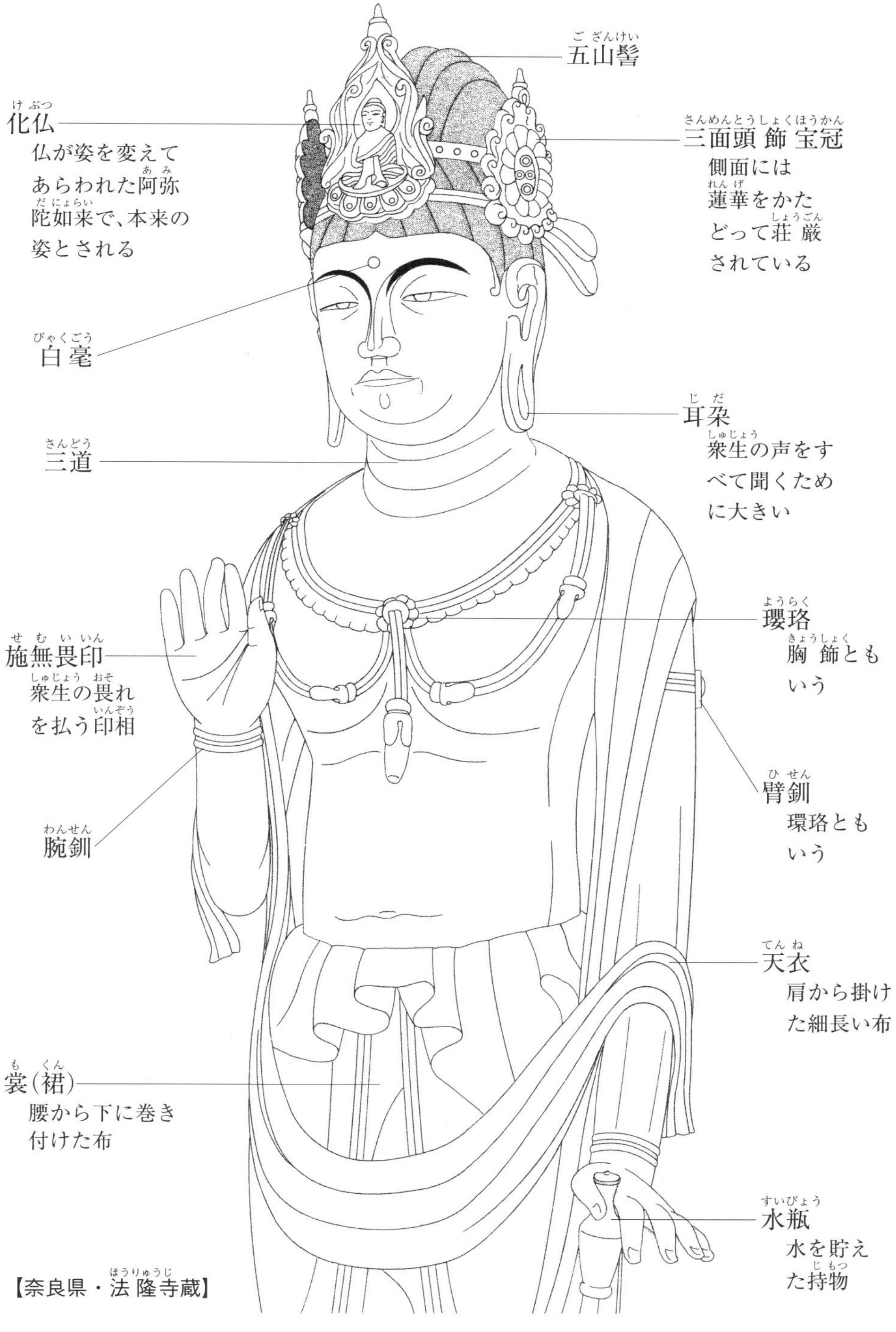

【奈良県・法隆寺《ほうりゅうじ》蔵】

救世観音《くぜかんのん》

御利益

世の中を鎮護《ちんご》し、衆生を哀れむ心をもって古《こ》拙《せつ》の微笑を含みながら救済してくれる。

聖徳太子《しょうとくたいし》の御影《みかげ》を偲《しの》んだ等身の本尊像《ほんぞんぞう》で太子を観音《かんのん》の化身《けしん》とする本地仏《ほんじぶつ》として崇《あが》められる。千年間この秘仏《ひぶつ》の救世《くぜ》観音像を厨子《ずし》に閉じ込めたのは開くと「祟《たた》りがあると畏《おそ》れ」たためで、美術研究家の岡倉天心《おかくらてんしん》と師《し》のフェノロサによって隠匿《いんとく》された秘仏を初めて扉を開いて救世観音が発見される。

仏教に帰依《きえ》した聖徳太子の天平時代に創建された法隆寺《ほうりゅうじ》（斑鳩寺《いかるがのてら》）の夢殿《ゆめどの》の本尊で神秘的なこの白鳳仏《はくほうぶつ》を「東洋美術の真《まこと》」と証され、崇高《すうこう》なことは太子の当時のカリスマ的神秘性をも暗示していよう。

救世《くぜ》はぐ、せまたはぐ、ぜとも呼ばれ、古拙《こせつ》の微笑《ほほえみ》を浮かべて、後頭部に宝珠《ほうじゅ》形《ぎょう》光背《こうはい》を手には火焔《かえん》の摩尼《まに》宝珠を持ち衆生《しゅじょう》を光明《こうみょう》に救済する尊像は聖徳太子が仏法の救世《くぜ》を願った宝珠捧持菩薩《ほうじゅほうじぼさつ》でもあるといえる。

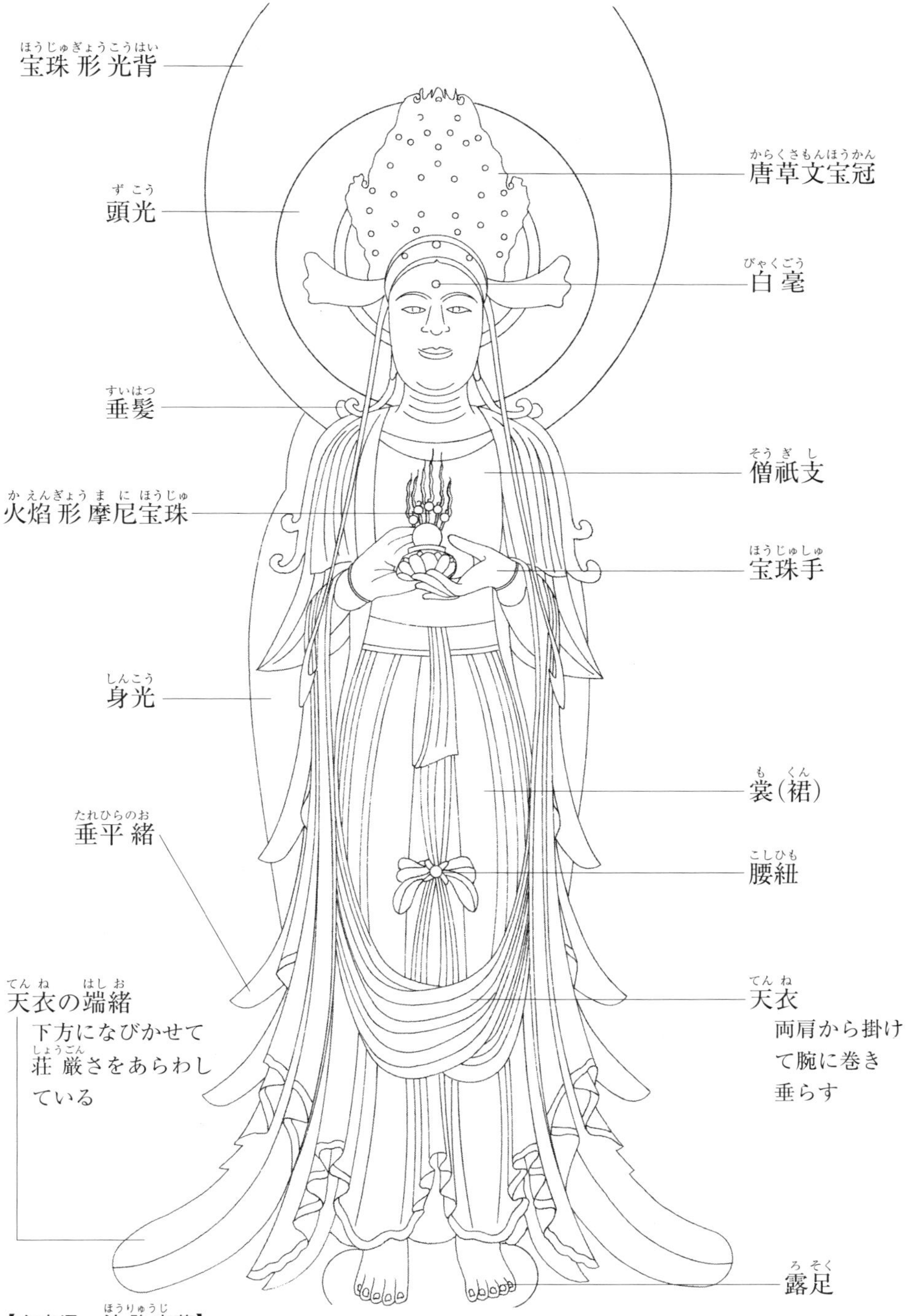

【奈良県・法隆寺《ほうりゅうじ》蔵】

百済観音《くだらかんのん》

御利益

高貴でしなやかな身体より、あまねく一切の衆生《しゅじょう》を慈悲《じひ》の心をもって救済してくださる。

この百済観音《くだらかんのん》は朝鮮半島の百済国からの請来仏《しょうらいぶつ》といわれ、最初は虚空蔵菩薩《こくうぞうぼさつ》と名称されました。仏教界では虚空を蔵《くら》とされ、そこには一切の宝物《ほうもつ》があり、それを衆《しゅ》生《じょう》に与える尊《そん》が存在するといわれて、これが虚空蔵菩薩だとして祀《まつ》っていった。『法隆寺仏躰数量記《ほうりゅうじぶったいすうりょうき》』には「虚空蔵菩薩、百済国より渡来するも但《ただ》し天竺《てんじく》の像なり、その立像《りゅうぞう》は長さ七尺五分（二〇九センチ）」と記される。

その後に化仏《けぶつ》のある透彫《すかしぼり》の宝冠《ほうかん》が発見され正式に百済観音（観世音菩薩《かんぜおんぼさつ》）と称し、左手は親指と中指で水瓶《すいびょう》の口を摘《つま》むように持ち、右手は衆生に対して優しく手を差し延べ、横から鑑賞すると痩身《そうしん》な体軀《たいく》の美しい像である。正面よりも横から拝《おが》む方が美的造りとされるのはこの像の持つ神秘的な魅力と思われる。今日では自然に親しまれるは他に例を見ないでしょう。

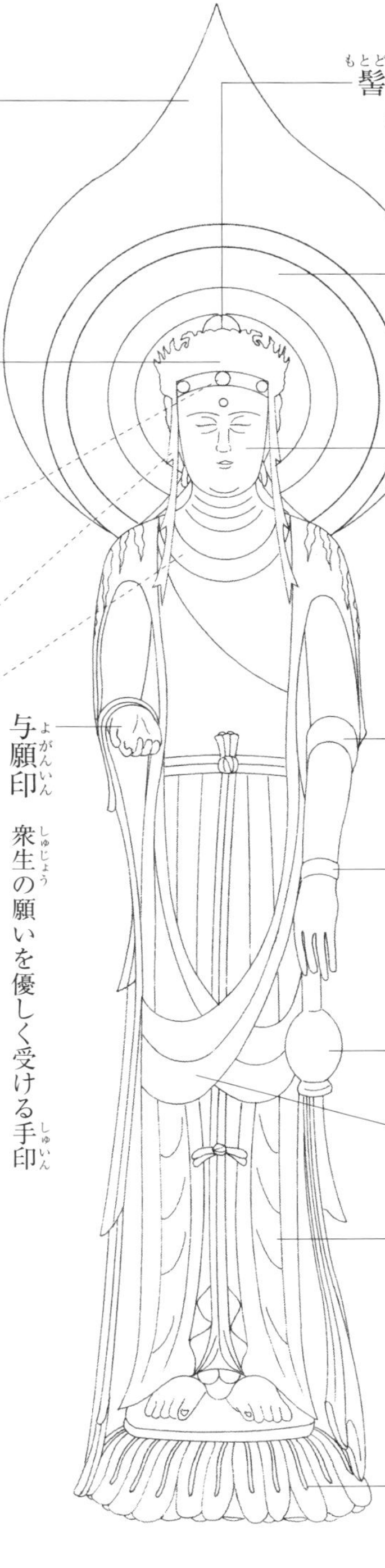

法隆寺の蔵《くら》にて発見された宝冠に化仏《けぶつ》が刻まれていたことで菩薩《ぼさつ》（虚空蔵《こくうぞう》）ではなくて観音《かんのん》と明記された。

【奈良県・法隆寺《ほうりゅうじ》蔵】

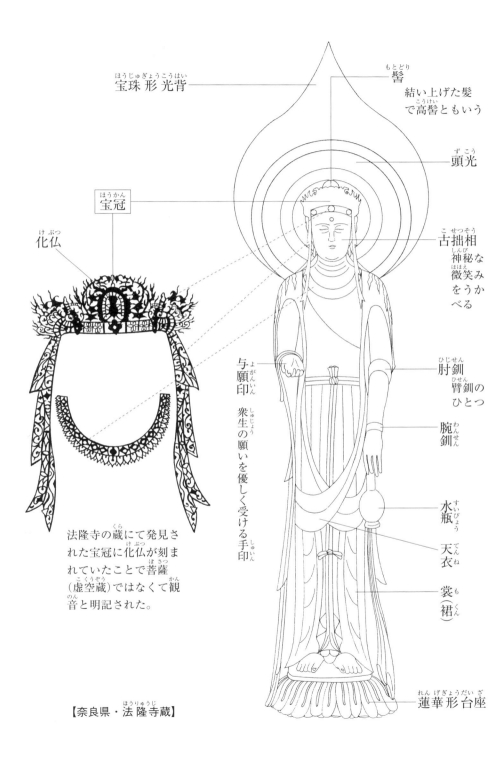

十一面観音《じゅういちめんかんのん》

御利益

慈愛《じあい》から衆生《しゅじょう》の災害や病魔や悪霊の苦厄《くやく》を取り払ってくれる。死後は極楽《ごくらく》へと往生《おうじょう》させる。

頭上に十一面ある姿であるが、通常は正面の三面を菩薩相《ぼさつそう》（慈悲相《じひ》）、左の三面を狗牙上出相《くげじょうしゅつ》（白牙出現相《びゃくげしゅつげん》）、右の三面を瞋怒相《しんぬ》（威怒相《いぬ》）、背後の一面を暴悪相《ぼうあく》（大笑相《だいしょう》）、と本面《ほんめん》を合わせて十一面観音《じゅういちめんかんのん》とされる。正面にある化仏《けぶつ》（阿弥陀如来《あみだにょらい》）の小像は数えないとされる。また異形《いぎょう》に九面《くめん》観音という像もある。この十一面は衆生《しゅじょう》の十一の煩悩《ぼんのう》を滅《めっ》して、十一の福徳《ふくとく》を与える功徳《くどく》をあらわすという十一面観音は優《やさ》しく、誉《ほ》めたり、怒《いか》ったり、嘲笑《あざわら》うかのようにして慈悲《じひ》の心をもって衆生を救済している。

奈良県・長谷寺《はせでら》の本尊の十一面観音は左手に蓮華を挿《さ》した水瓶《すいびょう》を持ち、右手に錫杖《しゃくじょう》を持つという形像《ぎょうぞう》で正式には長谷寺式十一面観音《はせでらしきじゅういちめんかんのん》と呼称されている。わが国ではこの長谷寺《ちょうこくじ・はせでら》という名の寺院が百近くあるといわれる。

【奈良県・長谷寺《はせでら》蔵の本尊御影《みえい》大画軸仏画】

千手観音《せんじゅかんのん》

御利益

衆生《しゅじょう》救済に千手《せんじゅ》を持って、本願成就《じょうじゅ》・息災離苦《りく》・障罪消滅させ、病気平癒《へいゆ》・除病調伏《ちょうぶく》・福徳増益《そうやく》の利益あり。

初期の千手《せんじゅ》観音は一面《めん》二臂《ひ》の千臂《せんぴ》観音《かんのん》と呼ばれ、十一面観音《めんかんのん》とともに変化《へんげ》観音への信仰により千臂観音の背後にある多面多臂が空想され、千手千眼観世音《せんじゅせんげんかんぜおん》が生まれた。この観音の手にはすべてに眼があるとされ、「千」は無量の円満を、「手」は衆《しゅ》生《じょう》の救済する慈悲《じひ》を、「眼」は教化《きょうけ》の智《ち》を意味し、千の慈手《じしゅ》と千の慈眼《じげん》の救済は無量広大であることから千手千眼観世音を略して千手観音と呼称されている。千臂観世音、千手聖観音《せんじゅしょうかんのん》、千光眼《せんこうげん》、大悲《だいひ》観音、大悲金剛《こんごう》の別称もあり、千眼千舌《ぜつ》千臂千手千足《そく》観音という長い名称もある。

『経軌《きょうき》』によって異なるが二十五面四十二臂が作例となっている。「二十五面」は二十五有界《うかい》の化仏《けぶつ》面とし、「四十二臂」は正面の二臂を合掌印《がっしょういん》と定印《じょういん》で、左右に二十臂ずつの持物《じもつ》を執持《しつじ》するが定かではない。

錫杖《しゃくじょう》
六個の環《かん》をもつ慈悲《じひ》の心をもたらす持物《じもつ》
三叉戟《さんさげき》
怨敵を退散させて悪魔を降伏《ごうぶく》させる持物《じもつ》
三鈷剣《さんこけん》
月輪《がちりん》宝珠
頭上十一面相
化仏《けぶつ》
日輪宝珠《にちりんほうじゅ》
鉤《こう》
宮殿《きゅうでん》
蓮華《れんげ》
法輪《ほうりん》
払子《ほっす》
三宝珠《さんほうじゅ》
未開敷蓮華《みかいふれんげ》
柳《やなぎ》
水瓶《すいびょう》
胡瓶《こびょう》
数珠《じゅず》
羂索《けんさく》
合掌手《がっしょうしゅ》
宝鉢手《ほうはつしゅ》

【十巻抄《じっかんしょう》】

不空羂索観音《ふくうけんじゃくかんのん》

御利益

慈悲《じひ》の羂索《けんさく》で一切の衆生の煩悩《ぼんのう》をもれなく救済する。やがては涅槃《ねはん》に導いて安心をもたらすという。

「不空《ふくう》」とは空《むな》しくない、「羂索《けんじゃく》」とは漁猟の捕縛《ほばく》の道具を意とし、慈悲《じひ》をもって煩悩《ぼんのう》を消滅させ救済することからの不空羂索《ふくうけんじゃく》観音と称する。またこの観音の功徳《くどく》は二十種の御利益《ごりやく》があり、十一面観音《めんかんのん》の倍ともいわれている。さらに臨終に際しては八種の安心をもたらすことで六観音のひとつである。

観音としての成立が早く『不空羂索儀軌経《ふくうけんさくぎききょう》』には三つ目《め》（仏眼《ぶつげん》）で頭上には化《け》仏《ぶつ》、二手で合掌《がっしょう》、左手に蓮華台《れんげだい》・羂索《けんさく》・与願印《よがんいん》を、右手に錫杖《しゃくじょう》・白払子《びゃくほっす》・施願印《せがんいん》で蓮華座に結跏趺坐《けっかふざ》する。または阿弥陀宝冠《あみだほうかん》を戴き鹿皮衣《ろくひえ》を条帛《じょうはく》（左肩から右肩へ斜めに掛ける）の代わりに着用するが、この観音の特徴であるために鹿衣観音《ろくえかんのん》とも異称される。奈良県・東大寺法華堂《ほっけどう》（三月堂《さんがつどう》）の本尊は豪華な装飾の目映《まばゆ》いさまには目が眩《くら》むようでもある。

錫杖《しゃくじょう》
衆生《しゅじょう》が善心を
起こすための悪
心を払う持物《じもつ》
髻《もとどり》 結い上げた髪
化仏宝冠《けぶつほうかん》
仏の変化身《へんげしん》をあらわした宝冠
頭光《ずこう》
腕釧《わんせん》
蓮華台《れんげだい》
挙身形光背《きょしんぎょうこうはい》
鹿皮衣《ろくひえ》
条帛《じょうはく》の代用
臂釧《ひせん》
合掌手《がっしょうしゅ》
身光《しんこう》
施願施無畏印《せがんせむいいん》
与願印《よがんいん》
願うものは与える印相《いんぞう》
羂索《けんさく》
結跏趺坐《けっかふざ》
吉祥坐《きっしょうざ》ともいう
右足を上にする坐り方
払子《ほっす》 病魔を追い払う

【十巻抄《じっかんしょう》】

如意輪観音《にょいりんかんのん》

御利益

煩悩《ぼんのう》を破壊する法輪の力で、衆生《しゅじょう》を苦しみから救済して、望みをも成就《じょうじゅ》させてくれる。

如意宝珠《にょいほうじゅ》（福徳《ふくとく》）と如意法輪《ほうりん》（智徳《ちとく》）を具足《ぐそく》させることで如意輪観音《にょいりんかんのん》と呼ぶ変化観音で六観音のひとつとされる。その法力で受苦の衆生《しゅじょう》を救い宝福を施し、願望を叶える。わが国では奈良時代より半跏思惟像《はんかしゆいぞう》を如意輪観音と呼ぶが、如意輪菩薩《ぼさつ》、無障礙観自在《むしょうげかんじざい》、持宝金剛《じほうこんごう》の呼称もある。

平安時代になって六臂像《ぴぞう》が造像され化仏の宝冠を戴き開敷蓮華《かいふれんげ》を執持すると不空訳の『如意輪瑜伽経《ゆがきょう》』に説かれている。六臂に六道《ろくどう》を救済する意から左手は光明山《こうみょうせん》手《しゅ》を修羅道《しゅらどう》、開敷蓮華手《かいふれんげしゅ》を人間道《にんげんどう》、法輪《ほうりん》手を天道《てんどう》、右手は思惟《しゆい》手を地獄道《じごくどう》、如意宝《にょいほう》珠《じゅ》手を餓鬼道《がきどう》、念珠《ねんじゅ》手を畜生道《ちくしょうどう》にあて蓮華座の上で思惟して右膝を立て両足裏を合わせる輪王坐《りんのうざ》をとるは右は仏《ほとけ》の足、左は衆生《しゅじょう》の足とし、仏の智慧《ちえ》でもって自我を抑えることを表現している。

◎六道《ろくどう》とは
（一）に地獄《じごく》道、
（二）に餓鬼《がき》道、
（三）に畜生《ちくしょう》道、
（四）に修羅《しゅら》道、
（五）に人間《にんげん》道、
（六）に天《てん》道
へと衆生《しゅじょう》は
赴《おもむ》く

【大阪府・観心寺《かんしんじ》蔵】

馬《ば》頭《とう》観《かん》音《のん》

御利益

忿怒《ふんぬ》の形相《ぎょうそう》で悪と戦い、一切衆生《いっさいしゅじょう》の障害《しょうがい》を打ち砕きて、救うとされる。さらに無病・息災を祈ってくれる。

馬頭観音《ばとうかんのん》は六観音のひとつとして慈悲《じひ》を本誓《ほんぜい》とするも忿怒相《ふんぬそう》の異形像《いぎょうぞう》であって、六道《ろくどう》の畜生道《ちくしょうどう》においては煩悩《ぼんのう》や悪趣《あくしゅ》を破壊する変化《へんげ》観音である。馬頭明王《みょうおう》・馬頭威怒《いぬ》明王・馬頭金剛《こんごう》明王・大力持《だいりきじ》明王とも呼ばれ、形像は頭上に馬首を戴《いただ》くことや転輪聖王《てんりんしょうおう》の宝馬であって、摩障《ましょう》を降伏《ごうぶく》することが説かれ明王としての性格が強いとも言え、噉食《たんじき》金剛の密号も称される。

観音部では唯ひとつの忿怒形で慈悲の尊という意から、衆生の煩悩を貪《むさぼ》り食って救済する。また馬の病気治癒《ちゆ》することから馬は家畜の守神とされ、馬に乗って旅をすることは道中安全の対象となっていった。『覚禅鈔《かくぜんしょう》』には頭上に化仏《けぶつ》や白蓮華《びゃくれんげ》が附き、『大妙金剛経《だいみょうこんごうきょう》』では火焔《かえん》の光明《こうみょう》を放つ、『不空訳経《ふくうやくきょう》』では如意宝珠《にょいほうじゅ》を持つと記述されると観音であると思える。

【別尊雑記《べっそんざっき》】

阿《あ》摩《ま》提《だい》観《かん》音《のん》

御利益

施無畏《せむい》の功徳《くどく》を持って、衆生《しゅじょう》の心の悩みを化仏《けぶつ》の法力《ほうりき》によってすべてを取り払う。

阿摩提観音《あまだいかんのん》は施無畏《せむい》の徳《とく》を握《にぎ》り持つことで無畏観自在菩薩《むいかんじざいぼさつ》とも呼称される三十三観音のひとつである。観音三十三応現身《おうげんしん》では宰官身《さいかんしん》であって、面《めん》は赤肉《せきにく》色《じき》。合掌印相《がっしょういんぞう》で身は蓋襠衣《がいとうえ》を着して大勢官《だいせいかん》の相《そう》と記される。『観自在菩薩阿摩提法』には白獅子《びゃくしし》に乗る半跏《はんか》踏下鳥《ふみさげちょう》獣坐《じゅうざ》で、右足は踏割蓮華座《ふみわりれんげざ》にある。三つ目《め》（仏眼《ぶつげん》）四臂《ひ》、左の第一手は摩竭魚《まかつぎょ》を、第二手は鳳首箜篌《ほうしゅくご》を、右の第一手は吉祥鳥《きっしょうちょう》を。また青頸観音《しょうきょうかんのん》を念《ねん》ずると厄《やく》難《なん》を避《さ》けられる。

三十三観音《かんのん》のひとつ青頸観音《しょうきょうかんのん》

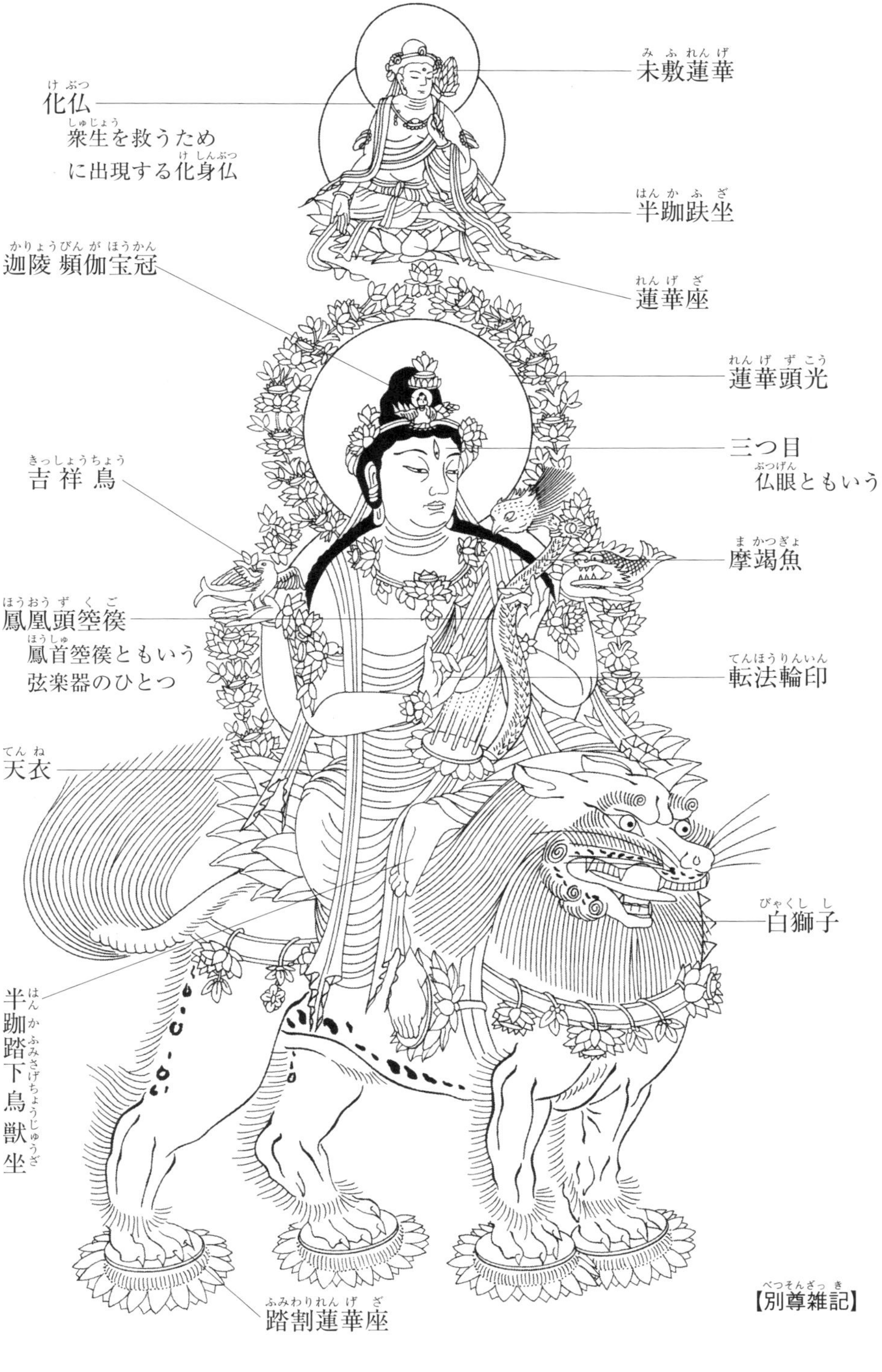

【別尊雑記《べつそんざっき》】

准《じゅん》胝《てい》観《かん》音《のん》

御利益

仏母として、除災・安産・延命・求児の諸願を叶えてくださる。

七倶胝仏母《しちぐていぶつも》の異名があり、その名は過去無量の諸仏の母としての尊《そん》という。六観音のひとつとされ、六道では人間道《にんげんどう》を教化《きょうけ》し、衆生《しゅじょう》を救う観音とされるが、経典などでは観音と説かれていないので観音ではないという説もあって、そのかわりに不《ふ》空羂索《くうけんじゃく》観音をあてている。

准胝観音《じゅんていかんのん》は女性の守り仏《ぼとけ》として敬われることから天人丈夫《てんにんじょうぶ》観音とも呼ばれ、清らかで穢《けが》れのない清浄《しょうじょう》の尊《そん》として大いに崇《あが》められている。

この准胝観音の像容は千手《せんじゅ》観音の異形《いぎょう》と間違うこともあって、臂《ひ》の数はさまざまで手には多くの持物《じもつ》を執持《しつじ》している。京都府・醍醐《だいご》寺の上醍醐の准胝堂の准胝観音は子宝に恵まれると伝承されてさらに信仰された。倶胝《ぐてい》とは千万の数を示すが、彫像では十八臂が通形《つうぎょう》とされている。

【高雄曼荼羅図像本《たかおまんだらずぞうぼん》】

白衣観音《びゃくえかんのん》

御利益

白衣《びゃくえ》を着て合掌《がっしょう》すれば、息災・除病・延命・安産・求児・育児の利益《りやく》がある。

『法華経《ほっけきょう》観世音《かんぜおん》菩薩《ぼさつ》普門品《ふもんぼん》』に説く観音《かんのん》三十三応現身《おうげんしん》（自在天身《じざいてんしん》）のひとつとされている。説話などから集めての観音で経軌《きょうき》などに説かれることはなく画題の対象として用いられる。自在天身の面《めん》は白肉色《びゃくにくじき》で白蓮華《びゃくれんげ》を持して宝鏡冠《ほうきょうかん》を戴《いただ》き白衣《びゃくえ》をまとい、両手を交差させての白衣印《びゃくえいん》をして慈悲《じひ》の心を持つ、帝釈《たいしゃく》の相ともいわれる。

合掌観音《がっしょうかんのん》は念珠《ねんじゅ》観音ともいい、観音三十三応現身の阿修羅身《あしゅらしん》とされ、合掌印相《いんぞう》で、忿怒裸形《ふんぬらぎょう》の六臂像《ろっぴぞう》もある。

『諸観音図像《しょかんのんずぞう》』による合掌観音《がっしょうかんのん》

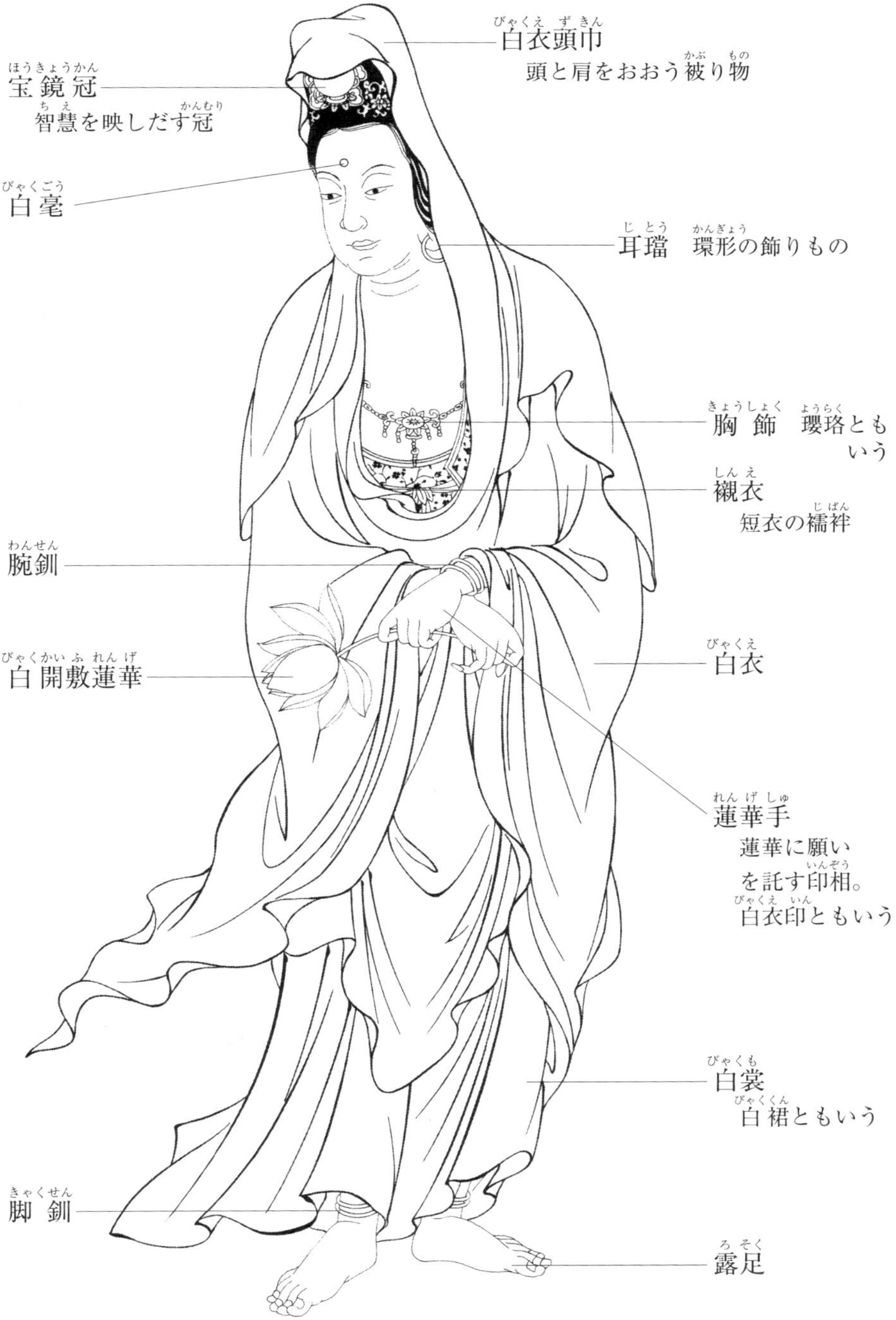

【京都府・相国寺《しょうこくじ》蔵の吉山明兆《きっさんみんちょう》画】

水月観音《すいがつかんのん》

御利益

心から観音の姿に対して合掌《がっしょう》し、瞑想《めいそう》するなら、心が穏やかになり、もの静かで心の美しい人になれる。

水中の月を見る形《ぎょう》で、三十三観音のひとつであるが『法華経普門品《ほっけきょうふもんぼん》』と『摂《しょう》無礙経《むげきょう》』には異なった所説が記されるが、観音三十三応現身《おうげんしん》には居士身《こじしん》で面《めん》は白肉色《びゃくにくじき》にして、摩尼宝珠《まにほうじゅ》を執持《しつじ》し羯磨《かつま》衣《え》を着用しての家長の相なりと記述され、白衣観音《びゃくえかんのん》に似る半跏思惟《はんかしゆい》の変化形《へんげぎょう》もある。

楊柳観音《ようりゅうかんのん》は三十三観音の筆頭とされ、楊柳枝薬法《ようりゅうしやくほう》では衆生《しゅじょう》を癒《い》やし救済、踏割蓮華座《ふみわりれんげざ》（蓮華足座《れんげそくざ》）に坐《ざ》して万病に効く水瓶《すいびょう》に宝蓮華《ほうれんげ》を挿《さ》している。

『諸観音図像《しょかんのんずぞう》』による楊柳観音《ようりゅうかんのん》

【大悲救苦《だいひくく》水月観音菩薩曼荼羅《まんだら》】

魚籃観音《ぎょらんかんのん》

御利益

魚籃《ぎょらん》(魚籠《びく》)を携えると漁業での利益が保証されて、羅刹《らせつ》・悪霊《あくりょう》・悪疫《あくえき》からの害も除かれる。

『法華経観世音菩薩普門品《ほっけきょうかんぜおんぼさつふもんぼん》』に説かれる三十三観音のひとつで、観音三十三応現身《おうげんしん》の数に合わせてつくられた観音で大魚の背に乗る形で、説話や俗説や故事から画題として「咸応伝《かんのうでん》」に出典されている。『摂無礙経《しょうむげきょう》』によると小王《しょうおう》応現身（面は赤肉色《せきにくじき》にして、妙宝珠鬘《みょうほうじゅかずら》の冠《かんむり》を被り、身は深赤色《せきじき》とある）と、手には魚籠《びく》を執持《しつじ》と記さる。多羅尊観音《たらそんかんのん》は童女《どうにょ》応現身とされ面は白珂色《びゃくかじき》で、女人形《にょにんぎょう》で青蓮華《しょうれんげ》を持ち、妙宝《みょうほう》世界に住している。

『諸観音図像《しょかんのんずぞう》』による多羅尊観音《たらそんかんのん》

【葛飾北斎画《かつしかほくさい》】

菩《ぼ》薩《さつ》形《ぎょう》

菩《ぼ》提《だい》薩《さっ》多《た》を略して、菩《ぼ》薩《さつ》といい、
仏《ぶっ》陀《だ》となる予定のもので、
衆《しゅ》生《じょう》のために悟《さと》りを修行中。

弥勒菩薩《みろくぼさつ》

御利益

合掌《がっしょう》すれば罪障を消滅させて、敬《うやま》えば弥勒《みろく》の兜率天《とそつてん》へと浄土《じょうど》できる。また一切の衆《しゅ》生《じょう》は救われる。

釈迦《しゃか》入滅《にゅうめつ》五十六億七千万年後に、未来仏《みらいぶつ》（当来仏《とうらいぶつ》）として、釈迦の次の一生補処《いっしょうふしょ》になる仏陀《ぶっだ》が弥勒菩薩《みろくぼさつ》で仏嗣弥勒《ぶっしみろく》とも言われるために如来形《にょらいぎょう》とも表わされ弥勒仏《みろくぶつ》とも称する。別称では慈子《じし》菩薩を訳して慈《いつく》しみの友愛《ゆうあい》から、釈迦の救いに漏《も》れた衆《しゅ》生《じょう》を救済すると『経軌《きょうき》』に述べられている。

平安時代に入ると弥勒《みろく》の住する兜率天《とそつてん》に往生《おうじょう》する「上生信仰《じょうしょうしんこう》」と釈迦の入滅後に弥勒菩薩が兜率天から降下成道《こうかじょうどう》して、「下生《げしょう》信仰」の二面性は菩薩形と如来形の二種類の信仰で表わされている。

わが国では弥勒菩薩は衆生を救うことで右手を頬《ほほ》に当てる思惟《しゆい》している半跏《はんか》思惟菩薩像とされ、大阪府・野中寺《やちゅうじ》の造像とされる。奈良県・中宮寺《ちゅうぐうじ》の像は弥勒菩薩と称するが如意輪観音《にょいりんかんのん》とも伝えられる。

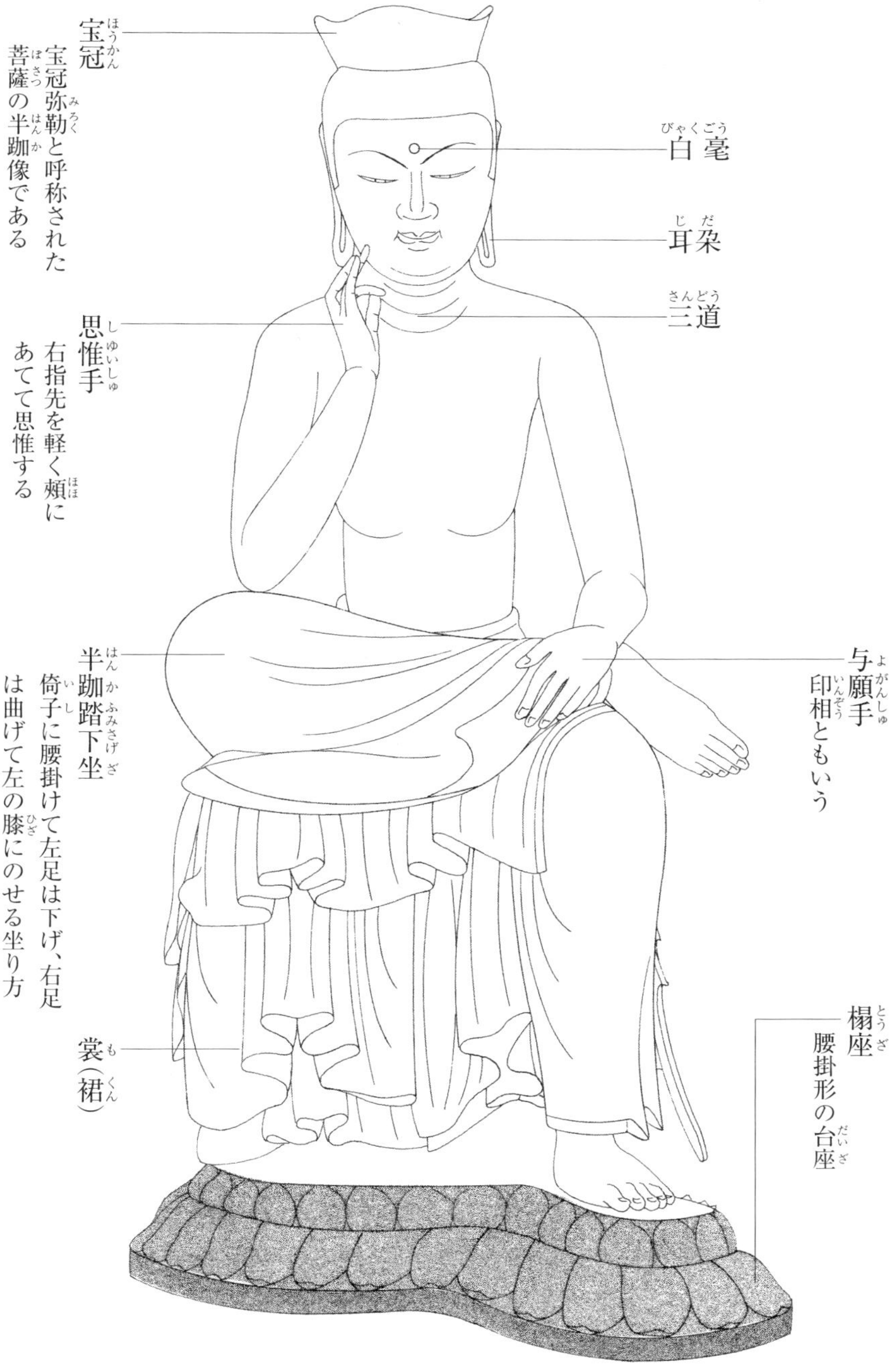
宝冠《ほうかん》
宝冠弥勒《みろく》と呼称された菩薩《ぼさつ》の半跏《はんか》像である
白毫《びゃくごう》
耳朶《じだ》
三道《さんどう》
思惟手《しゆいしゅ》
右指先を軽く頬《ほほ》にあてて思惟する
半跏踏下坐《はんかふみさげざ》
倚子《いし》に腰掛けて左足は下げ、右足は曲げて左の膝《ひざ》にのせる坐り方
与願手《よがんしゅ》
印相《いんぞう》ともいう
裳《も》（裙《くん》）
榻座《とうざ》
腰掛形の台座《だいざ》

【京都府・広隆寺《こうりゅうじ》蔵】

文殊菩薩《もんじゅぼさつ》

御利益

災難を断ちて消滅させ、無量《むりょう》の智徳《ちとく》と英知《えいち》を与えてくれる。また心願不空《しんがんふくう》が叶えられる。

文殊師利《もんじゅしり》を略して文殊菩薩《ぼさつ》といい、妙徳《みょうとく》・妙吉祥《みょうきちじょう》菩薩とも訳され、『般若経典《はんにゃきょうてん》』ではこの文殊菩薩は悟《さと》りの智慧《ちえ》を持《じ》して般若智《はんにゃち》の象徴とされ般若金剛《こんごう》・大慧《だいえ》金剛・吉祥《きちじょう》金剛と称されると記されている。文殊は釈尊《しゃくそん》の弟子で仏教の仏典などの編纂に関わった実在の人物と語り伝えられている。

文殊菩薩は智慧《ちえ》第一で、その智慧は童子《どうじ》のように汚《けが》れなく清らかなことで童子《どうじ》形《ぎょう》に造られ、稚児《ちご》文殊菩薩とも称される一方で文殊は左脇侍《わきじ》として、普賢菩薩《ふげんぼさつ》は右脇侍とする釈迦三尊像《しゃかさんぞんぞう》として信仰される。単独像に寺《てら》の庫裏《くり》の本尊《ほんぞん》に僧形《そうぎょう》文殊、また半跏思惟形《はんかしゆいぎょう》文殊も造像されている。『維摩経《ゆいまきょう》』に智慧第一の文殊が釈尊《しゃくそん》の名代として維摩と不二《ふに》の法門を論じたことが説かれ、奈良県・法隆寺《ほうりゅうじ》には塔本塑像《とうほんそぞう》が造られている。

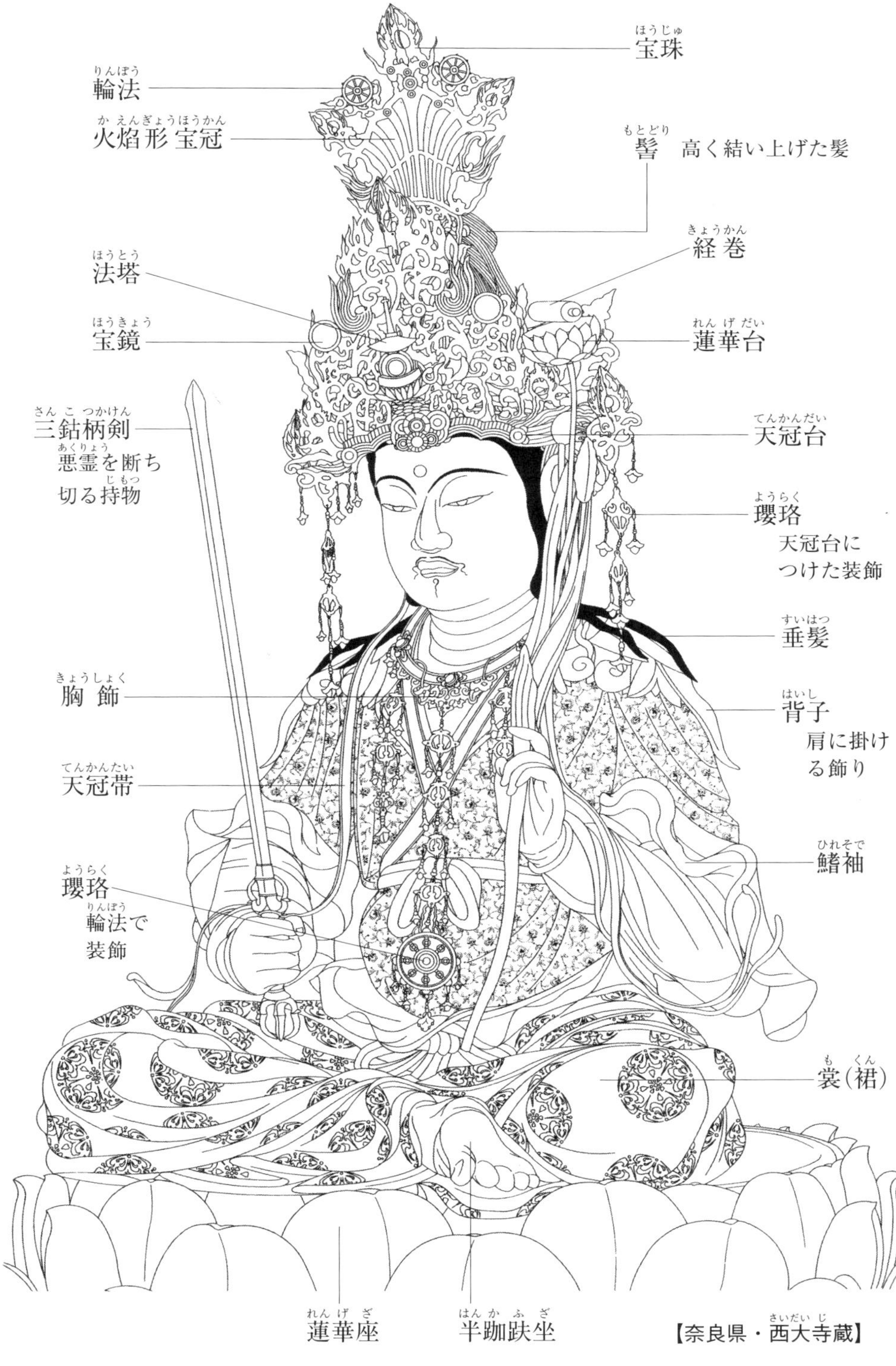

【奈良県・西大寺《さいだいじ》蔵】

宝髻文殊菩薩《ほうけいもんじゅぼさつ》

御利益

増益《そうやく》・調伏《ちょうぶく》・息災《そくさい》・滅罪《めつざい》の智徳《ちとく》を与えられ、息災天変悪夢などを除難せしめてくれる。

真言《しんごん》の一字《いちじ》・五字・六字・八字の四種の文殊《もんじゅ》と頭頂の髻《もとどり》の数の文殊は同体とされ、文殊菩薩《ぼさつ》は髻の数で一髻《いっけい》文殊・五髻文殊・六髻文殊・八髻文殊と称し、総称して宝髻文殊菩薩《ほうけいもんじゅぼさつ》という。その四種の本誓《ほんぜい》を一髻（一字）文殊は増益《そうやく》・五髻（五字）文殊は息災《そくさい》・六髻（六字）文殊は滅罪《めつざい》・八髻（八字）文殊は調伏《ちょうぶく》という本尊《ほんぞん》であり、五髻文殊の童子形像《どうじぎょうぞう》が多い。

図像では『胎蔵界曼荼羅《たいぞうかいまんだら》』では中台八葉院《ちゅうだいはちよういん》の主尊《しゅそん》の文殊は左手に金剛杵《こんごうしょ》（三鈷《さんこ》杵《しょ》）を載せた白蓮華《びゃくれんげ》を、右手に宝篋《ほうきょう》（梵篋《ぼんきょう》ともいう経典《きょうてん》を納める箱）を持し、文殊《もんじゅ》院《いん》の主尊の文殊は左手に金剛杵（五鈷杵《ごこしょ》）を載せた青蓮華《しょうれんげ》を、右手は与願印《よがんいん》と描かれ、この文殊菩薩は智慧の文殊として「奈良の安倍《あべ》」・「京都の切戸《きりと》」・「京都の黒谷《くろだに》」は三文殊と呼ばれ信仰されている。

【高雄曼荼羅図像本《たかおまんだら》】

渡《と》海《かい》文《もん》殊《じゅ》菩《ぼ》薩《さつ》

御利益

行脚《あんぎゃ》（遊行《ゆぎょう》）で修行すると滅罪されて智徳《ちとく》が与えられ、雄大な志《こころざし》が広がる。

『文殊《もんじゅ》師利《しり》法宝蔵《ほうほうぞう》陀羅尼経《だらにきょう》』によると文殊菩薩の住する五頂の山にある五台山《ごだいさん》（清《しょう》涼山《りょうざん》）を聖地とされ、僧円仁《えんにん》が入唐《にっとう》しこの聖地を巡拝《じゅんぱい》し比叡山延暦寺《ひえいざんえんりゃくじ》に五台山文《もん》殊楼《じゅろう》を建立《こんりゅう》したことで信仰が始まったと伝えられる。

渡海《とかい》文殊菩薩の多くは白獅子《びゃくしし》王の背に坐し眷属《けんぞく》に善財童子《ぜんざいどうじ》（合掌《がっしょう》）・優塡王《うでんおう》（手《た》綱《づな》を執《と》り）・僧形仏陀波利《そうぎょうぶっだはり》（錫杖《しゃくじょう》と鉢《はち》）・最勝老人《さいしょうろうにん》（仙杖《せんじょう》）の四人を侍者《じしゃ》に従え遊《ゆ》行《ぎょう》する姿をあらわし、特に海を渡って仏法を広め飛来する意から渡海文殊菩薩と称されている。その文殊は左手に青蓮華《しょうれんげ》を持ち、右手に三鈷剣《さんこけん》を持つとされる。この文殊五尊像では奈良県・阿倍院《あべいん》、高知県・竹林寺《ちくりんじ》にみられ、他に八大童子（計設《けいし》尼《に》・請召《しょうじょう》・地慧幢《じえどう》・烏波計設尼《うばけいしに》・無垢光《むくこう》・救護慧《くごえ》・不思議慧《ふしぎえ》・光網《こうもう》）を従えた図像もある。

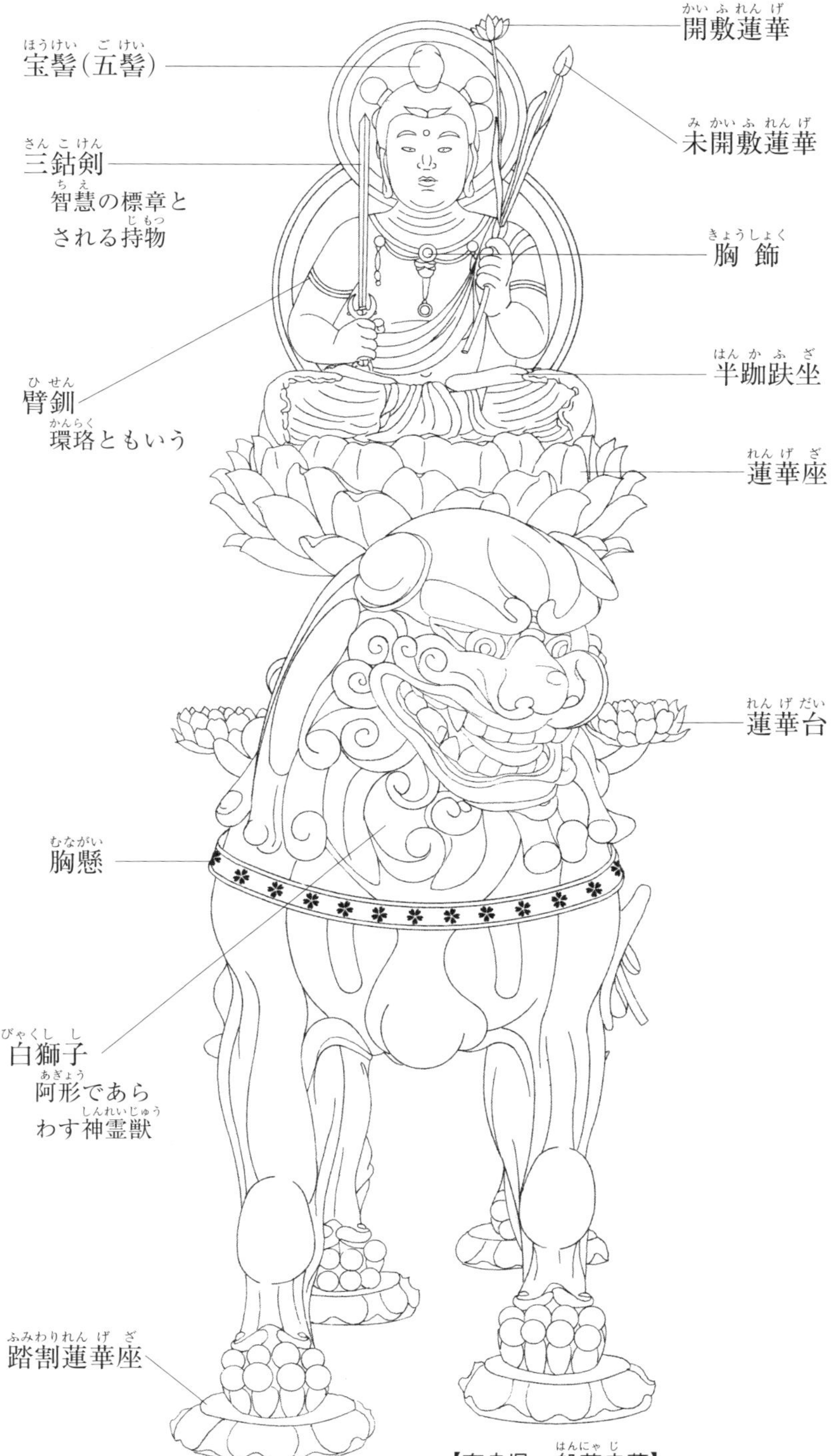

【奈良県・般若寺《はんにゃじ》蔵】

普賢菩薩《ふげんぼさつ》

御利益

資格や合格祈願・学業成就《じょうじゅ》・安全祈願が叶えられ、また延命の徳が与えられる。特に女性にはその特色を表わす。

仏教において普賢菩薩《ふげんぼさつ》は文殊《もんじゅ》菩薩とともに釈迦如来《しゃかにょらい》の脇侍《わきじ》とされる三尊仏《さんぞんぶつ》は一光三尊形《いっこうさんぞんぎょう》の光背《こうはい》に収まり華厳《けごん》の三聖《さんせい》と称されている。

また金剛界《こんごうかい》の護法仏として賢劫《けんごう》十六尊《そん》のひとつでもある普賢菩薩（五智印《ごちいん》）は『理趣釈《りしゅしゃく》』には一切義成就《いっさいのぎじょうじゅ》菩薩とも呼ばれ、賢者《けんじゃ》の行動を意として遍吉《へんきつ》菩薩の異称もあり、十大願《じっだいがん》（普賢行願《ぎょうがん》）という本誓《ほんぜい》は衆生《しゅじょう》の煩悩《ぼんのう》が尽きるまでと説く大慈悲《だいじひ》の願《がん》である。

一光三尊形光背《いっこうさんぞんぎょうこうはい》の釈迦三尊像《しゃかさんぞんぞう》

宝髻《ほうけい》
髪を高く盛り上げて髻《もとどり》ともいう
五智宝冠《ごちほうかん》
五種の智慧《ちえ》を携える冠。五仏天冠《ごぶつてんかん》ともいう
頭光《ずこう》
挙身形光背《きょしんぎょうこうはい》
身光《しんこう》
白毫《びゃくごう》
条帛《じょうはく》
三鈷杵《さんこしょ》
臂釧《ひせん》
天冠帯《てんかんたい》
三鈷鈴《さんこれい》
半跏趺坐《はんかふざ》
蓮華座《れんげざ》
筵座《むしろざ》
敷座《しきざ》ともいう台座《だいざ》
胸飾《むなかざ》り
白象《びゃくぞう》

【十巻抄《じっかんしょう》】

延命《えんめい》普賢《ふげん》菩薩《ぼさつ》

御利益

呪いや毒性を消滅させて、福徳《ふくとく》を与えて、延命・長寿《ちょうじゅ》を施すとされている。

〝童子形《どうじぎょう》の如く五智仏宝冠《ごちぶつほうかん》を戴《いただ》き、二臂《にひ》の左手に金剛鈴《こんごうれい》（三鈷鈴《さんこれい》）を持し、右手に金剛杵《こんごうしょ》（三鈷杵《さんこしょ》）を持す。菩薩形の半跏趺吉祥坐法《はんかふきっしょうざほう》で蓮華座《れんげざ》に坐す。その下に白《びゃく》大象王《だいぞうおう》の三頭あり、長い鼻先に独鈷杵《とっこしょ》を巻き、各々に六牙《ろくげ》を具する。その白大象は各四足あって大金剛法輪《だいこんごうほうりん》を横にして踏むなり。法輪の下に千の小象《しょうぞう》が伏せて背負い菩薩の身に代わって千宝《せんぽう》の光明《こうみょう》を放つ〟と『仏説延命普賢菩薩金剛最勝陀羅尼経《さいしょうだらにきょう》』に説かれている。

また『摂無礙経《しょうむげきょう》』には異なった形像《ぎょうぞう》が説かれて、五智仏宝冠を戴きて、救世《くぜ》の二十臂《ひ》で左の第一手は蓮華《れんげ》を執り、右の第一手は金剛杵（五鈷杵《ごこしょ》）を執り、蓮華座の上に吉祥坐《きっしょうざ》で坐し、下に白四象《びゃくしぞう》が立ち、象の頭に四天王《してんのう》が立つとある。この形像の他の持物《じもつ》はさまざまな異説があって一定しない。

髻《もとどり》
頭光《ずこう》
五仏宝冠《ごぶつほうかん》
天冠台《てんかんだい》
白毫《びゃくごう》
垂髪《すいはつ》
三鈷杵《さんこしょ》
臂釧《ひせん》
条帛《じょうはく》
天冠帯《てんかんたい》
三鈷鈴《さんこれい》
半跏趺坐《はんかふざ》
蓮華座《れんげざ》
耳飾《じかざ》り
巨大白象《きょだいびゃくぞう》
六牙《ろくげ》をもつ聖獣《せいじゅう》
独鈷杵《とっこしょ》
輪法座《りんぽうざ》
【覚禅鈔《かくぜんしょう》】
小白象《しょうびゃくぞう》

延命菩薩《えんめいぼさつ》

御利益

福徳《ふくとく》を与えられて、特に子供の成長と女性への寿命《じゅみょう》が大いに叶《かな》うとされている。

『普賢延命法典《ふげんえんめいほうてん》』には延命菩薩《えんめいぼさつ》と延命普賢《ふげん》菩薩と普賢菩薩と金剛薩埵《こんごうさった》（金剛手菩薩《こんごうしゅぼさつ》）とは左手に金剛鈴《こんごうれい》を執り、右手に金剛杵《こんごうしょ》を執ることでは同体と説かれるが、別に胎蔵界金剛部院《たいぞうかいこんごうぶいん》では大安楽不空真実菩薩名《だいあんらくふくうしんじつぼさつめい》で延命菩薩であると説きて、この延命菩薩は『法華経《ほけきょう》』では女人往生《にょにんおうじょう》を説く経典《きょうてん》とされる。

女性には五障《ごしょう》（仏に向かない五種の障《さわ》り）があるため仏に縋《すが》ることはなかなかに出来ないものと言われてきたが、『法華経提婆達多品《ほけきょうだいばだったぼん》』には龍女《りゅうにょ》の成仏《じょうぶつ》が説かれ、女性でも信仰すると延命菩薩が六牙《ろくげ》の白象《びゃくぞう》に乗って守護することで、女性の間に浸透し、この延命菩薩像の造像に関わることが多くなった。作例に京都府・岩船寺《がんせんじ》にあり、特に延命菩薩には女人延命《にょにんえんめい》の功徳《くどく》があるとされ、延命の本尊《ほんぞん》となる。多くは図像として表わされる。

三鈷杵《さんこしょ》
怨敵を摧破《さいは》する
持物《じもつ》で、菩提心《ぼだいしん》
をあらわしている
宝冠《ほうかん》
頭光《ずこう》
胸飾《きょうしょく》
瓔珞《ようらく》ともいう
天冠台《てんかんだい》
白毫《びゃくごう》
白垂髪《びゃくすいはつ》
挙身形光背《きょしんぎょうこうはい》
身光《しんこう》
臂釧《ひせん》
条帛《じょうはく》
天冠帯《てんかんたい》
腕釧《わんせん》
三鈷鈴《さんこれい》
半跏趺坐《はんかふざ》
結跏趺坐《けっかふざ》の略式
蓮華座《れんげざ》
蓮《はちす》の座《ざ》、蓮華台《れんげだい》
ともいう台座

【十巻抄《じっかんしょう》】

虚《こ》空《くう》蔵《ぞう》菩《ぼ》薩《さつ》（業用《ごうゆう》）

御利益

無量の智慧《ちえ》で学徳や福徳を増進させて一切の諸願を成就《じょうじゅ》させ、富貴の願望も叶えられる。

仏教では宇宙の空《くう》の空間を虚空《こくう》といい、そこにある宝《たから》の蔵《くら》を支配するのが虚空蔵《こくうぞう》菩《ぼ》薩《さつ》とされた。大日如来《だいにちにょらい》の金剛界《こんごうかい》の五種の智《ち》を表わした五智《ごち》如来の変化仏《へんげぶつ》が五大《ごだい》虚空蔵菩薩とされ、法界《ほっかい》虚空蔵を中心に北に業用《ごうゆう》・東に金剛《こんごう》・南に宝光《ほうこう》・西に蓮華《れんげ》の虚空蔵を配する京都府・神護寺《しんごじ》多宝塔《たほうとう》の木造《もくぞう》五大虚空蔵菩薩坐像《ざぞう》は今では横に一列に並んで安置されている。

五体とも五智宝冠《ごちほうかん》を戴き、左手に三鈷鉤《さんここう》を執り、右手は法界が三宝珠蓮華《さんほうじゅれんげ》、業用が宝羯磨杵《ほうかつましょ》、金剛が金剛杵《こんごうしょ》、宝光が三弁宝珠《さんべんほうじゅ》、蓮華が紅蓮華《ぐれんげ》を執るが、『経軌《きょうき》』によって異説もあり、それぞれが馬《うま》・迦楼羅《かるら》・獅子《しし》・象《ぞう》・孔雀《くじゃく》の鳥獣《ちょうじゅう》に乗ることもある。また虚空蔵菩薩は現世利益《げんぜりやく》の修法の本尊《ほんぞん》とされ、如意輪観音《にょいりんかんのん》を虚空蔵菩薩と取り違えて信仰されもした。

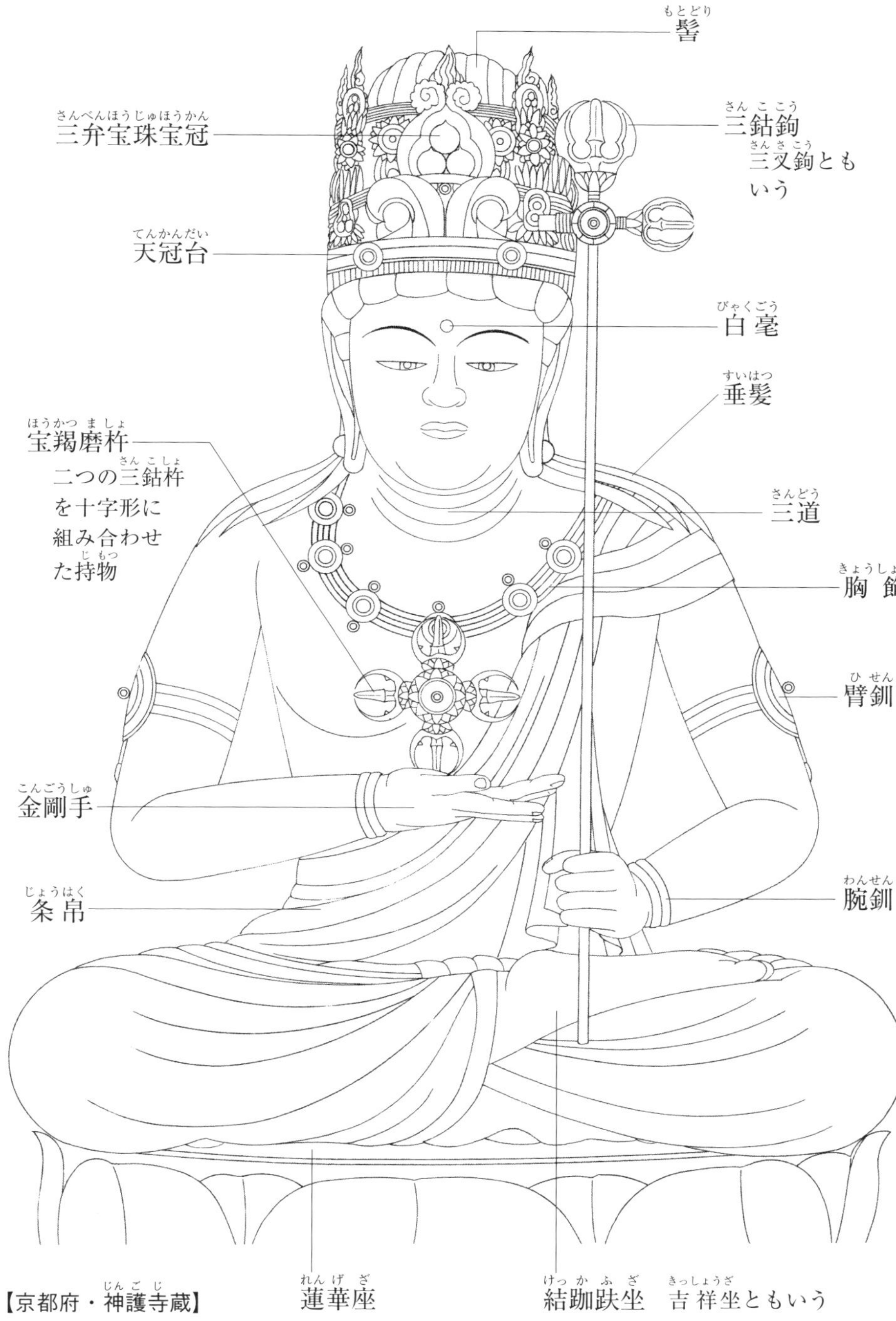
髻《もとどり》
三弁宝珠宝冠《さんべんほうじゅほうかん》
三鈷鉤《さんここう》
三叉鉤《さんさこう》ともいう
天冠台《てんかんだい》
白毫《びゃくごう》
垂髪《すいはつ》
宝羯磨杵《ほうかつましょ》
二つの三鈷杵《さんこしょ》を十字形に組み合わせた持物《じもつ》
三道《さんどう》
胸飾《きょうしょく》
臂釧《ひせん》
金剛手《こんごうしゅ》
腕釧《わんせん》
条帛《じょうはく》
【京都府・神護寺《じんごじ》蔵】
蓮華座《れんげざ》
結跏趺坐《けっかふざ》　吉祥坐《きっしょうざ》ともいう

地《じ》蔵《ぞう》菩《ぼ》薩《さつ》

御利益

現世の諸苦難に耐えさせて破壊し、衆生《しゅじょう》には地獄の責《せ》め苦《く》を救済する。また繁昌《はんじょう》の功《く》徳《どく》も与えられる。

地蔵菩薩《じぞうぼさつ》は空《くう》の虚空蔵《こくうぞう》菩薩と対置され、大地《だいち》（現世《げんぜ》と地獄《じごく》）に堅固《けんご》な徳《とく》と慈悲《じひ》で衆生《しゅじょう》を救済する菩薩といわれる。釈迦《しゃか》入滅《にゅうめつ》の五十六億七千万年後に弥勒《みろく》が成道《じょうどう》し現われるまでの無仏時代に出現した菩薩とされ、この菩薩は六道《ろくどう》の衆生を救う中でも地獄《じごく》を中心に済度《さいど》するが流布されなかった。

ところが平安期に末法思想が起き、厭離穢土《えんりえど》（穢《けが》れる世を厭《いと》い離れる）・欣求《ごんぐ》浄《じょう》土《ど》（喜び浄土に往生《おうじょう》）の心が衆生に浸透して、極楽《ごくらく》に往生する観想念仏《かんそうねんぶつ》が盛んとなり観想の対象の阿弥陀仏《あみだぶつ》を想像する浄土《じょうど》思想が高まり、同時に地蔵菩薩への信仰も高まっていった。さらには冥途《めいど》の三途《さんず》の川《かわ》の衆生を救う六地蔵菩薩や賽《さい》の河原《かわら》の子供たちを救うということで子安《こやす》地蔵も造られる。一般的に地蔵菩薩は剃髪《ていはつ》した僧《そう》形《ぎょう》で、錫杖《しゃくじょう》をとる姿である。

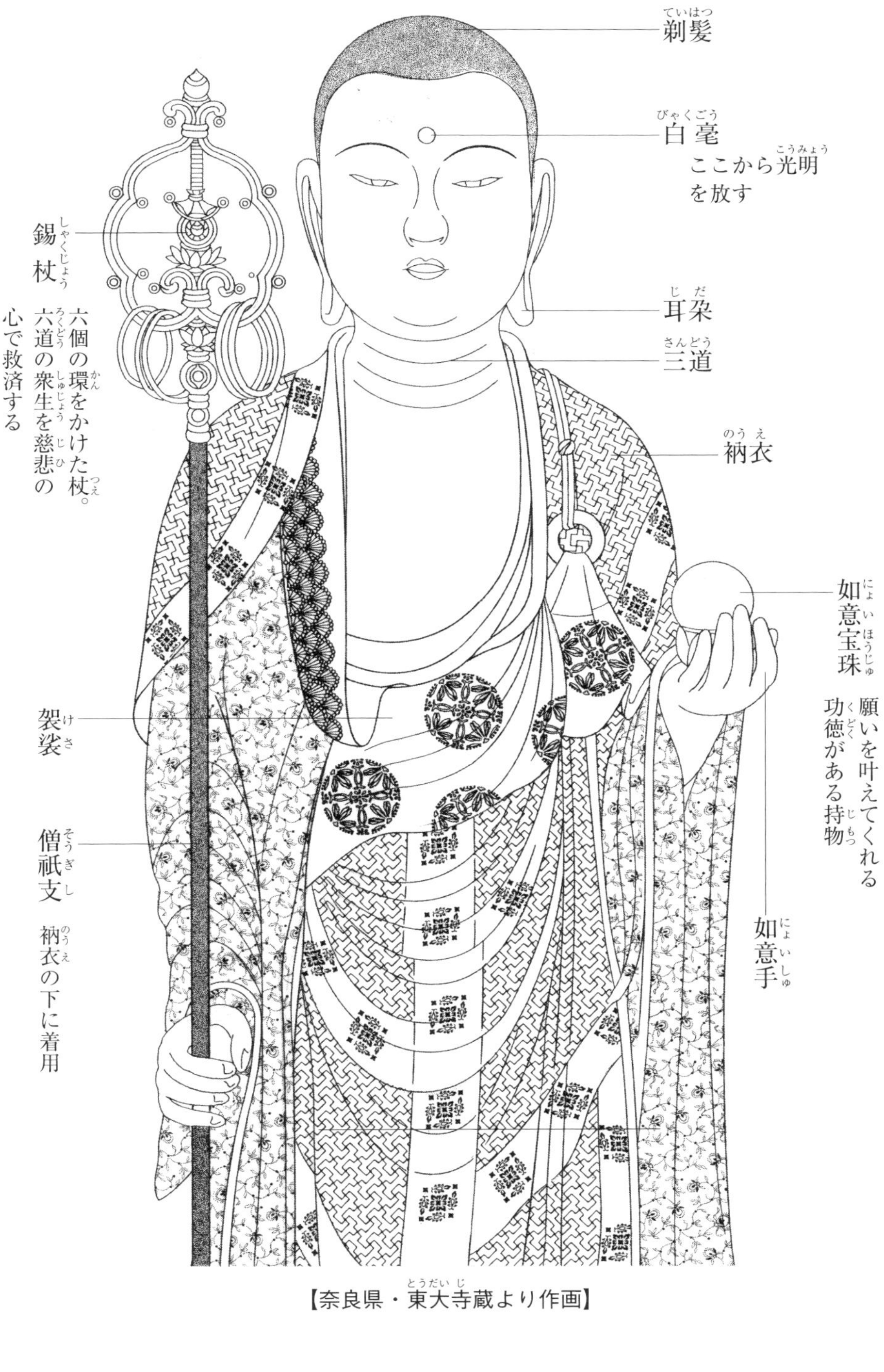

【奈良県・東大寺《とうだいじ》蔵より作画】

大勢至菩薩《だいせいしぼさつ》

御利益

智慧《ちえ》の法力であらゆる衆生《しゅじょう》の悩みと苦しみを除くとされる。この尊は午年《うまどし》生まれの守《まも》り本尊《ほんぞん》でもある。

大勢至菩薩《だいせいしぼさつ》は観世音《かんぜおん》（聖観音《しょうかんのん》）とともに阿弥陀如来《あみだにょらい》の脇侍《わきじ》で、観世音が慈《じ》悲《ひ》の心で衆生《しゅじょう》を救うのに対して大勢至菩薩は智慧《ちえ》の力で衆生を救うとされる。

独尊像の京都府・知恩院《ちおんいん》の勢至堂にたたずむ大勢至菩薩は合掌《がっしょう》して極楽《ごくらく》浄土《じょうど》の補処《ふしょ》の菩薩であり、その宝冠《ほうかん》は鳳凰《ほうおう》（迦陵頻伽《かりょうびんが》）が飛来する浄土を表わす。観世音ほどには信仰されず、密教では八大菩薩のひとつとされている。阿弥陀来迎図《らいごうず》には見られる。

『十巻抄《じっかんしょう》』に描かれた大勢至菩薩《さいせいしぼさつ》

【京都府・知恩院《ちおんいん》蔵】

日光菩薩《にっこうぼさつ》

御利益

日輪《にちりん》をもって衆生《しゅじょう》に菩薩の光明《こうみょう》の遍《あまね》く際限なき福徳を与え、煩悩《ぼんのう》を捕縛《ほばく》して、戒《いまし》めてくれる。

日光菩薩《にっこうぼさつ》は薬師如来《やくしにょらい》の左脇《わき》侍《じ》であり、薬師瑠璃《るり》光浄土《こうじょうど》の菩薩で日光遍照《へんじょう》の名で薬師如来の修法を伝えている。『功徳経《くどくきょう》』では日耀《にちよう》と記す。密号《みつごう》を威徳金剛《いとくこんごう》と称され、金剛光《こんごうこう》菩薩と同体とされ、梵《ぼん》名《みょう》を蘇利也波羅皮遮那《そりやはらひしゃな》の名もある。

持物《じもつ》は右手に日輪《にちりん》か蓮華《れんげ》台《だい》の日輪を持し、左手は与《よ》願印《がんいん》。

日光菩薩《にっこうぼさつ》の守護神《しゅごじん》

子《ね》神《しん》　戌《いぬ》神　丑《うし》神

卯《う》神　寅《とら》神　亥《い》神

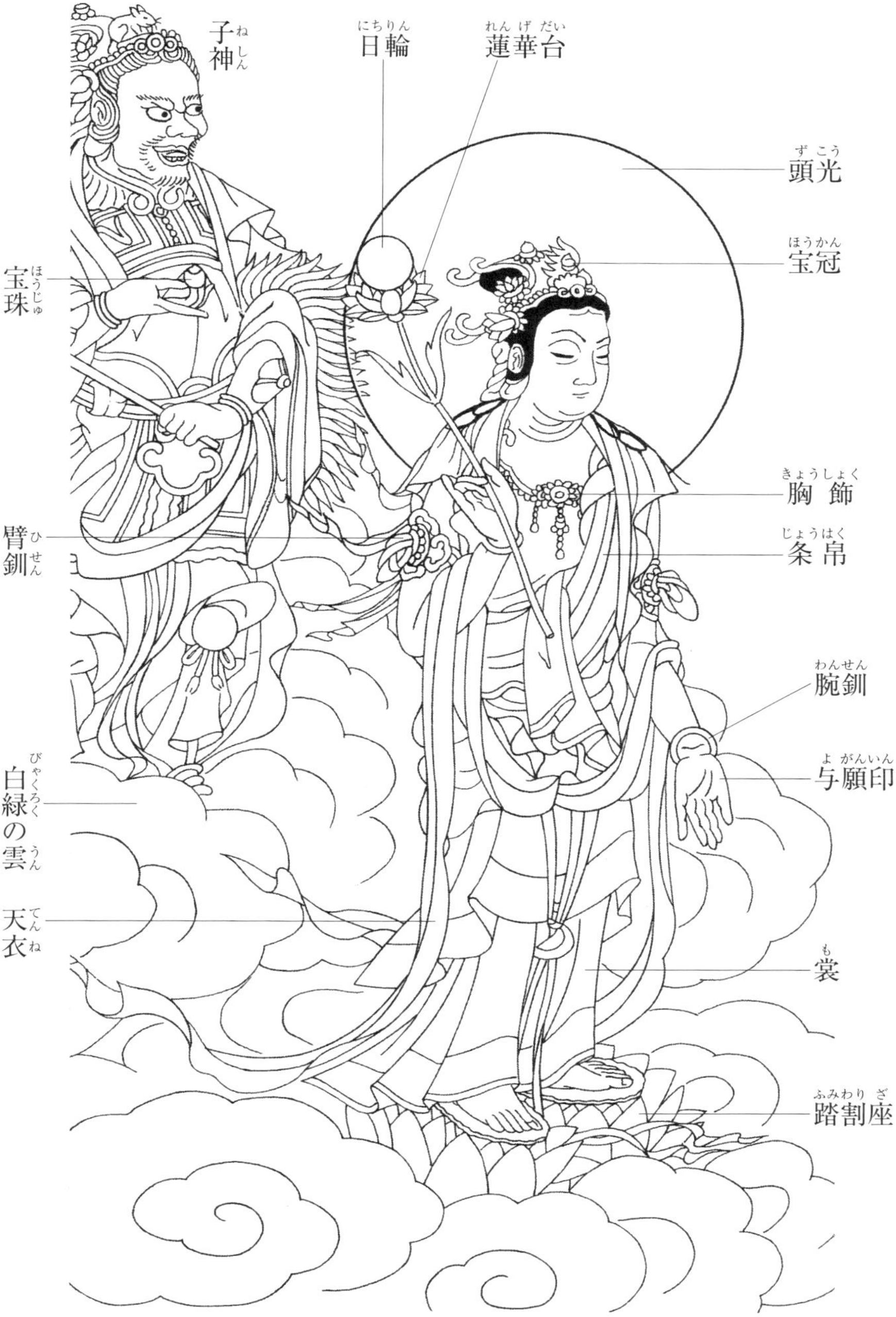

【桑実寺縁起絵巻《くわのみでらえんぎえまき》】

月光菩薩《がっこうぼさつ》

御利益

月輪《がちりん》をもって衆生《しゅじょう》に清涼《しょうりょう》の法力で煩悩《ぼんのう》の焦《しょう》熱《ねつ》から離苦《りく》させてくれる。

月光菩薩《がっこうぼさつ》は薬師如来《やくしにょらい》の右脇《わき》侍《じ》で、『本願経《ほんがんきょう》』では月光遍《へん》照《じょう》、『灌頂経《かんじょうきょう》』では月浄《がつじょう》ともいう。

梵名《ぼんみょう》を阿利也賛坦羅鉢羅波《ありやさんたらはらは》と称し、訳して聖月光《しょうがっこう》という。密号《みつごう》は威徳金剛《いとくこんごう》といい、左手に半月形《はんがつぎょう》の月輪《がちりん》をもち、右手は触地印《しょくちいん》を結ぶ。月光菩薩は月の如く清涼《しょうりょう》の法楽で衆生の煩悩《ぼんのう》を消滅させては救済している。

月光菩薩《がっこうぼさつ》の守護神《しゅごじん》

辰神《たつしん》

未《ひつじ》神

午《うま》神

巳《み》神

申《さる》神

酉《とり》神

【桑実寺縁起絵巻《くわのみでらえんぎえまき》】

金剛吼菩薩《こんごうくぼさつ》

御利益

三宝《さんぼう》（仏・法・僧）を護持する者はすべて守護され、衆生《しゅじょう》には盗難や苦難を払ってくれる。

金剛吼菩薩《こんごうくぼさつ》は中心に配される五大力《ごだいりき》菩薩のひとつで、北に雷電吼《らいでんく》菩薩、東に無畏十力吼《むいじつりきく》菩薩、南に龍王《りゅうおう》吼《く》菩薩、西に無量力吼《むりょうりきく》菩薩で千宝相《せんぽうそう》の各持物《じもつ》を執持《しつじ》すると『仁王経《にんのうきょう》』に説かれ、慈悲相《じひそう》の菩薩形《ぼさつぎょう》が五大《ごだい》明王《みょうおう》との関係から忿怒相《ふんぬそう》の菩薩形になる。

国家護法の菩薩で仁王会の本尊《ほんぞん》である。

龍王吼菩薩《りゅうおうくぼさつ》

【五大力菩薩図像《ごだいりきぼさつ》】

大随求菩薩《だいずいぐぼさつ》

御利益

衆生《しゅじょう》が願うことに随《したが》っては大自在に叶え、罪《ざい》障《しょう》を自在に除いては福徳をもたらしてくれる。

大随求とは求めるに随《したが》い大自在であるを、訳して衆生の苦難を自在に滅罪し救済する。それは無限の罪を解き、戦乱を鎮《しず》まり、風雨を止め、子授けなどの効能があるとされている。平安時代に入ると盛んに信仰された。しかし真言を口先で唱えることが多く遺例は少ない。宝篋《ほうきょう》を持つことで般若《はんにゃ》菩薩と特徴が似る。蓮華形火焔法輪と金剛杵を持つことで胎蔵界曼荼羅では連華院の中央上に配置されている。

『十巻抄《じっかんしょう》』に描《えが》かれた般若菩薩《はんにゃぼさつ》

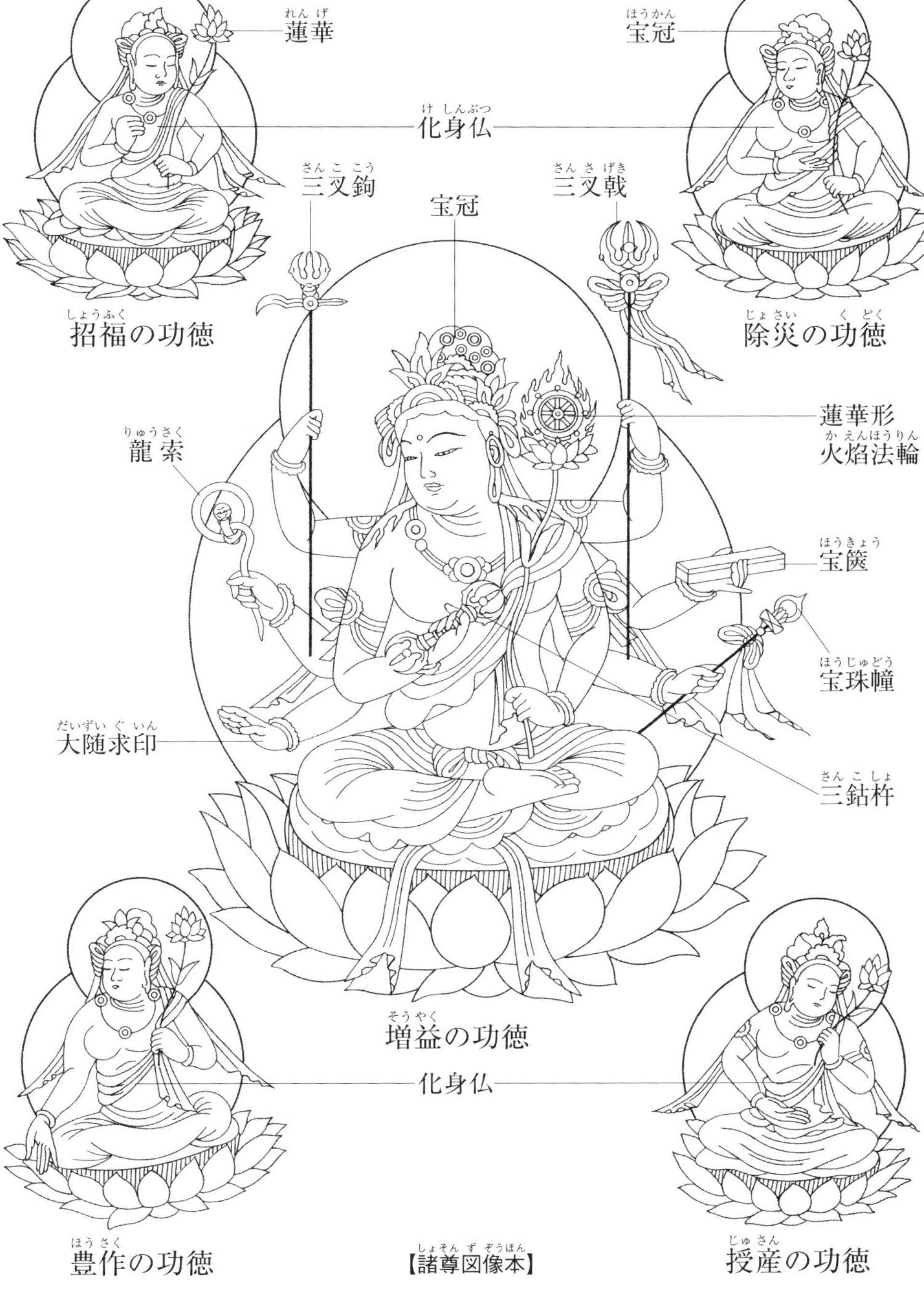

【諸尊図像本《しょそんずぞうほん》】

持《じ》世《せ》菩《ぼ》薩《さつ》

御利益

財貨を湯水のように降らせて増益《そうやく》させ、一切の衆生《しゅじょう》を安泰《あんたい》させる。

『経軌《きょうき》』によるとこの持世菩薩《じせぼさつ》は財宝を降らし世間を安堵《あんど》させることを維持することからの名で、この尊を唱えると貧困から脱し、財宝の増益法《そうやくほう》が説かれる。

形像は慈悲《じひ》円満の菩薩形で二臂《にひ》の左手は施無畏印《せむいいん》を、右手は吉《きっ》祥《しょう》果《か》を持つ。これを本尊《ほんぞん》とする持世菩薩曼荼羅《まんだら》に増形《そうぎょう》の中尊《ちゅうそん》を配した図像がいくつかある。

顕密《けんみつ》の祖師《そし》　龍樹菩薩《りゅうじゅぼさつ》

龍樹は南天竺《てんじく》の僧で著書に仏の三十二相となる『大智度論《だいちどろん》』・『十住毘婆沙論《じっじゅうびばしゃろん》』・『中論《ちゅうろん》』がある。

宝珠形宝冠《ほうじゅぎょうほうかん》
頭光《ずこう》
慈悲円満相《じひえんまんそう》
挙身形光背《きょしんぎょうこうはい》
胸飾《きょうしょく》
垂髪《すいはつ》
吉祥果《きっしょうか》
臂釧《ひせん》
施無畏印《せむいいん》
条帛《じょうはく》
腕釧《わんせん》
裳《も》(裙《くん》)
結跏趺坐《けっかふざ》
右足を上にした坐り方を吉祥坐《きっしょうざ》ともいう
宝蓮華座《ほうれんげざ》
蓮肉《れんにく》
蓮弁《れんべん》

【十巻抄《じっかんしょう》】

馬《め》鳴《みょう》菩《ぼ》薩《さつ》

御利益

養蚕《ようさん》の守護神といわれ、貧窮《ひんきゅう》の衆生《しゅじょう》に衣服を与える。さらに福徳も与えてくれる。

蚕《さん》の守護神《しゅごしん》で、貧困の衆生《しゅじょう》に衣服を与える功徳《くどく》の菩薩《ぼさつ》で、また養《よう》蚕《さん》機《はた》織《お》りの神で信仰された。『馬《め》鳴《みょう》儀《ぎ》軌《き》』による形像は白馬《びゃくば》に乗り、従者を伴って雲中を闊歩《かっぽ》しながら遊行《ゆぎょう》する姿は、獅子《しし》に乗る渡《と》海文殊《かいもんじゅ》菩薩や白龍《びゃくりゅう》に乗る妙見《みょうけん》菩薩などに似た構成で絵画的図像であるが、どれも作品は少なく現存のみである。

『十巻抄《じっかんしょう》』に描《えが》かれた妙見菩薩像《みょうけんぼさつぞう》

白雲《びゃくうん》
如意宝珠《にょいほうじゅ》
棹秤《さおばかり》
施無畏印《せむいいん》
宝冠《ほうかん》
馬首《ばしゅ》の蚕母《さんも》
白糸《びゃくいと》
糸枠《いとわく》
半跏踏下坐《はんかふみさげざ》
（遊戯坐《ゆうげざ》とも）
蚕室《さんしつ》
蚕命
弟子《でし》
合掌《がっしょう》手して
供養《くよう》している
童子《どうじ》
馬頭《めず》
与願印《よがんいん》
白馬《びゃくば》
白雲《びゃくうん》

【醍醐寺《だいごじ》図像本】

五秘密菩薩《ごひみつぼさつ》

御利益

衆生《しゅじょう》のあらゆる煩悩《ぼんのう》を菩提《ぼだい》させて、敬愛《けいあい》し滅罪し、諸願成就《じょうじゅ》させてくださる。

ひとつの蓮華座《れんげざ》に金剛薩埵《こんごうさった》と眷属《けんぞく》の愛《あい》金剛・欲《よく》金剛・慢《まん》金剛・触《しょく》金剛の五菩薩を五秘密《ごひみつ》菩薩と呼び深奥《しんおう》秘密さを密教的《みっきょうてき》に表現しているための名称とされている。衆生の愛・欲・慢・触への執着なき妄想《もうそう》は菩提心《ぼだいしん》をもつ金剛薩埵が救済するとされることからも五秘密菩薩とされている。

金剛薩埵は菩提心を自在に行い、愛金剛は衆生《しゅじょう》を愛する慈悲《じひ》をもち、欲金剛は五《ご》欲《よく》の解脱《げだつ》への智慧《ちえ》を、慢金剛は衆生を教化《きょうけ》し修行《しゅぎょう》に励み、触金剛は五境《ごきょう》の静虚《せいきょ》さを意とすることで五秘密菩薩は信仰された。

『五秘密曼荼羅《まんだら》』によると金剛薩埵を本尊《ほんぞん》とし、五秘密法は『経軌《きょうき》』によっては四金剛菩薩が異なっている。『大楽軌《だいらくき》』では金剛愛・金剛欲自在《よくじざい》・金剛喜悦《きえつ》・金剛箭《せん》とされ、遺品も少ない現今である。

火焰形瑞鳥《かえんぎょうずいちょう》
五智宝冠《ごちほうかん》
欲金剛《よくこんごう》
金剛薩埵《こんごうさった》
摩竭幢《まかつどう》
触《しょく》金剛
愛金剛
慢《まん》金剛
挙身形光背《きょしんぎょうこうはい》
身光《しんこう》
金剛拳《こんごうけん》
触金剛手
金剛杵《こんごうしょ》
宝鐸《ほうたく》
宝飾《ほうしょく》
輪法瓔珞《りんぽうようらく》

【覚禅鈔《かくぜんしょう》】

明《みょう》王《おう》形《ぎょう》

密教《みっきょう》において大日如来の使者として、仏《ほとけ》・観音《かんのん》・菩薩《ぼさつ》が救いきれなかった衆生《しゅじょう》を忿怒相《ふんぬそう》で調伏《ちょうぶく》する。

不《ふ》動《どう》明《みょう》王《おう》

御利益

酉《とり》年生れの本尊《ほんぞん》。怒りをもって悪を降伏《ごうぶく》・打破しては衆生《しゅじょう》を救済してくれる。

仏教では不動明王《ふどうみょうおう》は動かざる尊《そん》という意で、大日如来《だいにちにょらい》の使者とされ、大日如来の教令輪身《きょうりょうりんじん》の不動明王は如来が教化《きょうけ》しにくい衆生《しゅじょう》を救うために忿怒瞋怖畏形《ふんぬしんふいぎょう》の姿で出現したものである。『神変加持経《しんぺんかじきょう》』には如来を給侍《きゅうじ》することで不動の使者と称され、また不動明王は霊的な智慧《ちえ》をもつことで修験者《しゅげんしゃ》の本尊《ほんぞん》にもなり、庶民の間にも広く信仰され祀《まつ》られていった。

『大日神変真言経《だいにちしんぺんしんごんきょう》』には一面二臂《いちめんにひ》で、慧刀《えとう》と羂索《けんさく》を持ち、総髪《そうはつ》の左を弁髪《べんぱつ》にして左肩に垂らし、威怒形《いぬぎょう》で火焔光《かえんこう》におおわれて額に水波《すいは》の相の童子形《どうじぎょう》であると説かれる。その後に多数の変化像も生じ形像も右手に倶利迦羅剣《くりからけん》か火焔形三鈷剣《かえんぎょうさんこけん》を持ち、頭頂に花形の髻《かぎょうもとどり》か蓮華台《れんげだい》を造り、光背《こうはい》を迦楼羅焔光《かるらえんこう》にし、瑟瑟座《しつしつ》に坐す造像もあるが異形は意外と少ない。

迦楼羅焰光《かるらえんこう》
火焔形光背《かえんぎょうこうはい》
莎髻《しゃけい》
花形《かぎょう》の髻《もとどり》
火焔形三鈷剣《かえんぎょうさんこけん》
煩悩《ぼんのう》を断ち切る持物《じもつ》
倶利迦羅龍王剣《くりからりゅうおうけん》ともいう
弁髪《べんぱつ》
索髪《さくはつ》ともいう
胸飾《きょうしょく》
臂釧《ひせん》
腕釧《わんせん》
羂索《けんさく》
慈悲《じひ》の心の持物《じもつ》
瑟瑟座《しつしつざ》
不動明王の台座《だいざ》
条帛《じょうはく》
半跏趺坐《はんかふざ》
略式の結跏趺坐《けっかふざ》

【十巻抄《じっかんしょう》】

降三世明王《ごうざんぜみょうおう》

御利益

過去・現在・未来の三世における三煩悩（貪欲《どんよく》・瞋恚《しんい》・愚痴《ぐち》）の三毒を降伏《ごうぶく》し、悪霊や病気苦悩をも取り払う。

降三世《ごうざんぜ》の三世とは世の貪瞋痴《どんしんち》の三煩悩《ぼんのう》のことで、その三毒《さんどく》を降伏《ごうぶく》すること、または欲《よく》・色《じき》・無色《むじき》の三世界を降伏することで降三世明王と称し、また大日如来《だいにちにょらい》が説法《せっぽう》すると摩醯首羅天《まけいしゅらてん》（大自在天《だいじざいてん》）が自ら三世界の主と称したので降三世明王が忿怒《ふんぬ》形《ぎょう》で摩醯首羅天とその妃《きさき》（烏摩妃《うまひ》）を踏みつけて降伏させたことで、『尊勝仏頂《そんしょうぶっちょう》曼荼羅《まんだら》』では大日如来の脇侍《わきじ》に不動《ふどう》明王を胎蔵界《たいぞうかい》大日如来の、降三世明王を金剛界《こんごうかい》大日如来の忿怒形として対置させている。三面八臂《さんめんはっぴ》像の第一手は交叉させての降三世印を結ぶ。

五大明王《ごだいみょうおう》とは不動《ふどう》明王を中心として、東方に降三世《ごうざんぜ》明王を、南方に軍荼利《ぐんだり》明王を、西方に大威徳《だいいとく》明王を、北方に台密系《たいみつけい》は烏枢沙摩《うすさま》明王を、東密《とうみつ》系は金剛夜叉《こんごうやしゃ》明王を配す。

【別尊雑記《べっそんざっき》】

軍荼利明王《ぐんだりみょうおう》

御利益

衆生《しゅじょう》の煩悩《ぼんのう》や障害を除去し、息災無病・悪魔調伏《ちょうぶく》の功徳《くどく》がある。

軍荼利《ぐんだり》明王《みょうおう》の軍荼とは甘露《かんろ》（不死の霊薬《れいやく》）を入れた水瓶《すいびょう》、利とは所有の意から甘露軍荼利とも称される。軍荼利は虚空蔵《こくうぞう》菩薩《ぼさつ》の応現身《おうげんしん》とされ、『陀羅尼集経《だらにじっきょう》』では多数の蛇《じゃ》は我痴我見我慢我愛《がちがけんがまんがあい》の法力をあらわし、仏教に取り入れたのは軍荼利明王とされ成立は五大明王では最初と説かれている。この明王は障害を除く功徳《くどく》があることで聖天《しょうでん》法を修して、歓喜天《かんぎてん》を支配している。髑髏冠《どくろかん》を戴き大瞋印《だいしんいん》の形像が多い。

歩擲《ぶちゃく》明王《みょうおう》は普賢《ふげん》菩薩《ぼさつ》の応現身《おうげんしん》といわれ、六道《ろくどう》を済度《さいど》して、悪魔を摧伏《さいぶく》し退散させる。

歩擲《ぶちゃく》明王《みょうおう》

【別尊雑記《べっそんざっき》】

大《だい》威《い》徳《とく》明王《みょうおう》

御利益

水陸を自在に往来し、悪魔は降伏《ごうぶく》、怨敵《おんてき》は調伏《ちょうぶく》する戦勝の本尊《ほんぞん》で、悪魔からは解放される。

大威徳明王《だいいとくみょうおう》は閻魔《えんま》を調伏《ちょうぶく》することで降閻魔尊《ごうえんまそん》とも称され、『仁王儀軌《にんのうぎき》』にも文殊《もんじゅ》菩薩《ぼさつ》の応現身《おうげんしん》の大威徳明王は戦勝祈願《せんしょうきがん》の修法《しゅほう》の本尊《ほんぞん》とされ、勝軍《しょうぐん》大威徳明王法が信仰された。髑髏《どくろ》を瓔珞《ようらく》とし戦勝を意とする騎白牛《きびゃくぎゅう》の背に立って走行する形像は三面宝冠《さんめんほうかん》を戴き、三面三つ目《め》（天眼《てんげん》）の六臂六脚《ろっぴろくきゃく》の極忿怒相《ごくふんぬそう》として記される。その水牛《すいぎゅう》が立つもの・坐るもの・走るもの、またその水牛に大威徳明王が立つ立像《りゅうぞう》と坐る坐像《ざぞう》の二種がある。奈良県・唐招提寺《とうしょうだいじ》には走行する水牛の背に大威徳明王が立つ像があり信仰された。

持物《じもつ》については『曼荼羅次第儀軌法《まんだらしだいぎきほう》』では左手は戟《げき》、弓、索《さく》を、右手は剣、箭《せん》、棒《ぼう》を執ると記されている。また『秘術如意法《ひじゅつにょいほう》』には三面の中央は菩薩形《ぼさつぎょう》で、左右の二面は忿怒形《ふんぬぎょう》で、左右の第一手は檀拏印《だんだいん》を結ぶ。

三面極忿怒相《さんめんごくふんぬそう》
三面宝冠《さんめんほうかん》
火焔形光背《かえんぎょうこうはい》
三叉戟《さんさげき》
宝幢《ほうどう》
三鈷形宝剣《さんこぎょうほうけん》
三つ目
天眼《てんげん》とも
臂釧《ひせん》
宝輪
髑髏瓔珞《どくろようらく》
宝弓《ほうきゅう》
箭《せん》(矢《や》)
宝杖《ほうじょう》
白水牛《びゃくすいぎゅう》
六脚形《ろくきゃくぎょう》
胸懸《むながい》
脚釧《きゃくせん》
筵座《むしろざ》
台座《だいざ》のひとつ
半跏踏下坐《はんかふみさげざ》
【別尊雑記《べっそんざっき》】

金剛《こんごう》夜叉《やしゃ》明王《みょうおう》

御利益

心の不浄と汚れや悪行の煩悩《ぼんのう》を食べ尽くし、悪疫《あくえき》・悪疾をも噉食《たんじき》してくれる。

真言宗《しんごんしゅう》では金剛杵《こんごうしょ》をもつ夜叉《やしゃ》の意味から五大明王のひとつである金剛夜叉明王《こんごうやしゃみょうおう》と称する。『摂無礙経《しょうむげきょう》』では一切の悪を食いつくす三面《めん》六臂《ぴ》の五智《ごち》大忿怒尊《だいふんぬそん》として北方に配され、自性輪身《じしょうりんじん》の不空成就如来《ふくうじょうじゅにょらい》が正《しょう》法輪身《ほうりんじん》の金剛牙《げ》菩薩で教令《きょうりょう》輪身が忿怒《ふんぬ》形《ぎょう》の金剛夜叉明王で烏枢沙摩《うすさま》明《みょう》王と同体と説く。この明王は三面六臂像で正面は五眼《ごげん》を持ち、自在に眼《げん》で見透かし、左右の二面も三つ目《め》(仏眼《ぶつげん》)の忿怒形である。

大輪明王《だいりんみょうおう》は弥勒菩薩《みろくぼさつ》の応現身《おうげんしん》とし、徳より除魔除悪の業障《ごうしょう》を消滅させる。

大輪明王《だいりんみょうおう》

【別尊雑記《べっそんざっき》】

烏枢沙摩明王《うすさまみょうおう》

御利益

すべての障害と穢《けがれ》を焼き尽くす功徳《くどく》があり、至福・敬愛《けいあい》・災難・調伏《ちょうぶく》の利益が得られる。

天台宗《てんだいしゅう》では五大明王《ごだいみょうおう》のひとつに金剛夜叉明王《こんごうやしゃみょうおう》の代わりにこの烏枢沙摩《うすさま》明王を北方に配し、一切の穢《けが》れを焼き障害を除き不浄除《ふじょうよ》けの法力があることで祀《まつ》られる。『大威怒烏枢沙摩儀軌《だいいぬうすさまぎき》』には髑髏《どくろ》の瓔珞《ようらく》を付け焰髪《えんぱつ》を逆立てての火焰《かえん》を背負う形像とされ阿閦如来《あしゅくにょらい》を左に、阿弥陀如来《あみだにょらい》を右に配したことで火頭金剛《かずこんごう》と記される。京都府・醍醐寺《だいごじ》の『十巻抄《じっかんしょう》』や仁和寺《にんなじ》の『別尊雑記《べっそんざっき》』には異像が描かれる。

無能勝明王《むのうしょうみょうおう》は地蔵菩薩《じぞうぼさつ》の応現身《おうげんしん》とされ、呪力《じゅりょく》をもって悪魔を降伏《ごうぶく》・退散させる。

無能勝明王《むのうしょうみょうおう》

天冠帯《てんかんたい》
宝剣《ほうけん》
頂上化身仏《ちょうじょうけしんぶつ》
雲雷形光背《うんらいぎょうこうはい》
宝杖《ほうじょう》
金剛棒《こんごうぼう》
三つ目
天眼《てんげん》・仏眼《ぶつげん》
ともいう
宝弓《ほうきゅう》
金剛鈴《こんごうれい》
烏枢沙摩手《うすさましゅ》
腕釧《わんせん》
羂索《けんさく》
箭《せん》
二俣《ふたまた》の矢《や》
天衣《てんね》
裳《も》(裙《くん》)
火焔座《かえんざ》
脚釧《きゃくせん》

【十巻抄《じっかんしょう》】

愛染明王《あいぜんみょうおう》

御利益

煩悩即菩提《ぼんのうそくぼだい》とする本尊で、衆生《しゅじょう》を悪心即消滅させて、愛欲貪染《とんぜん》・恋愛成就《じょうじゅ》・男女和合を施す。

愛（愛情）と欲（欲望）は仏心に通ずるとされ、愛欲貪染《あいよくどんぜん》を略して愛染とし、そのまま浄菩提心《じょうぼだいしん》にすることで明王《みょうおう》になり、『愛染曼荼羅《あいぜんまんだら》』には金剛《こんごう》薩埵《さった》を本地仏《ほんじぶつ》とし五鈷鉤《ごここう》の獅子頭《ししがしら》の宝《ほう》冠《かん》を戴き三《み》つ目《め》六臂《ろくひ》像。左の第一手に金剛鈴《こんごうれい》を、右の第一手に五鈷杵《ごこしょ》を執り、第二の左右は弓と箭《せん》（矢）、第三の左右は日輪《にちりん》と蓮華《れんげ》を執る。異像に天に向け弓と箭をあてがう天弓《てんきゅう》愛染明王、不動《ふどう》明王と愛染明王が合体する両《りょう》頭《とう》愛染明王もある。

『覚禅鈔《かくぜんしょう》』の愛染明王《あいぜんみょうおう》

【奈良県・西大寺《さいだいじ》蔵】

孔雀明王《くじゃくみょうおう》

御利益

病苦・除難・息災・延命・出産の利益があり、一切の刃物の災《わざわ》いと怖畏《ふい》をも消滅させる。

孔雀明王《くじゃくみょうおう》は孔雀仏母《ぶつも》ともいわれ女性的な明王である。孔雀は毒蛇《どくじゃ》を喰《くら》うことから神格化された吉祥鳥《きっしょうちょう》でもある。怖畏《ふい》を滅して一切の毒魔を除去し、孔雀明王の陀羅尼《だらに》を唱えると、一切の毒を消去するといわれる。大安楽を得られることで山岳《さんがく》修行者にも信仰された。孔雀明王修法《しゅほう》は他に息災・延命・出産にも祈願されて、請雨《しょうう》や止雨《しう》にも修せる。

孔雀明王は宝冠《ほうかん》を戴き孔雀に乗り、孔雀の尾羽《おは》を手に孔雀尾《び》を光背《こうはい》とすることで菩薩《ぼさつ》ではともいわれている。

『十巻抄《じっかんしょう》』の孔雀明王《くじゃくみょうおう》

孔雀《くじゃく》形《ぎょう》光背《こうはい》
宝冠《ほうかん》
吉祥果《きっしょうか》
魔除《まよけ》の持物《じもつ》
開敷蓮華《かいふれんげ》
清浄《しょうじょう》の意の持物《じもつ》
蓮華瓔珞《れんげようらく》
倶縁果《くえんか》
増益《そうやく》の持物《じもつ》
三弁孔雀尾《さんべんくじゃくび》
息災《そくさい》の功徳《くどく》がある持物《じもつ》
結跏趺坐《けっかふざ》
宝蓮華座《ほうれんげざ》
鳥獣形蓮華座《ちょうじゅうぎょうれんげざ》
【醍醐寺《だいごじ》図像本】

太元帥明王《たいげん(すい)みょうおう》

御利益

衆生《しゅじょう》を悪鬼から守り、災難を打破する。外敵からも守って、怨敵《おんてき》をも調伏《ちょうぶく》する。

太元帥明王を東密《とうみつ》（真言宗《しんごんしゅう》）系ではたいげんと台密《たいみつ》（天台宗《てんだい》）系ではたいげんすいと読まれ、林野《りんや》の意より曠《こう》野《や》鬼《き》神大将《しんたいしょう》とも称する。初めは外道神であったが仏教に取り入れられ、『経軌《きょうき》』に明王《みょうおう》と記された。京都小栗栖《おぐるす》の常暁《じょうぎょう》によって請来《しょうらい》する。

太元帥法は鎮護《ちんご》国家祈願のために宮中で修法とされた怨敵調伏《おんてきちょうぶく》の秘密法である。蛇《じゃ》がまといつき足下に邪鬼《じゃき》を踏み、まわりに四天王を配している。

（四天王《してんのう》の）北方の多聞天《たもんてん》

（四天王《してんのう》の）西方の広目天《こうもくてん》

【京都府・醍醐寺《だいごじ》蔵の堯助僧正《ぎょうすけそうじょう》画】

金剛童子《こんごうどうじ》

御利益

童子《どうじ》として息災無病・病気平癒《へいゆ》・悪魔調《ちょう》伏《ぶく》・諸願成就《じょうじゅ》に不浄を取り払う。

明王部の金剛童子は金剛杵《こんごうしょ》（三鈷杵）の威力を神格化され、金剛手菩薩（金剛薩埵）の化身仏とされている。『胎蔵界曼荼羅』では金剛手院の四摂《ししょう》菩薩のひとつ金剛鏁《さ》菩薩の近辺に配され、事業《じごう》金剛と説かれている。

この金剛童子を本尊として息災・調伏・産生の修法が行われる。『金剛童子経』では青《しょう》金剛童子と、『倶摩羅儀軌《くまらぎき》』では黄《き》金剛童子と記す。

真言宗（東密）では六臂の青金剛童子を本尊とし、秘法に用いる。金剛童子は右足は踏割蓮華座にあって、左足は丁字立で高く挙げる。

『覚禅鈔《かくぜんしょう》』の金剛手菩薩《こんごうしゅぼさつ》

宝珠宝冠《ほうじゅほうかん》
頭光《ずこう》
頭部から発
する光明《こうみょう》
焰髪《えんぱつ》
金剛杵《こんごうしょ》
胸飾《きょうしょく》
天衣《てんね》
両肩から掛けて
垂らした細長い布
臂釧《ひせん》
胸布《むねぬの》
腰紐《こしひも》
腕釧《わんせん》
与願印《よがんいん》
条帛《じょうはく》
丁子立《ちょうじたち》
脚釧《きゃくせん》
虎皮《こひ》
裳《も》
踏割蓮華座《ふみわりれんげざ》
七宝《しちほうそう》雙蓮華座ともいう

【十巻抄《じっかんしょう》】

馬《ば》頭《とう》大《だい》威《い》怒《ぬ》明《みょう》王《おう》

御利益

瞋《しん》怒《ぬ》の形相で、観音の慈《じ》悲《ひ》の心をもって、衆《しゅ》生《じょう》の煩《ぼん》悩《のう》を断ち、救済するとされる。

馬《ば》頭《とう》大《だい》威《い》怒《ぬ》明《みょう》王《おう》は馬頭観《かん》音《のん》の異名ともいわれ、観音部で忿《ふん》怒《ぬ》形《ぎょう》で慈《じ》悲《ひ》を本《ほん》誓《ぜい》とすることから、この馬頭尊《そん》を蓮《れん》華《げ》部《ぶ》では八大明王の一尊として馬頭明王、馬頭金《こん》剛《ごう》明王と呼び、『大《だい》妙《みょう》金《こん》剛《ごう》経《きょう》』ではその名で説かれて、馬が水草を暴《ぼう》食《しょく》し、水を呑《どん》飲《いん》することから衆《しゅ》生《じょう》の煩《ぼん》悩《のう》を貪《むさぼ》り食べ救済する。その後に馬頭明王は武士の間で信仰されて守り神とされていった。

『別《べっ》尊《そん》雑《ざっ》記《き》』の馬《ば》頭《とう》観《かん》音《のん》

【葛飾北斎《かつしかほくさい》画】

矜羯羅《こんがら》・制吒迦《せいたか》（不動童子《ふどうどうじ》）

御利益

愛念の慈悲の心行《しんぎょう》で、衆生《しゅじょう》に対しては五智の福徳をもって守護する。

不動八大童子《ふどうはちだいどうじ》は八大金剛《こんごう》童子ともいい、不動明王《みょうおう》の眷属《けんぞく》とされ、不動明王の両脇侍《わきじ》として矜羯羅《こんがら》童子と制吒迦《せいたか》童子が従い三尊像《さんぞんぞう》として造られた。

◎矜羯羅童子は緊迦羅《きんから》とも随順《ずいじゅん》ともいう。合掌《がっしょう》した手に独鈷杵《とっこしょ》をはさむ。

◎制吒迦童子は業波羅蜜《ごうはらみつ》と称し悟《さと》りの心で左に金剛杵《こんごうしょ》、右に金剛棒《ぼう》を持つ。

◎慧光《えこう》、阿耨達《あのくた》、烏倶婆誐《うくばが》、慧喜《えき》、指《し》徳《とく》の各童子と清浄比丘《しょうじょうびく》の六人。

不動明王《ふどうみょうおう》は大日如来《だいにちにょらい》の教令輪身《きょうりょうりんじん》で如来《にょらい》の教《おし》えに対《たい》して衆生《しゅじょう》の煩悩《ぼんのう》を断《た》つ不動使者《ふどうししゃ》で給侍《きゅうじ》。

矜羯羅童子《こんがらどうじ》

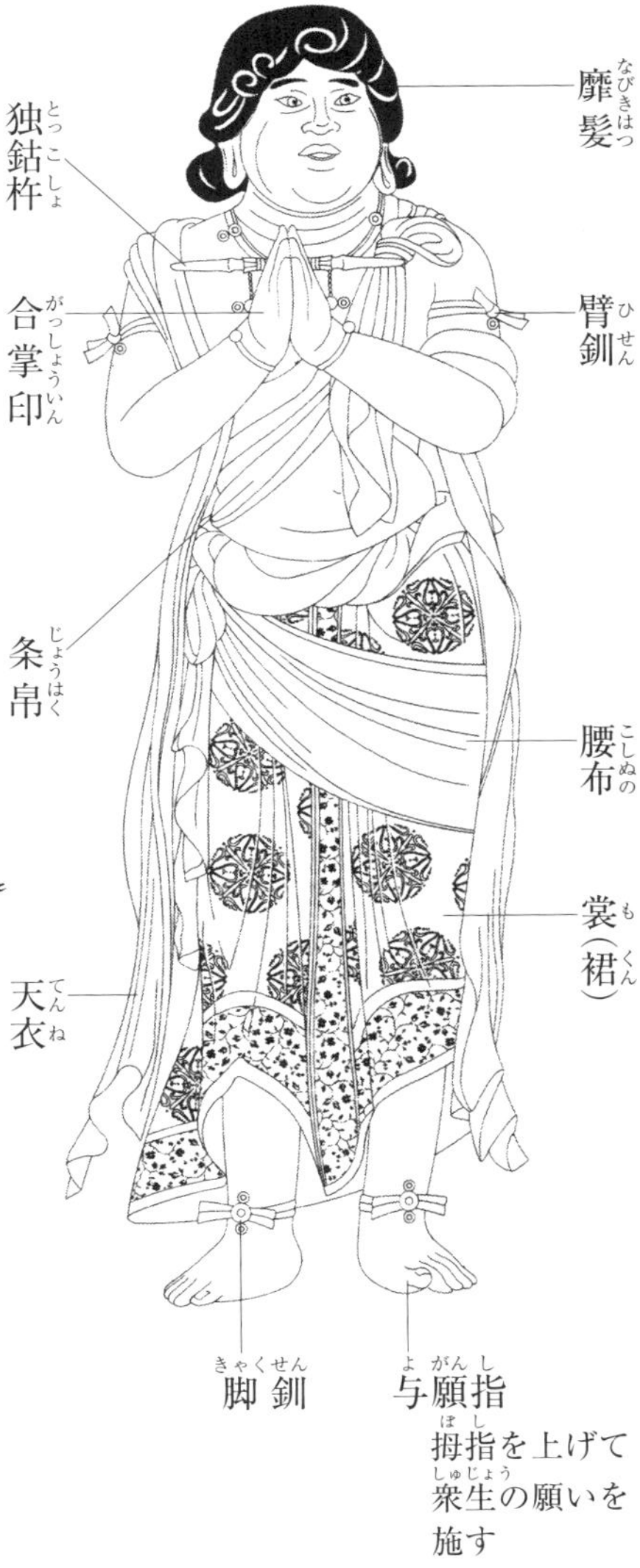

他の六童子とは
◎慧光《えこう》童子
◎阿耨達《あのくた》童子
◎烏倶婆誐《うくばが》童子
◎慧喜《えき》童子
◎指徳《しとく》童子
◎清 浄比丘《しょうじょうびく》

制吒迦童子《せいたかどうじ》

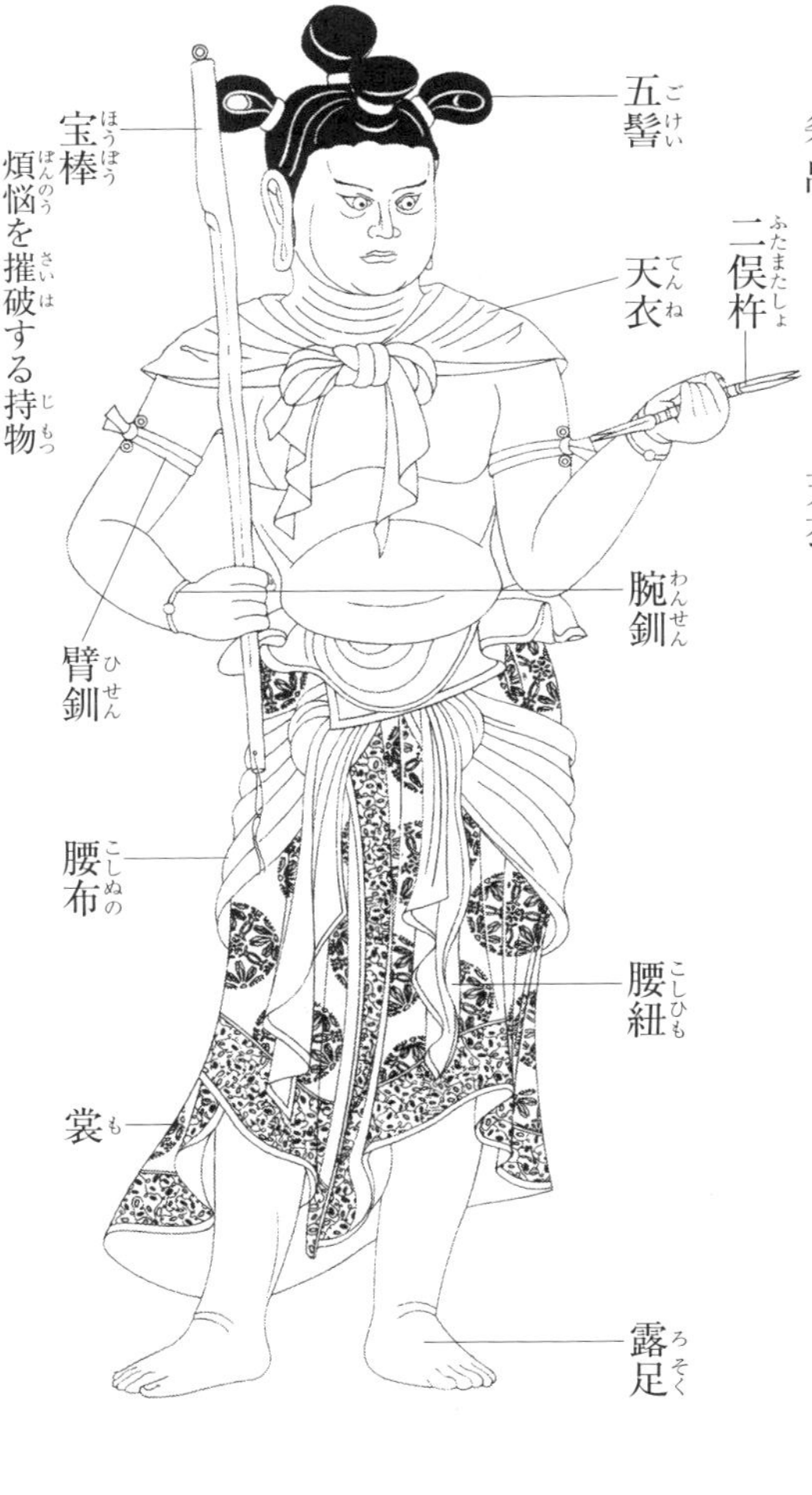

【和歌山県・金剛峯寺《こんごうぶじ》蔵】

天《てん》形《ぎょう》

仏《ほとけ》・観音《かんのん》・菩薩《ぼさつ》を守護し、
仏教に帰依《きえ》した護世神《ごせしん》で福徳を願う衆生を教化《きょうけ》するので
現世利益《げんぜりやく》の尊《そん》。

阿修羅《あしゅら》

御利益

呼吸の海神として衆生《しゅじょう》に我慢増長《がまんぞうちょう》の心と猜《さい》疑嫉妬《ぎしっと》の念を弱めて、障碍《しょうがい》を取り払う。

修羅界《しゅらかい》の暴悪で戦闘的《せんとうてき》な鬼神《きしん》の阿修羅《あしゅら》は忉利天《とうりてん》に住する帝釈天《たいしゃくてん》と烈しい戦いの理由《わけ》は帝釈天が阿修羅の娘を強奪《ごうだつ》し妃《きさき》にしたことといわれ、『儀軌《ぎき》』には天《てん》に似たるが天に非《ひ》ざると記される。

釈尊《しゃくそん》に教化《きょうけ》された三面六臂《さんめんろっぴ》像は童子形《どうじぎょう》で、第一手は合掌《がっしょう》、第二手と第三手は異様に長く持物《じもつ》は失われて第三手は虚空《こくう》に。三面は不思議と無垢《むく》に見える。

『北野天神縁起絵巻《きたのてんじんえんぎえまき》』での戦《たたか》う阿修羅王《あしゅらおう》

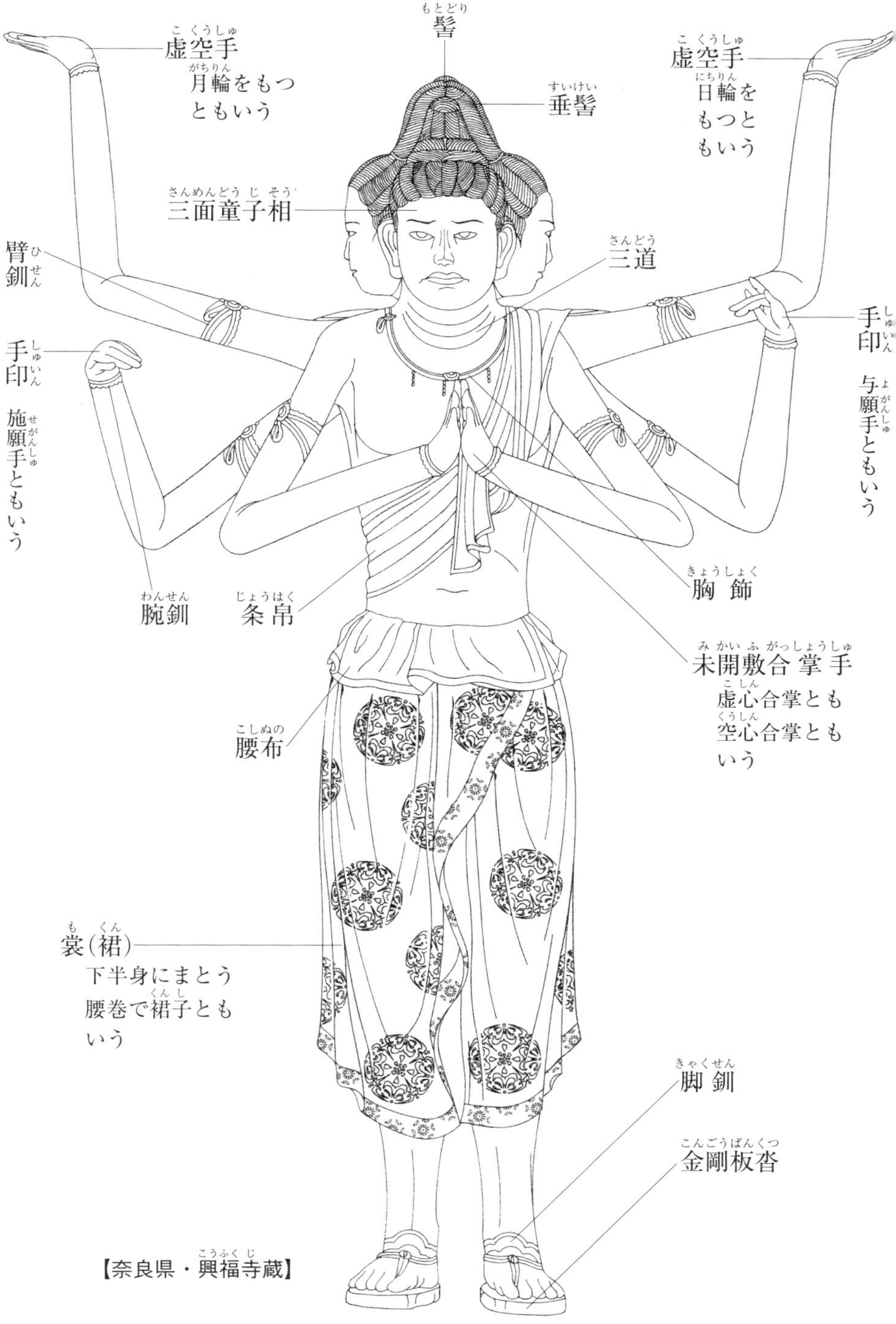

【奈良県・興福寺《こうふくじ》蔵】

善如龍王《ぜんにょりゅうおう》

御利益

宝珠《ほうじゅ》によって害を加えずに、衆生《しゅじょう》に幸福の雨を降らし、さらに財も与えてくれる。

請雨修法《しょううしゅほう》の観音《かんのん》の応現身《おうげんしん》とされる善《ぜん》如龍王《にょりゅうおう》は『経軌《きょうき》（経典《きょうてん》と儀軌《ぎき》）』にも一切見ることはないが、天竺《てんじく》の無熱達《むねつたっ》池《ち》に住し、海中で龍の背に立つが、衆生《しゅじょう》には障害《しょうがい》を加えることはない。わが国では空海《くうかい》が神泉苑《しんせんえん》の海中から出現し、虚空《こくう》で龍に乗る観世音菩薩《かんぜおんぼさつ》に見えたという伝えによる。形像は海中で龍の背に立つ、中国の官人の姿が『醍醐《だいご》寺図像本《じずぞうほん》』にも見られ、左手に三弁宝《さんべんほう》珠《じゅ》を盛った鉢《はち》を執持する。

龍王《りゅうおう》に乗《の》る観世音菩薩《かんぜおんぼさつ》

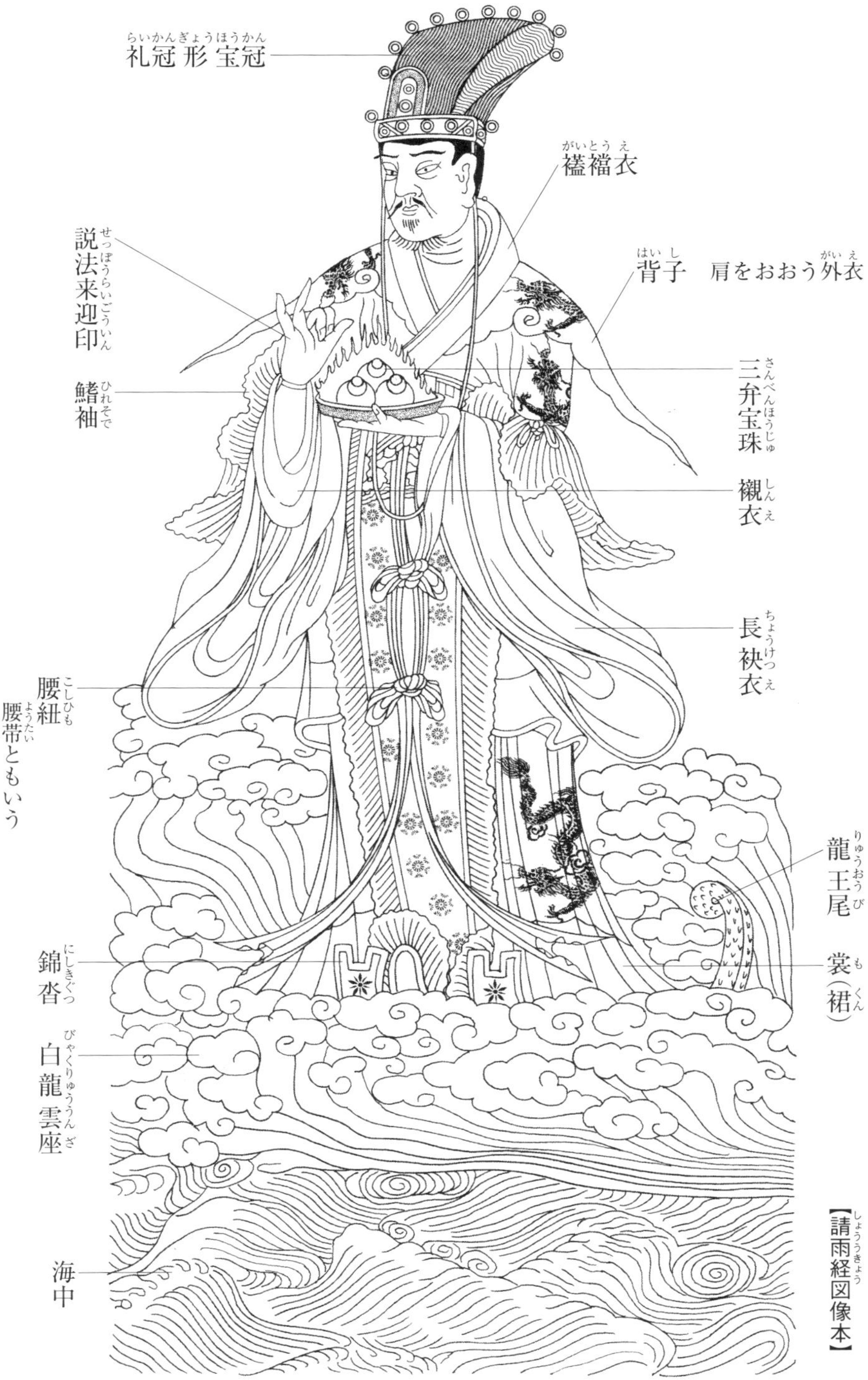

【請雨経図像本《しょううきょうずぞうぼん》】

大梵天《だいぼんてん》

御利益

捧《ささ》げて立願《りつがん》すると、立身出世を助け、順《じゅん》風満帆《ぷうまんぱん》となる。

十二天のひとつで、三界《さんがい》のひとつの色界《しきかい》の初禅天《しょぜんてん》に住する第一天の万有《ばんゆう》創造の最高神として信仰され、仏教では釈迦《しゃか》の左脇侍《わきじ》に帝釈天《たいしゃくてん》、右脇侍に大梵天《だいぼんてん》とともに「梵釈二尊《ぼんしゃくにそん》」と呼ばれ、釈迦三尊《しゃかさんぞん》を形成し、密教において仏法守護神と敬《うやま》い尊《とうと》ばれる。

初期の大梵天は中国風の礼服《らいふく》を着用の形像《ぎょうぞう》であったが、後に白鵝鳥座《びゃくがちょうざ》（鳥獣座《ちょうじゅうざ》）に坐す像が造られ、頂上に化仏《けぶつ》の三面《めん》四臂《ひ》像は未開敷蓮華《みかいふれんげ》を持す。

『十巻抄《じっかんしょう》』に描《えが》かれた大梵天《だいぼんてん》

頂上化身仏《ちょうじょうけしんぶつ》
髻《もとどり》
金剛鉾《こんごうほこ》
垂髪《すいはつ》
三つ目三面相
三道《さんどう》
未開敷蓮華《みかいふれんげ》
臂釧《ひせん》
条帛《じょうはく》
施願印《せがんいん》
払子《ほっす》
煩悩《ぼんのう》を払う持物《じもつ》
遊戯坐《ゆうげざ》
胡坐《こざ》、趺坐《ふざ》ともいう
蓮華座《れんげざ》
敷茄子《しきなす》
白鵝鳥座《びゃくがちょうざ》

【京都府・東寺《とうじ》蔵】

帝釈天《たいしゃくてん》

御利益

手持ちの宝鏡《ほうきょう》からは智慧《ちえ》が湯水の如く噴出して、出世・昇進が叶えられる。

大梵天《だいぼんてん》とともに釈尊《しゃくそん》の護法神とされる帝釈天《たいしゃくてん》は三界《さんがい》のひとつ欲界《よくかい》の第二天の忉利天《とうりてん》の善見城《ぜんけんじょう》に住む守護神とも称される。身に千眼相《せんげんそう》をあらわし白象《びゃくぞう》に乗り虚《こ》空《くう》を神格化《しんかくか》した太陽神と称する。

『儀軌《ぎき》』に説く彫像は白象に乗って左手を腰に当て、右手は金剛杵《こんごうしょ》を持ち、「梵《ぼん》釈《しゃく》」と称される帝釈天と大梵天は相好《そうごう》が同じで区別がつかないことで左右の配置もまちまちである。また甲《こう》が見えることでどちらかを武装形《ぶそうぎょう》貴顕天《きけんてん》としている。

『十巻抄《じっかんしょう》』に描《えが》かれた白象《びゃくぞう》に乗《の》る帝釈天《たいしゃくてん》

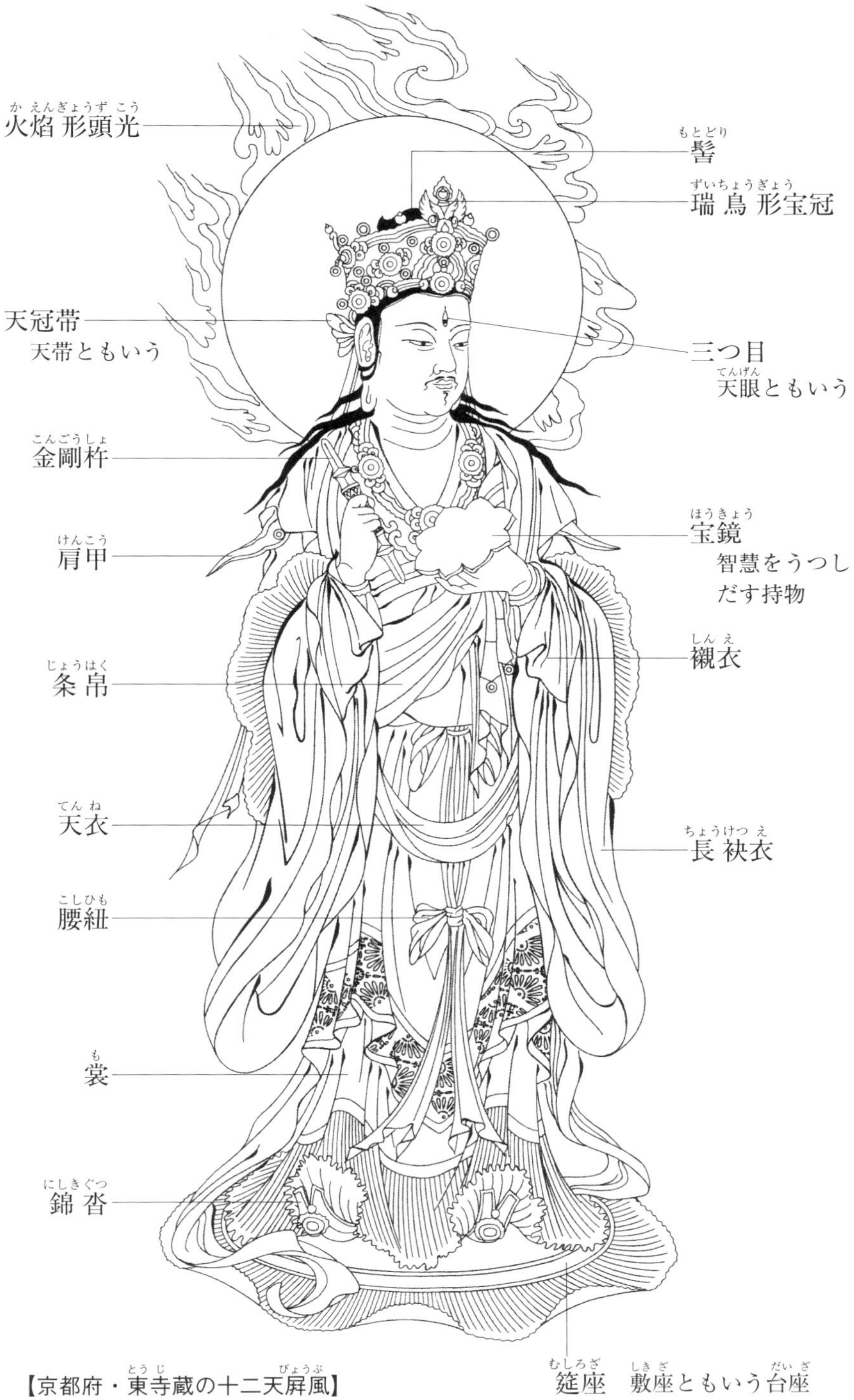

【京都府・東寺《とうじ》蔵の十二天屏風《びょうぶ》】

吉祥天《きちじょうてん》

御利益

衆生《しゅじょう》に福徳をもたらし、罪障《ざいしょう》を懺悔《さんげ》すれば、災難を取り除き、財貨が得られる。

天女形《てんにょぎょう》の代表格ともいえる吉祥天《きちじょうてん》は毘沙門天《びしゃもんてん》の妃《きさき》とされる。また功徳天《くどくてん》とも称し、観音《かんのん》の化身仏《けしんぶつ》ともいうことが『儀軌《ぎき》』に説かれ、吉祥天を本尊《ほんぞん》とする吉祥《きっしょう》悔過会《けかえ》が毎年行われ懺悔《さんげ》し、福徳を祈っている。

その一方で『浄瑠璃寺《じょうるりじ》流記事《るきのこと》』には、この天女は秘仏《ひぶつ》として厨子《ずし》に安置せよと説かれる。

扉を開くとふくよかな白顔《びゃくがん》、三日月のような眉《まゆ》、切れ長の目、魅力的な口《くち》からは財福神の功徳《くどく》が漂う。

白象《びゃくぞう》のいる七宝山《しっぽうさん》での吉祥天《きちじょうてん》

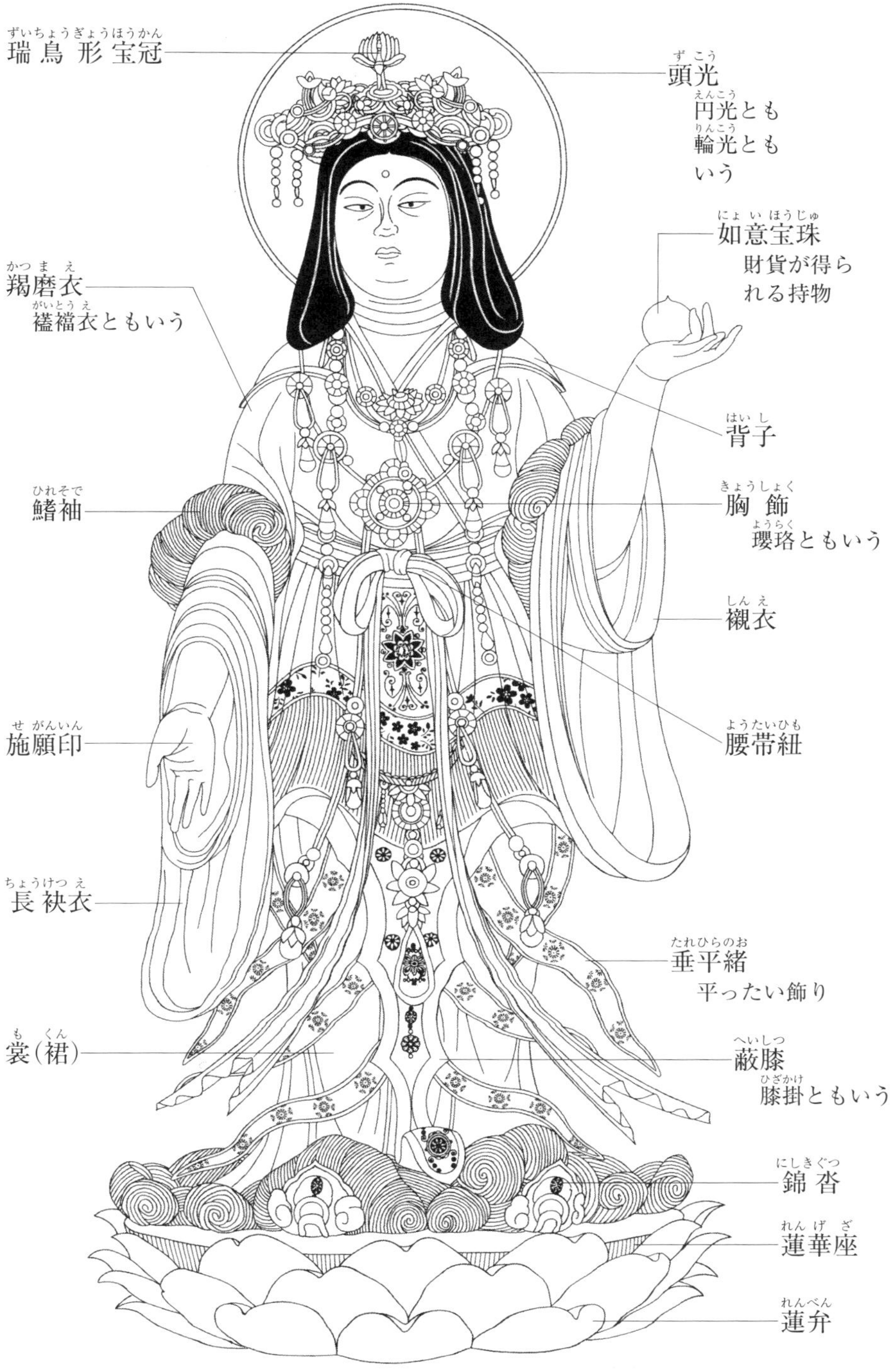

【京都府・浄瑠璃寺《じょうるりじ》蔵】

執金剛神《しゅこんごうしん》

御利益

金剛杵《こんごうしょ》を持って、堅固《けんご》な智慧《ちえ》を与えられて、無病息災と健全な心身となる。

金剛《こんごう》とは如来形《にょらいぎょう》の堅固《けんご》な智《ち》を象徴し、金剛杵《こんごうしょ》を持つ仏法守護神を忿怒形《ふんぬぎょう》の執金剛神《しゅこんごうしん》は鬼神《きしん》という。寺門を守ることになって、門の左に阿形《あぎょう》（開口）の金剛力士《こんごうりきし》、右に吽形《うんぎょう》（閉口）の密迹《みっしゃく》金剛とし、互いに面するが、執金剛神をもとはひとつの神格像を仁王《におう》と二分身するはなんとも不思議なことである。

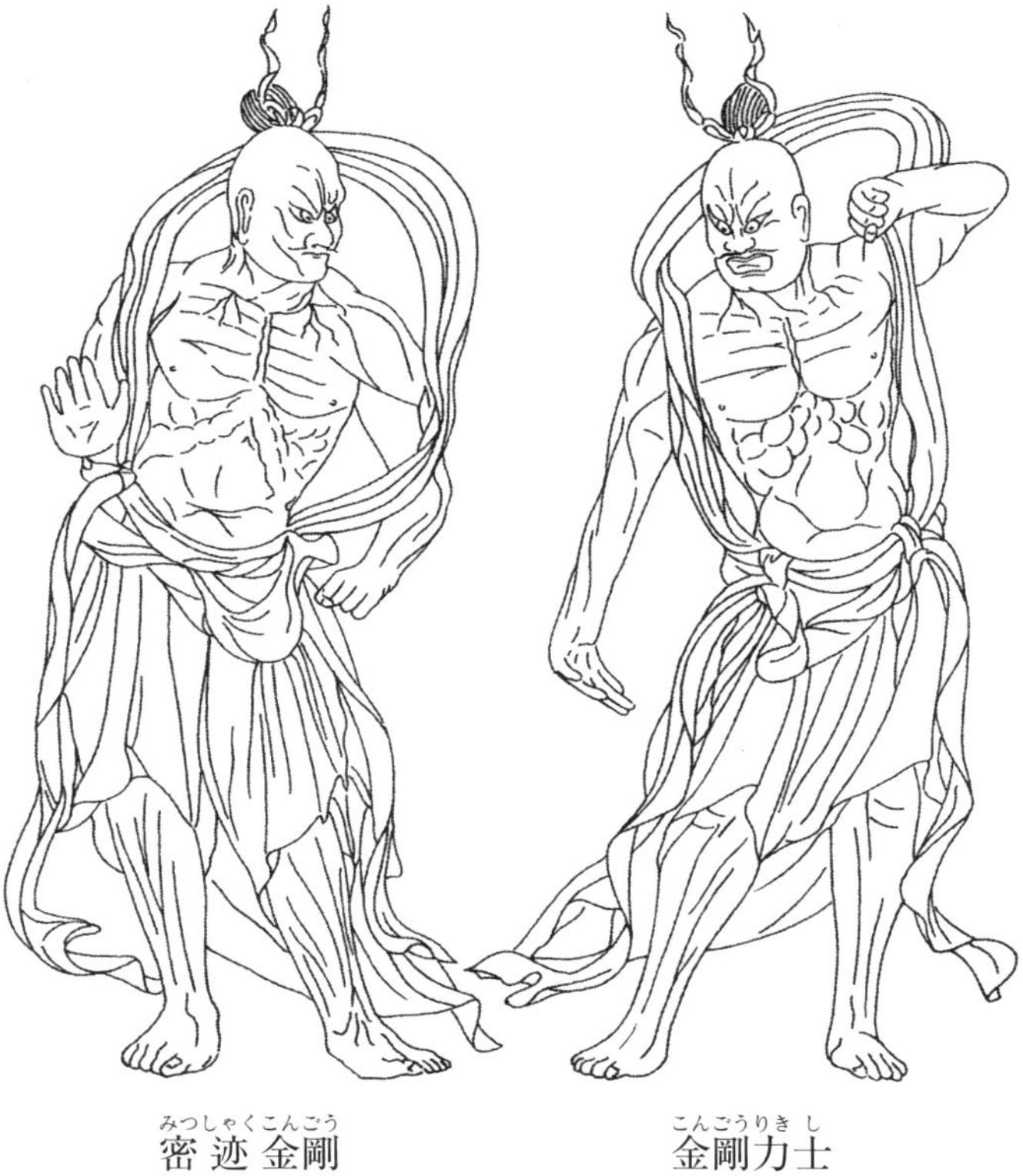

密迹金剛《みっしゃくこんごう》　金剛力士《こんごうりきし》

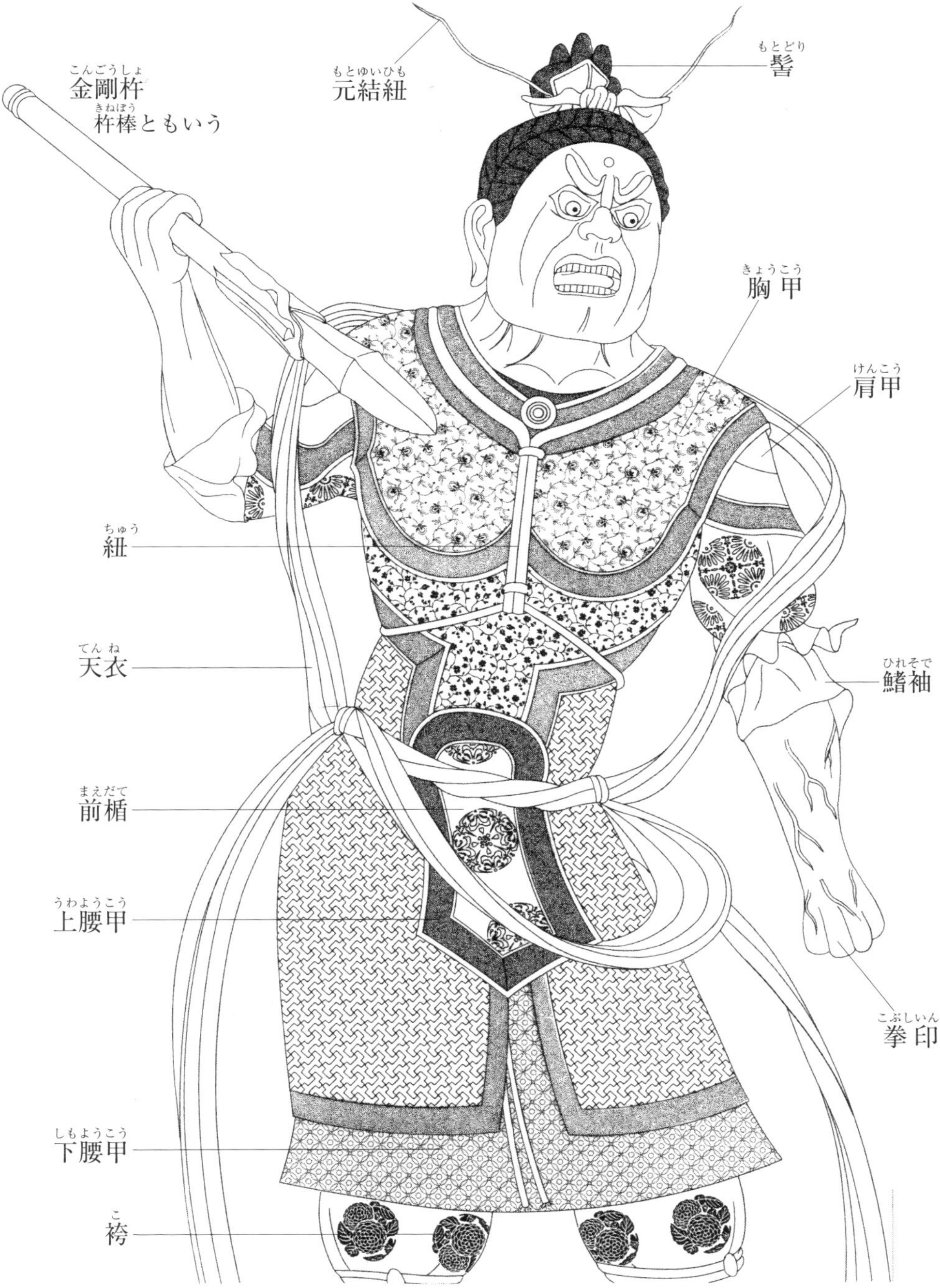

【奈良県・東大寺《とうだいじ》蔵】

仁王尊《におうそん》

御利益

金剛杵《こんごうしょ》をもって無病息災・病気平癒《へいゆ》し、特に足の怪我《けが》も直し、健脚《けんきゃく》となる。

元《もと》はひとつの金剛尊《こんごうそん》を仁王《におう》（二分身）となった仁王尊の阿形《あぎょう》と吽形《うんぎょう》は寺門の左右に立って仏法の守護神となったと『大宝積経《だいほうしゃくきょう》』に記され、古くは口を開けて杵棒《きねぼう》（古制の天竺《てんじく》の金剛杵）を執持して単独の守護神であった。その後に仁王尊の名称で一対（二分身）の口を開いた方を阿形、口を閉じた方を吽形として配され、杵棒（杵杖《きねじょう》とも宝《ほう》棒《ぼう》ともいう）を持ち、阿形の左手と吽形の右手は金剛手印《しゅいん》で障害を断ち切るをあらわしている。杵棒は智慧《ちえ》の堅固《けんご》と煩悩《ぼんのう》の摧破《さいは》を象徴《しょうちょう》し、密教《みっきょう》では金剛製の持物《じもつ》となっていった。

阿形《あぎょう》

吽形《うんぎょう》

阿《あ》形《ぎょう》

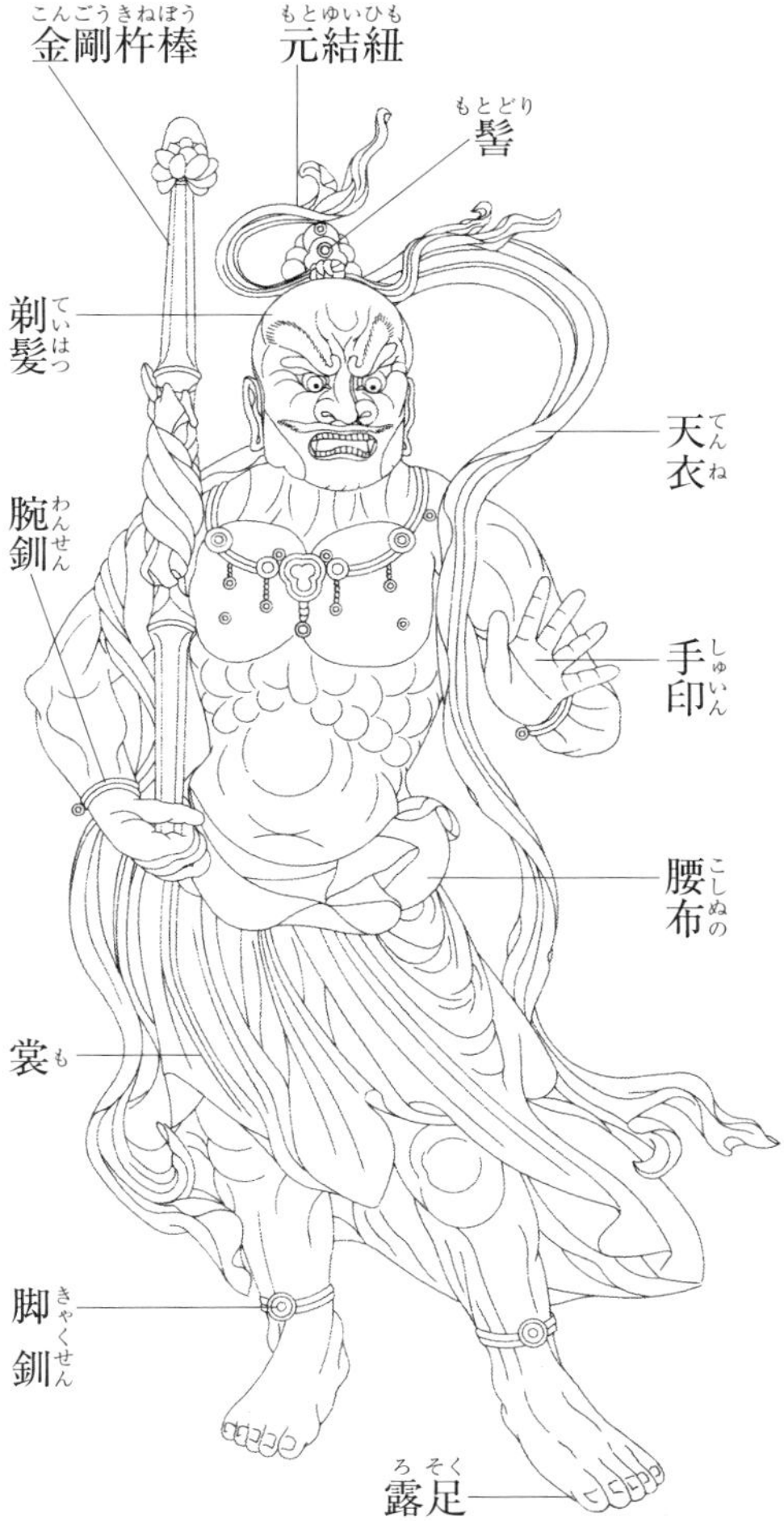

吽《うん》形《ぎょう》

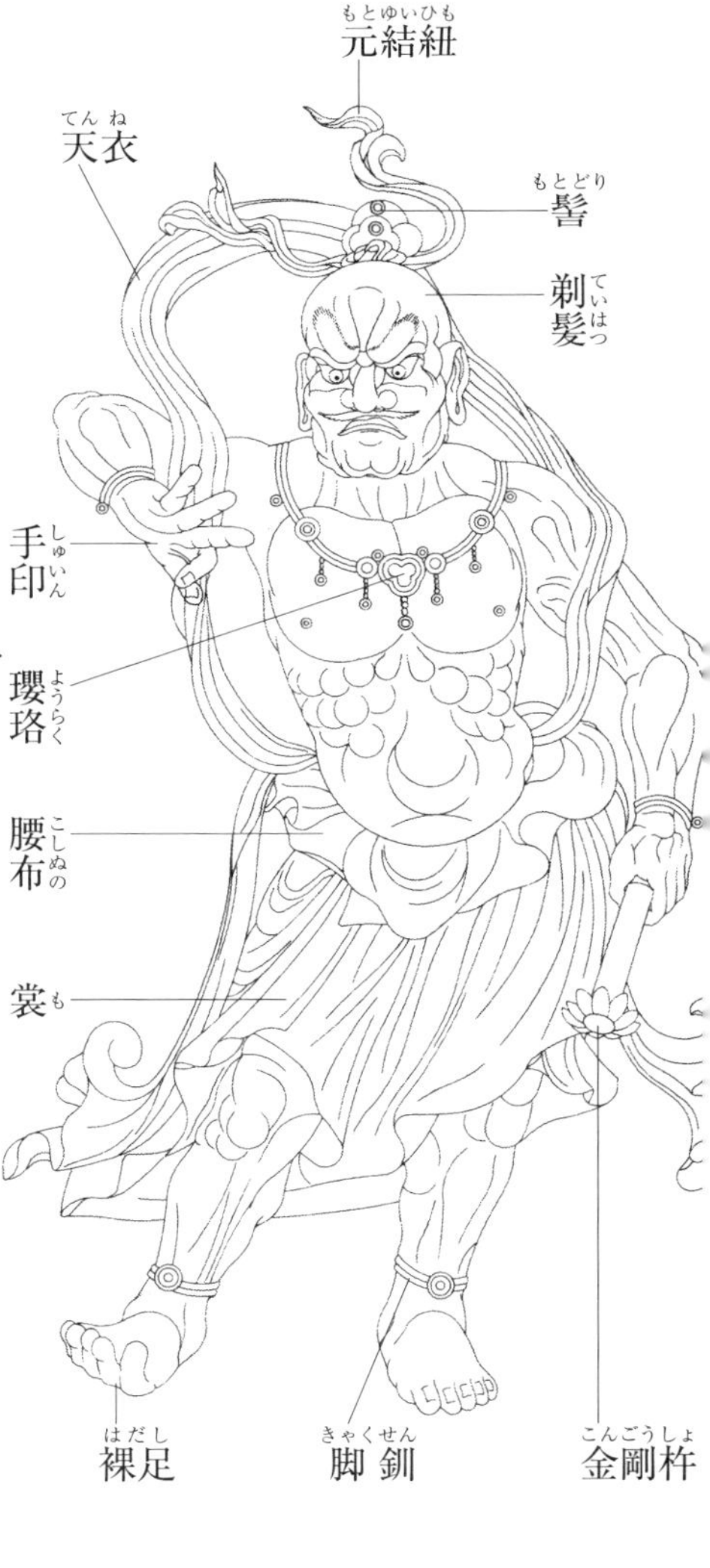

【奈良県・東大寺《とうだいじ》南大門立像《りゅうぞう》】

四天王《してんのう》

御利益

善行に幸福を悪行に刑罰を与え、安泰《あんたい》を守護し、福徳と財宝を与え、五穀豊穣《ごこくほうじょう》をもたらす。

須弥山《しゅみせん》下の四方四州を守護される四天王《してんのう》によって、北方の倶盧州《くろしゅう》を多《た》聞天《もんてん》、西方の牛貨《ぎゅうか》州を広《こう》目《もく》天、東方の勝身《しょうしん》州を持《じ》国《こく》天、南方の瞻部《せんぶ》州を増《ぞう》長《ちょう》天が守護する。

四天は甲冑《かっちゅう》で身を固め武装形《ぶそうぎょう》の忿怒相《ふんぬそう》で二臂《にひ》像《ぞう》。持物《じもつ》は必ずしも一定でない。

多聞天《たもんてん》

広目天《てんもくてん》

持国天《じこくてん》

増長天《ぞうちょうてん》

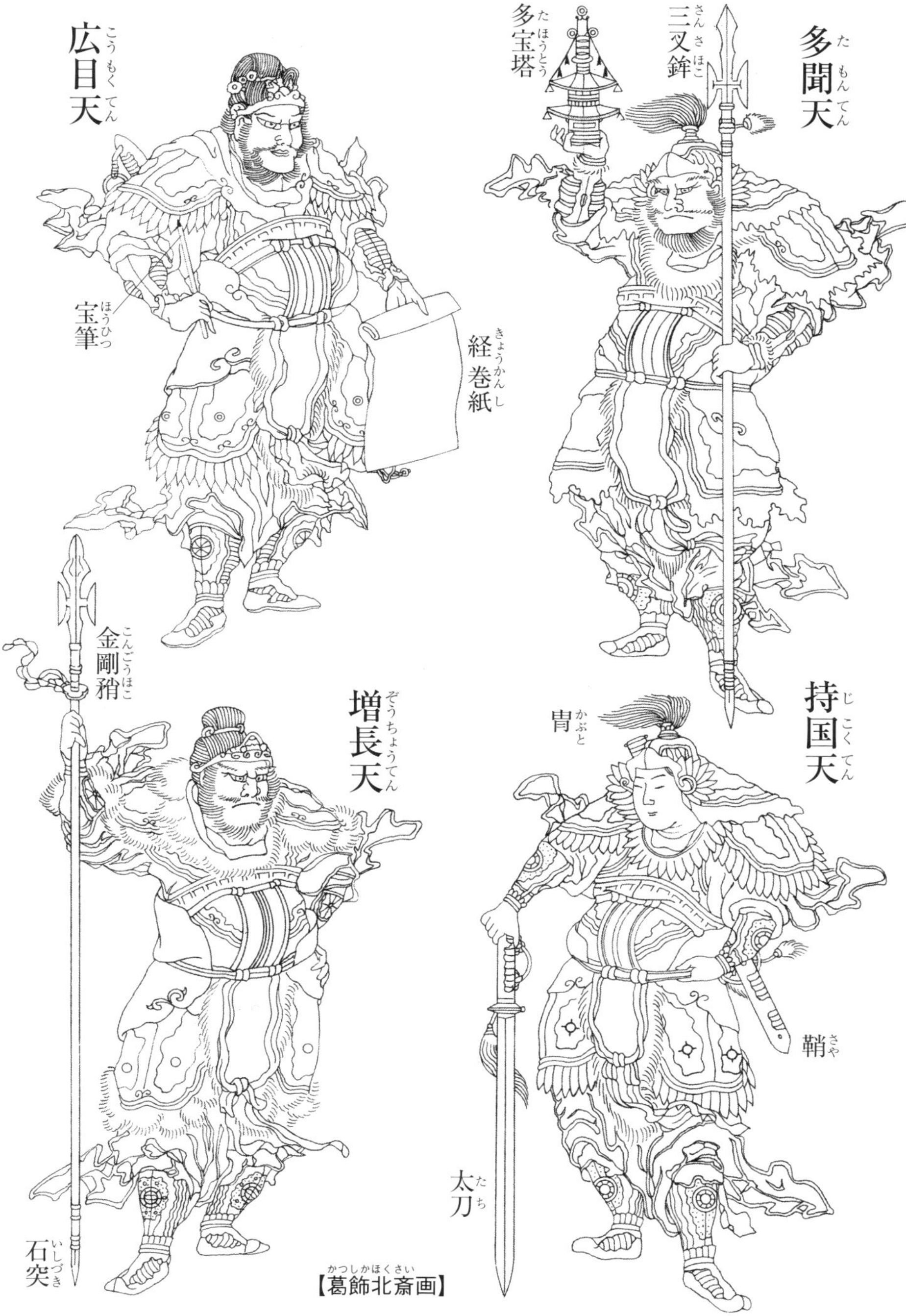

【葛飾北斎画《かつしかほくさい》】

兜跋毘沙門天《とばつびしゃもんてん》

御利益

危機に際して、敵や害を撃退しては、一切《いっさい》の業障《ごうしょう》を消除する。

毘沙門天《びしゃもんてん》の異形《いぎょう》とされる兜跋《とばつ》毘沙門天は西域の兜跋国《とばつこく》王城に化現《けげん》（化作《けさ》）した守護神で城門に配され、左手に宝塔《ほうとう》、右手に宝棒《ほうぼう》を持つ二臂像《にひぞう》である。忿怒相《ふんぬそう》で三面立《さんめんだて》の武装形《ぶそうぎょう》の宝冠《ほうかん》とはいいがたく、密教像とは思えない。

蔵王権現《ざおうごんげん》の三髪形《さんぱつぎょう》宝冠《ほうかん》

韋駄天《いだてん》の兜形《かぶとぎょう》宝冠《ほうかん》

【京都府・鞍馬寺《くらまでら》蔵】

刀八毘沙門天《とうはちびしゃもんてん》

御利益

戦いに勝利し、財宝と福徳《ふくとく》と五穀豊穣《ごこくほうじょう》をもたらしてくれる。

口伝《くでん》で兜跋《とばつ》を刀八《とうはち》と訳して成立したと思われ、刀八毘沙門天《とうはちびしゃもんてん》は『経軌《きょうき》』には全くといっていい程に根拠はないが絵画的には存在する。その形像は四面《めん》十臂《ひ》像で刀剣《とうけん》を八振《はちふり》持ち、頭上に化仏《けぶつ》のある獅子《しし》は左手に宝塔《ほうとう》、右手に戟《げき》を持ち、瞋《しん》怒相《ぬそう》で白獅子《びゃくしし》に乗る。

大黒天《だいこくてん》・辯財天《べんざいてん》・毘沙門天《びしゃもんてん》の三面像《さんめんぞう》

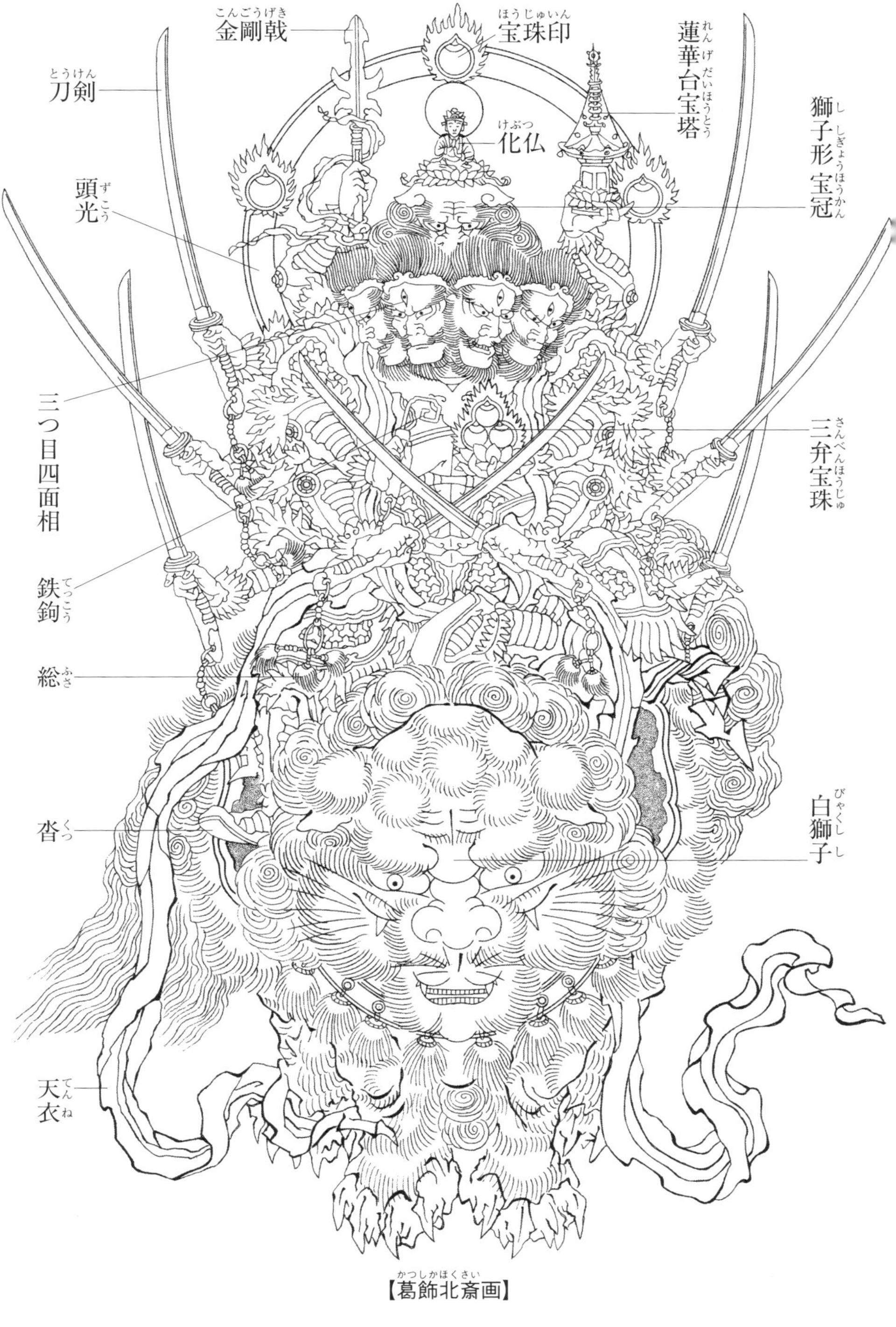

【葛飾北斎《かつしかほくさい》画】

深沙大将《じんじゃたいしょう》

御利益

寿命《じゅみょう》の延命《えんめい》と健康な精神が与えられ、砂漠の熱旋風《ねっせんぷう》や悪疫《あくえき》の難儀《なんぎ》をすべて除くとされる。

多聞天《たもんてん》の化身《けしん》といわれる深沙大将《じんじゃたいしょう》は唐《から》の玄奘三蔵《げんじょうさんぞう》が二十六歳の時に仏法《ぶっぽう》を求め天竺《てんじく》の流沙《るさ》（蒙古《もうこ》）の砂風から玄奘を守護したと『法華経《ほっけきょう》』に記される護法神とされる。そのことで『大般若《だいはんにゃ》十六善神《ぜんじん》図様《ずよう》』では深沙大将は玄奘三蔵とは対置して描かれている。また鬼神《きしん》として異形の彫像もある。形像は二臂《ひ》で左手に蛇索《じゃさく》を持ち、胸に小児顔を現じ髑髏《どくろ》の瓔珞《ようらく》をかけ奇っ怪な忿怒形《ふんぬぎょう》である。

散脂《さんし》大将は毘沙門《びしゃもん》天の弟ともいい深沙大将と同一視され、左手に宝珠《ほうじゅ》、右手に戟《げき》を持す。

散脂大将《さんしたいしょう》

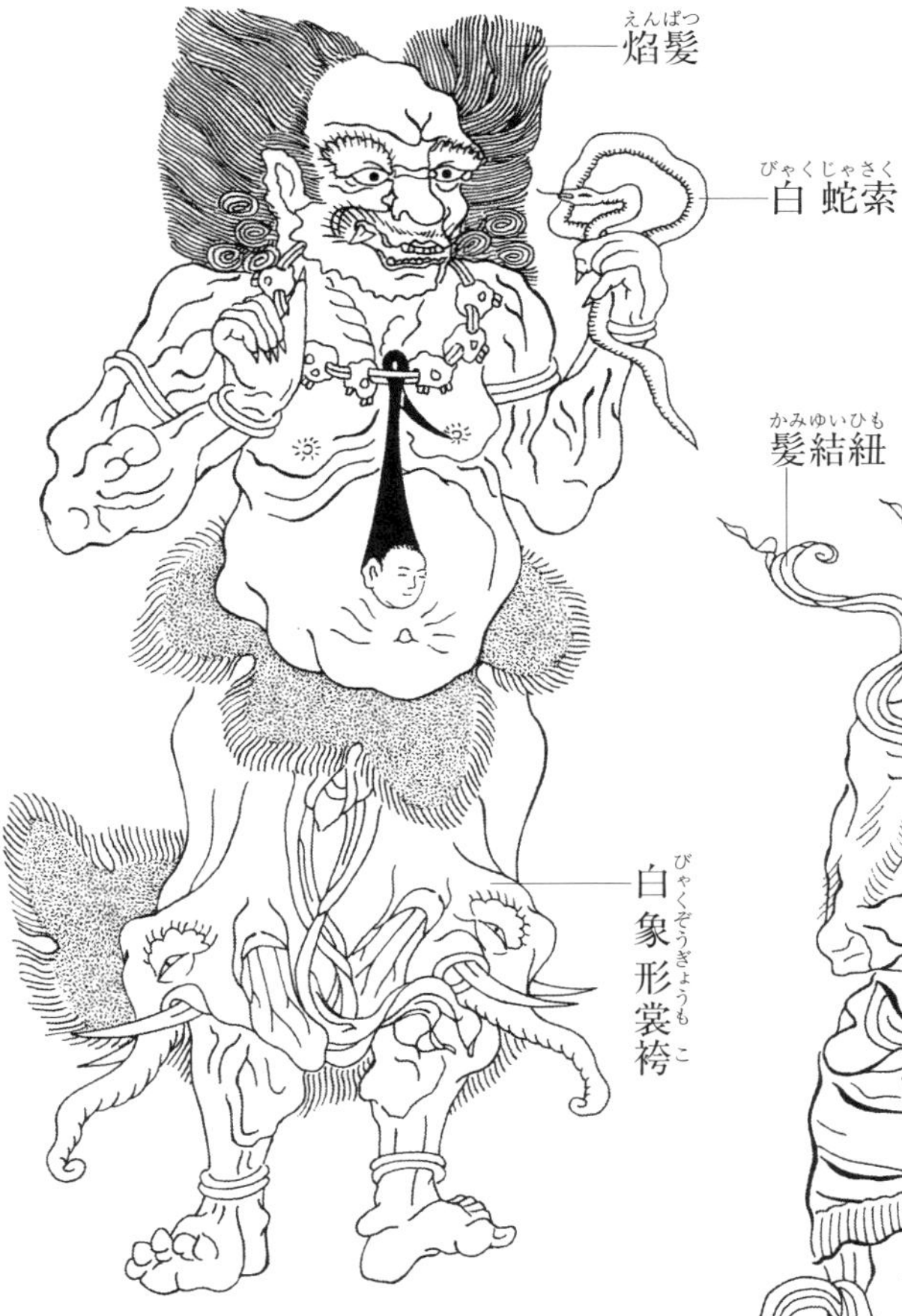

【奈良県・閑生院《かんしょういん》蔵】

【大正大蔵経《たいしょうだいぞうきょう》図像】

吉祥天《きちじょうてん》と梵釈《ぼんしゃく》

御利益

一切の貧困《ひんこん》や災《わざわ》いを除いて、財宝と豊穣《ほうじょう》の功徳《くどく》を与えてくれる。

吉祥天《きちじょうてん》の形像は唐《から》の貴婦人の䙱襠《がいとう》衣《え》（羯磨衣《かつまえ》）を着用した姿で、左手に如意宝珠《にょいほうじゅ》を持ち、右手は施無畏印《せむいいん》を結ぶ豊麗《ほうれい》な天女形《てんにょぎょう》である。『陀羅尼集《だらにじっ》経《きょう》 吉祥天曼荼羅《きちじょうてんまんだら》』では毘沙門天《びしゃもんてん》の妃《きさき》の吉祥天は七宝山《しっぽうさん》中の白象《びゃくぞう》（香象《こうぞう》）を後光《ごこう》に梵釈《ぼんしゃく》（大梵天《だいぼんてん》と帝釈天《たいしゃくてん》）を脇《わき》侍《じ》にと説く。吉祥天とその子善膩師童《ぜんにしどう》子《じ》を毘沙門天の脇侍とする三尊像《さんぞんぞう》も造られた。兄には婆藪仙人《ばすせんにん》、妹には黒耳《こくじ》天《てん》。

思惟形《しゆいぎょう》の宝髻吉祥天《ほうけいきちじょうてん》

【吉祥天曼荼羅《まんだら》図像】

宝蔵天女《ほうぞうてんにょ》

御利益

如意宝珠《にょいほうじゅ》より衆生《しゅじょう》に財宝満願と五穀豊穣《ごこくほうじょう》を施《ほどこ》してくれる。

宝蔵天女《ほうぞうてんにょ》は『宝蔵天女陀羅尼経《だらにきょう》』に説かれるが図像でしか見ることがなく、吉祥天《きちじょうてん》と同一視される福徳施与《ふくとくせよ》の神として信仰され祀《まつ》られた。左手に如意宝珠《にょいほうじゅ》を、右手に蓮華《れんげ》をとって大威《だいい》徳色力無比《とくしきりきむひ》とあり、形像は吉祥天と異なることがない極めて美しい天女形《てんにょぎょう》とある。またこの宝蔵天女は五月五日の端午《たんご》の節供《せっく》を神格化したとの説もあるが、男子の節《せち》のために鍾馗《しょうき》にかわる。

鍾馗《しょうき》

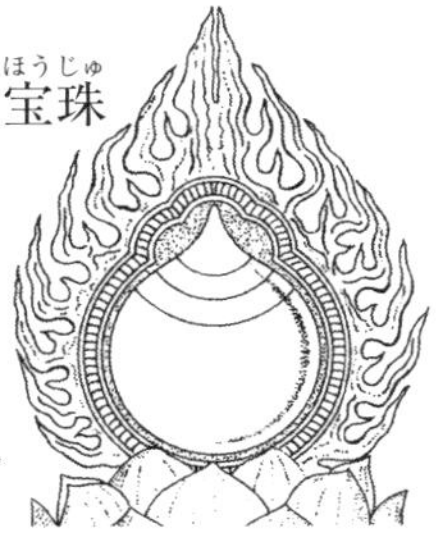
如意宝珠《にょいほうじゅ》

印仏《いんぶつ》の吉祥天《きちじょうてん》

蓮華《れんげ》
煩悩《ぼんのう》を切り、清浄《しょうじょう》無垢《むく》
をあらわす功徳《くどく》がある。
青《しょう》蓮華は極楽浄土《ごくらくじょうど》へ
紫《し》蓮華は仏に出会え
白《びゃく》蓮華は智慧《ちえ》を
紅《ぐ》蓮華は慈悲《じひ》を
得られる
頭光《ずこう》
頭部から
光明《こうみょう》を放す
宝冠《ほうかん》
蓮華《れんげ》
白毫《びゃくごう》
荷葉《かよう》
天衣《てんね》
長袂衣《ちょうけつえ》
大袖衣《おおそでえ》・広袖衣《ひろそでえ》・
筒袖衣《つつそでえ》とも呼ばれる
袂《たもと》が広くて長い衣
如意宝珠《にょいほうじゅ》
鰭袖《ひれそで》
腰紐《こしひも》
天衣《てんね》の端緒《はしお》
なびかせて
荘厳《しょうごん》している
裳《も》(裙《くん》)
脚釧《きゃくせん》
遊戯坐《ゆうげざ》
筵座《むしろざ》
敷座《しきざ》ともいう台座《だいざ》

【十巻抄《じっかんしょう》】

辯財天《べんざいてん》

御利益

聖なる河の水の神より、五穀豊穣《ごこくほうじょう》・福徳財宝・学問芸術の恵《めぐみ》を与えてくれる。

本来は土地の繁栄と豊穣《ほうじょう》を誓願《せいがん》する水の天女神であり、大辯功徳天《だいべんくどくてん》の異称もある。『大辯財天女品最勝王経《だいべんざいてんにょぼんさいしょうおうきょう》』の説かれる辯財天《べんざいてん》は八臂《ぴ》で左手に弓・剣・鉞斧《えっぷ》・羂索《けんさく》、右手に箭《せん》（矢）・三叉戟《さんさげき》・独鈷杵《とっこしょ》・法輪《ほうりん》を持ち、戦闘の天女神と記される。別名の辯才天《べんざいてん》は妙音天《みょうおんてん》とも称し白衣《びゃくえ》をまとい琵琶《びわ》を持つ音楽神とも辯才《べんざい》神とも学問神とも称される。また福徳神を「辯天様《べんてんさま》」と尊《とうと》ぶ。

音楽神《おんがくしん》

戦闘神《せんとうしん》

鉞斧《えっぷ》
災難を避ける持物《じもつ》
宝冠《ほうかん》
宝弓《ほうきゅう》
名誉《めいよ》が得られる持物《じもつ》
独鈷杵《とっこしょ》
怨敵《おんてき》を退ぞかせる持物
宝箭《ほうせん》
道理をさとさせる持物《じもつ》
蓋襠衣《がいとうえ》
宝刀《ほうとう》
魔障《ましょう》を調伏《ちょうぶく》する持物《じもつ》
宝棒《ほうぼう》
悪霊《あくりょう》を払う持物《じもつ》
天冠帯《てんかんたい》
羂索《けんさく》
障害《しょうがい》を除く持物
宝輪《ほうりん》
煩悩《ぼんのう》を破る持物
裙帯《くんたい》
【別尊雑記《べっそんざっき》】
沓《くつ》

伎芸天女《ぎげいてんにょ》

御利益

この尊《そん》を祈ると一切衆生《しゅじょう》の望みに応じて伎《ぎ》芸成就《げいじょうじゅ》・福徳円満で、伎芸には特に優れるとされる。

『伎芸天念誦法《ぎげいてんねんじゅほう》』に記すことは摩醯首《まけいしゅ》羅天《らてん》（大自在天《だいじざいてん》）が伎楽《ぎがく》の歌舞《うたまい》を修している時、髪の生え際から化生《けしょう》したのが伎芸天女《ぎげいてんにょ》とされ、異称に大自在天女という。この天女尊は顔容端正《がんようたんせい》のうえに伎芸が優れていることで諸芸成就《しょげいじょうじゅ》の尊神となる。また大自在天の化身《けしん》の歓《かん》喜天《ぎてん》（聖天《しょうでん》）の修法にはこの尊を祈ると効果抜群《こうかばつぐん》と伝えられ、左手に天華杯《てんげはい》を、右手は裳《も》（裙《くん》）を執持。奈良県・秋篠寺《あきしのでら》の伎芸天女は持物《じもつ》のないことで確証されない。

『十巻抄《じっかんしょう》』に描《えが》く伎芸天女《ぎげいてんにょ》

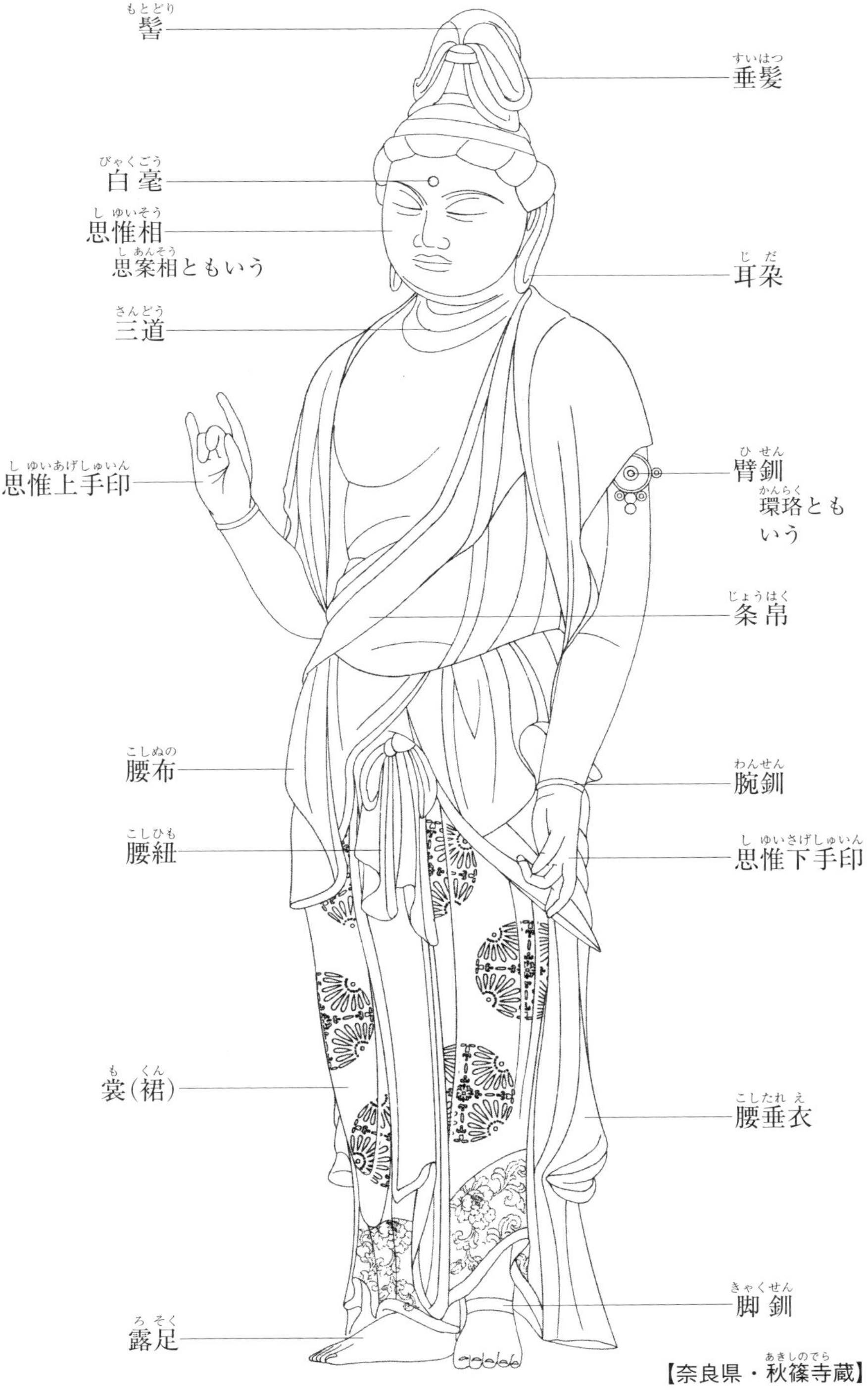

【奈良県・秋篠寺《あきしのでら》蔵】

訶利帝母《かりていも》

御利益

子供に恵まれない人には子が授かり、念ずると、ただちに病気治癒《ちゆ》・息災除去・恋愛成就《じょうじゅ》の利益《りやく》もあり。

鬼子母神《きしもじん》は夜叉女《やしゃめ》に生まれ鬼神王般闍迦《はんじゃか》の妻（鬼子母《きしも》）となり千人の子がいた。性格は凶暴で人間の子供を奪っては食料とするので、釈尊《しゃくそん》が戒《いまし》めるために末っ子の嬪伽羅《びんから》を隠すと、鬼子母は捜し求めるも見付からずに苦しんでいると釈尊が子供を奪われ嘆き哀しむ親の気持を悟《さと》らせて末っ子を鬼子母に返したことで仏教に帰依《きえ》したので、慈母相《じぼそう》の天女形《てんにょぎょう》の善神《ぜんじん》となり、名を訶利帝母《かりていも》となって多産の女神《めがみ》として祀《まつ》られている。

鬼神形《きしんぎょう》の鬼子母神《きしもじん》

天冠台《てんかんだい》
法輪宝冠《ほうりんほうかん》
白毫《びゃくごう》
飾《かざ》り布《ぬの》
吉祥果《きっしょうか》(柘榴《ざくろ》)
多産の功徳《くどく》を
あらわす持物《じもつ》
天衣《てんね》
鰭袖《ひれそで》
嬪伽羅《びんから》
訶利帝母《かりていも》の末子
蔽膝《へいしつ》
角髪《みずら》
長袂衣《ちょうけつえ》
石帯《せきたい》
沓《くつ》
半跏踏下坐《はんかふみさげざ》
台座《だいざ》
天衣《てんね》の端緒《はしお》

【醍醐寺《だいごじ》図像本】

氷掲羅天《ひょうぎゃらてん》

御利益

五指を垂らして、満願手《まんがんしゅ》を執《と》りて、子宝の無病息災《むびょうそくさい》を叶えてくれる。

氷掲羅天《ひょうぎゃらてん》は訶利帝母《かりていも》の末っ子の幼児名嬪伽羅《びんから》が成長した名称とされ、畢哩孕《ひりよう》迦羅《から》とも呼ばれる童子《どうじ》である。左手に吉祥果《きっしょうか》（柘榴《ざくろ》）を、右手は垂らしての満願の印相《いんぞう》をとり、荷葉《かよう》に坐《ざ》す。『愛子成就経《あいしじょうじゅきょう》』に記されている。

嬪伽羅《びんから》を抱《いだ》く訶利帝母《かりていも》

三髻《さんけい》
三つの髻《もとどり》
宝冠《ほうかん》
三道《さんどう》
胸飾《きょうしょく》
瓔珞《ようらく》ともいう
臂釧《ひせん》
環珞《かんらく》ともいう
満願印《まんがんいん》
荷葉座《かようざ》
蓮《はす》の葉《は》の台座《だいざ》
裳《も》
頭光《ずこう》
耳朶《じだ》
条帛《じょうはく》
吉祥果《きっしょうか》
柘榴《ざくろ》のこと
半跏趺坐《はんかふざ》
略式の結跏趺坐《けっかふざ》
という坐り方

【十巻抄《じっかんしょう》】

火天《かてん》

御利益

自然に火を増減発散させ、悪霊《あくりょう》を炎焼させる。また罪障《ざいしょう》も消滅させる。

火を象徴して金剛界では火焔《かえん》を覆《おお》って老仙形《ろうせんぎょう》の護法《ごほう》金剛とも称される四大神《しだいじん》（四執金剛《ししつこんごう》）のひとつと『十二天報恩経《ほうおんきょう》』に説かれる。『現図胎蔵界曼荼羅《げんずたいぞうかいまんだら》』には白髪銀髯《びゃくはつぎんぜん》の四臂《ひ》で左第一手は魔障《ましょう》を停める手印で、左に数珠《じゅず》（滅罪《めつざい》）、右に仙杖《せんじょう》（生霊《せいれい》）と水瓶《すいびょう》（軍持《ぐんじ》）を持つ苦行仙の形像とある。十二天のひとつで単独では祀《まつ》られない。

『十巻抄《じっかんしょう》』に描《えが》かれた火天《かてん》

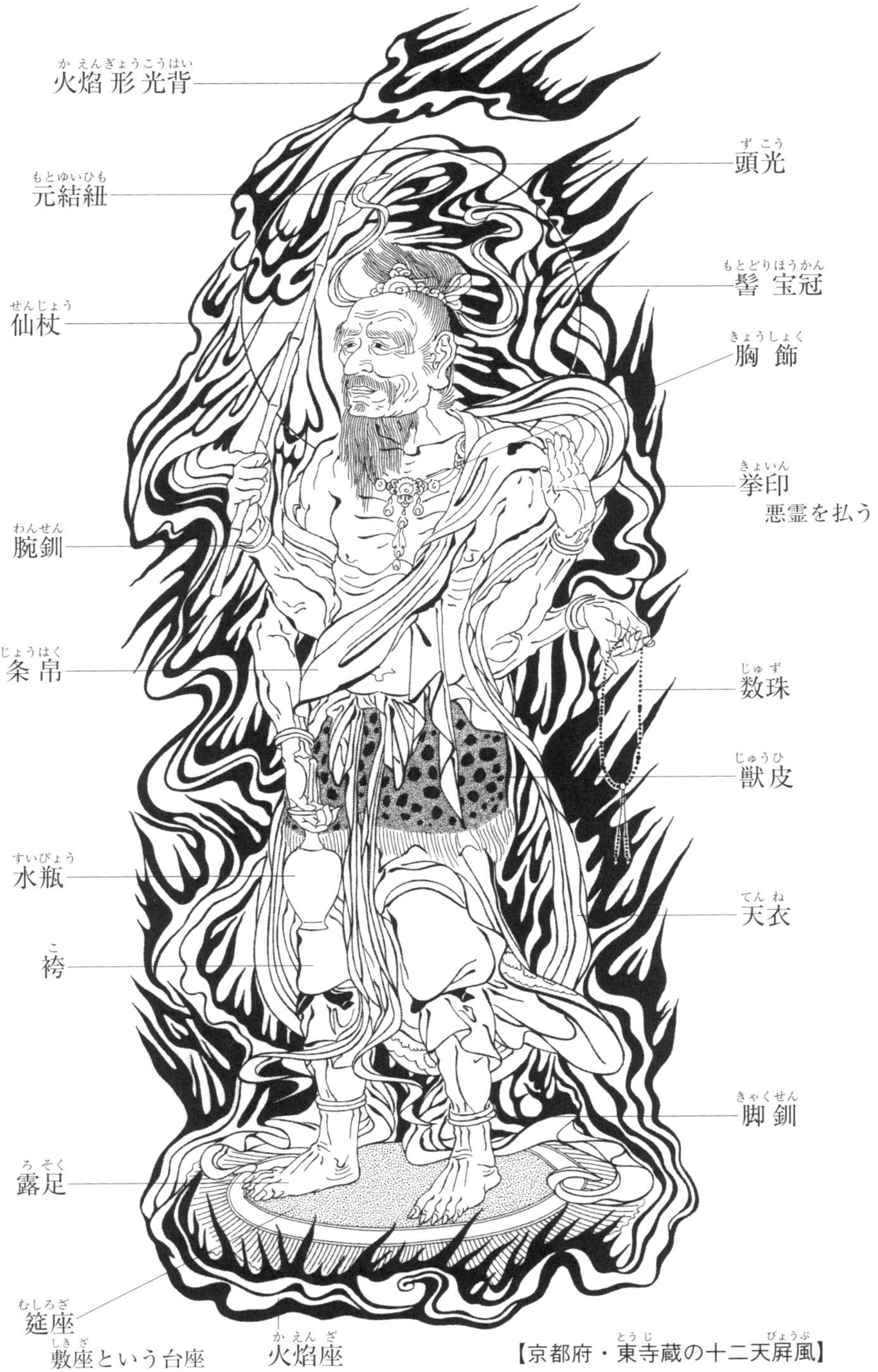

【京都府・東寺《とうじ》蔵の十二天屏風《びょうぶ》】

焔摩天《えんまてん》

御利益

南方の護法神で延寿《えんじゅ》・除病・息災《そくさい》を祈る。また苦しまずに出産させてくれる功徳《くどく》もある。

『玄應音義《げんのうおんぎ》』で雙世《そうせい》・雙王《そうおう》とも称する焔摩天《えんまてん》は双子《ふたご》の兄弟で冥界《めいかい》の十王として兄が閻魔大王《えんまだいおう》、弟が平等王《びょうどうおう》（焔摩天）という説と、『慧琳音義《えりんおんぎ》』には兄の平等王（焔摩天）として男事を、妹が女事を裁く遮止《しゃし》・可怖畏《かふい》の異名ありと説く。『瑜伽論記《ゆかろんき》』には焔摩天は平等と称する殺者《さつしゃ》と名付き、衆生《しゅじょう》の煩悩《ぼんのう》を殺害する平等殺者《びょうどうさっしゃ》と称する護法神と説く。

『十巻抄《じっかんしょう》』に描《えが》かれた焔摩天《えんまてん》

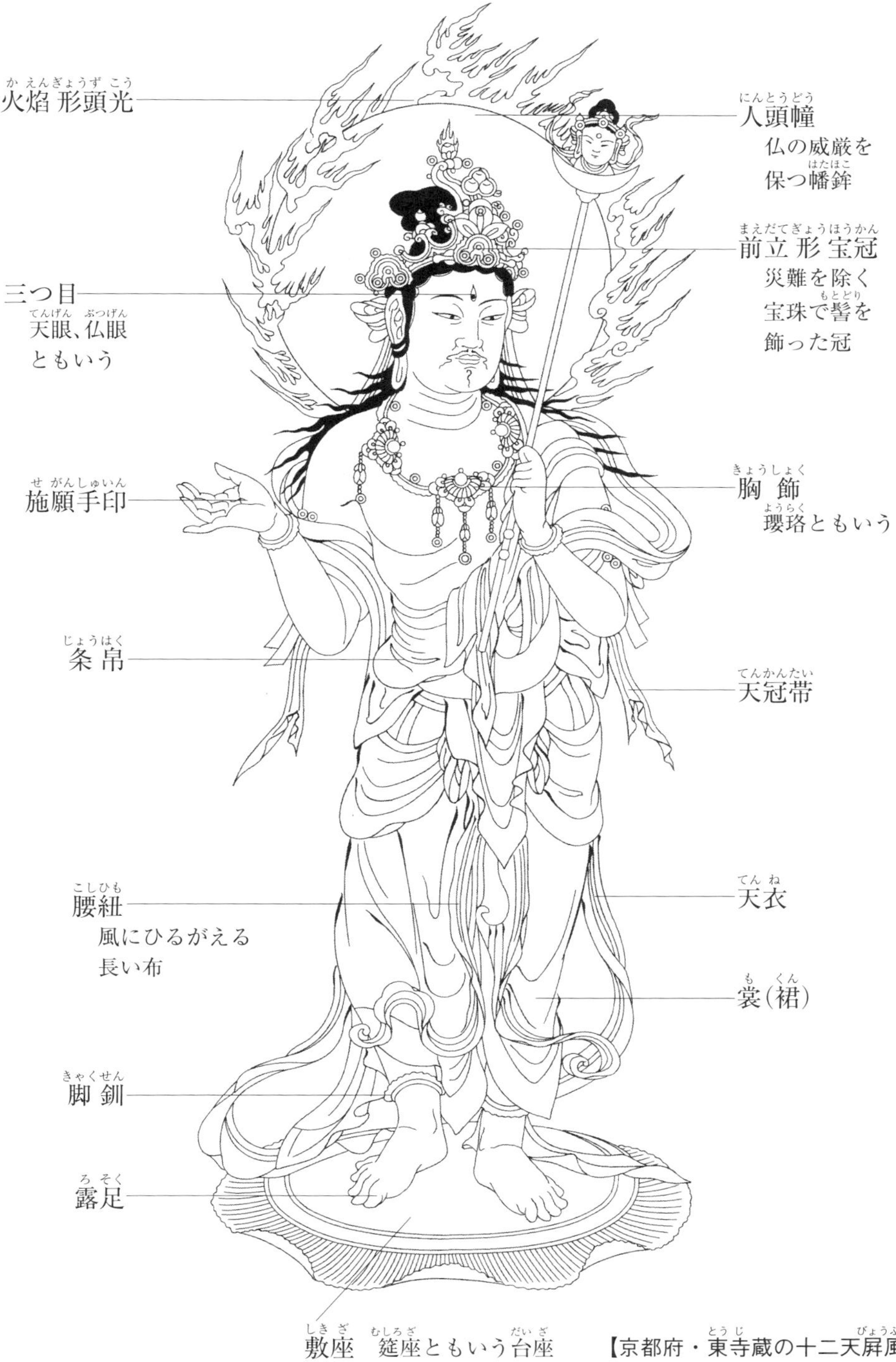

【京都府・東寺《とうじ》蔵の十二天屏風《びょうぶ》】

羅刹天《らせってん》

御利益

破壊と滅亡の神で、悪魔《あくま》調伏《ちょうぶく》・怨敵降伏《おんてきごうぶく》させる。

『大日経《だいにちきょう》』に羅刹《らせつ》とは衆生《しゅじょう》に害を与える暴悪で破壊と滅亡を司《つかさど》る鬼神《きしん》で、密教では羅刹天は王で速疾鬼《そくしっき》とも呼び、羅刹女《らせつにょ》を眷属《けんぞく》とすることで羅刹天女《てんにょ》とも称される。

羅刹には夜叉《やしゃ》、邪鬼《じゃき》、獄卒《ごくそつ》、燈鬼《とうき》などがいて、その数は三千体とされ、天形《てんぎょう》に組み込まれた化身《けしん》は六十体。羅刹天の形像は甲冑《かっちゅう》を着て左手に剣印《けんいん》、右手に宝剣《ほうけん》を持する。

『十巻抄《じっかんしょう》』に描《えが》かれた羅刹天《らせつてん》

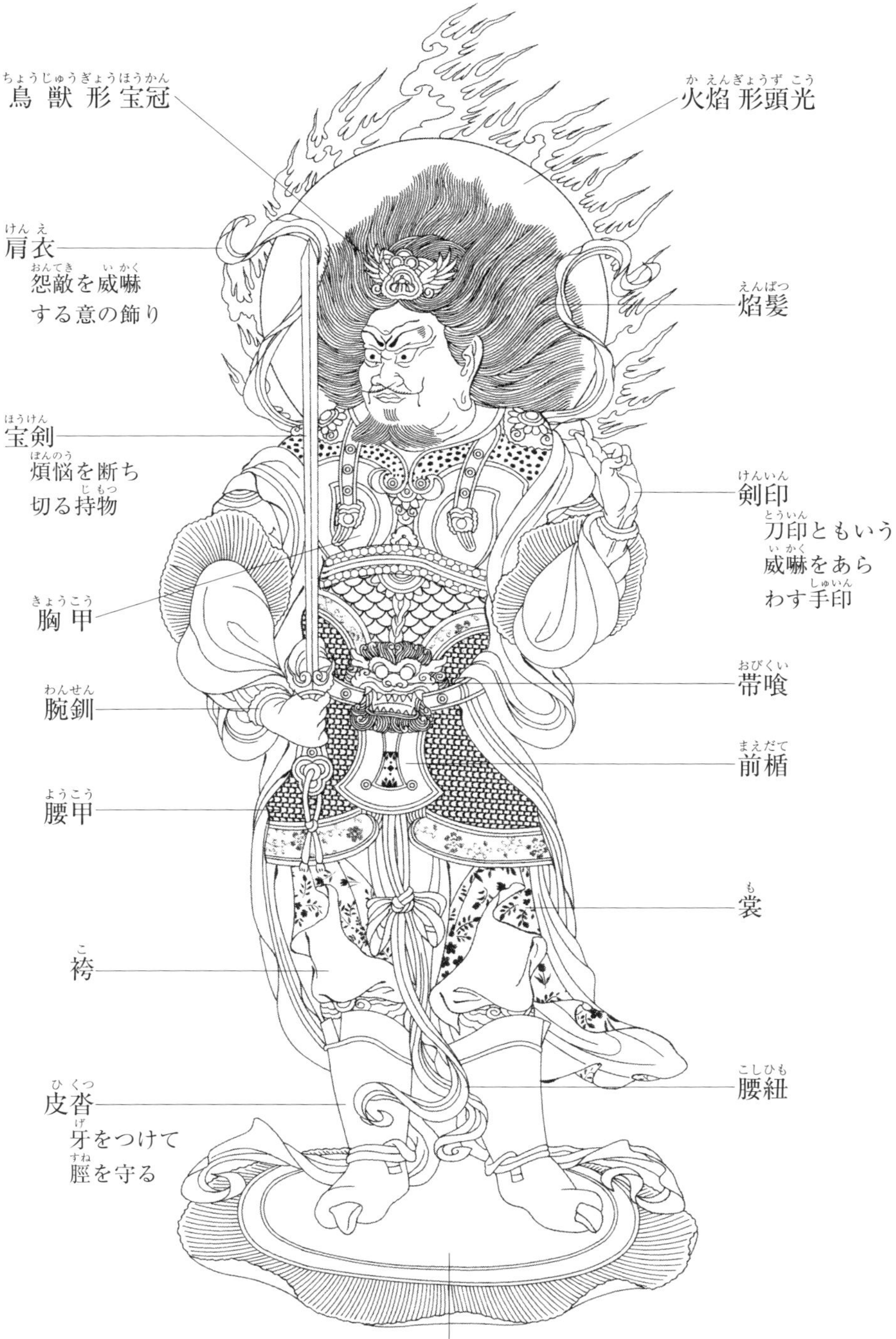

【京都府・東寺《とうじ》蔵の十二天屏風《びょうぶ》】

水天《すいてん》

御利益

水の神と崇《あが》められ、その智慧《ちえ》の法力《ほうりき》によって、降水《こうすい》の如く利益《りやく》を受けさせては恵みと喜びを与える。

十二天のひとつの守護神の水天《すいてん》はもとは夜《よ》の神で龍王《りゅうおう》の主として、水に対し自由自在の力を持つことで水天と呼ばれる。五龍とも七龍の宝冠《ほうかん》を戴き、左手に羂索《けんさく》（龍索《りゅうさく》）を、右手に三鈷剣《さんこけん》を持つ形像で、『別尊雑記《べっそんざっき》』・『覚禅鈔《かくぜんしょう》』にも白亀《びゃくき》に乗る。

水天は四大神《しだいじん》のひとつに数えられ水天法・降雨法《こううほう》の本尊《ほんぞん》として祀《まつ》られ、俗信としての単独像もある。

『別尊雑記《べっそんざつき》』に描《えが》かれた水天《すいてん》

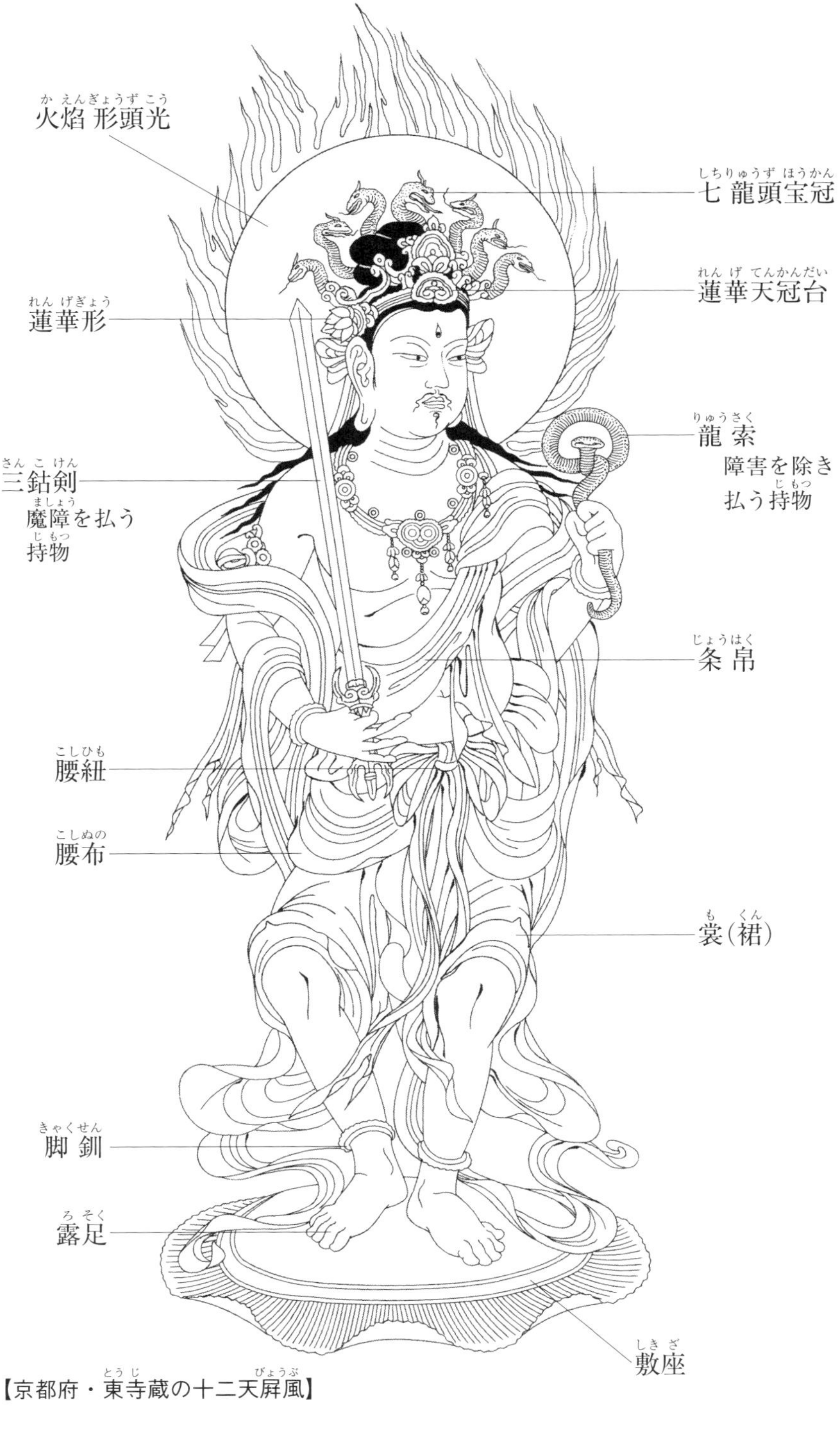

【京都府・東寺《とうじ》蔵の十二天屏風《びょうぶ》】

風天《ふうてん》

御利益

涼風《りょうふう》にして衆生《しゅじょう》を安穏《あんのん》の気持にさせては福徳増益《ふくとくそうやく》を与える。

地水火風の四大神《しだいじん》のひとつである風天《ふうてん》は金剛界《こんごうかい》・胎蔵界《たいぞうかい》両部《りょうぶ》曼荼羅《まんだら》でも十二天のひとつであり守護神でもある。『大日経《だいにちきょう》』では風のごとく迅速《じんそく》な神通自在の教化神《きょうけしん》と説く。形像は左手を腰に按《あん》じ、右手に風幢《ふうどう》（幡杖《ばんじょう》）を持ち麞《くじか》（鹿の一種）に乗るとあるが『十巻抄《じっかんしょう》』・『安鎮軌《あんちんき》』には青牛《しょうぎゅう》に乗って雲中《うんちゅう》を翔《か》け甲冑《かっちゅう》を着け、天衣《てんね》を翻《ひるがえ》して、左手は手印《しゅいん》と。

『十巻抄《じっかんしょう》』に描《えが》かれた風天《ふうてん》

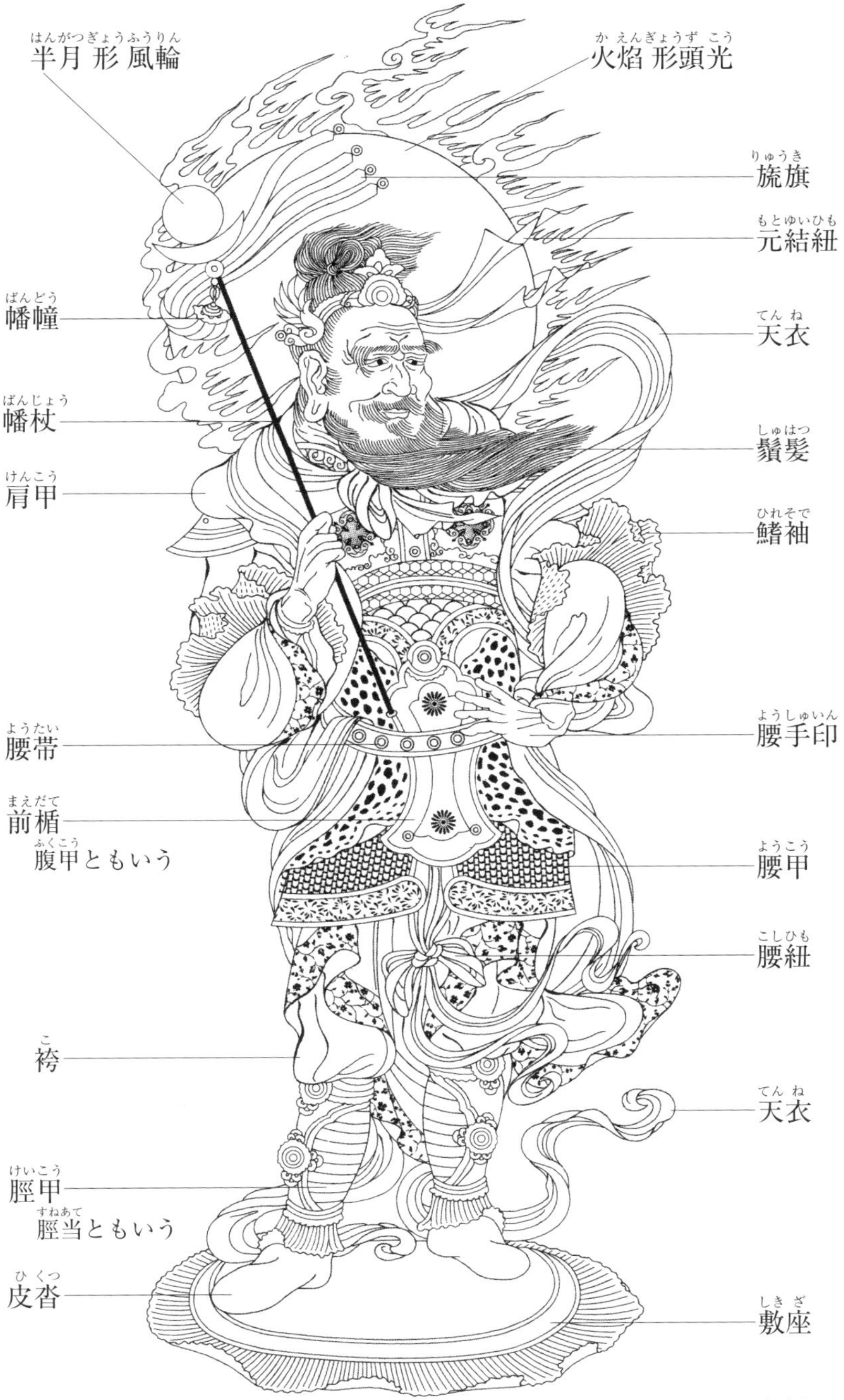

【京都府・東寺《とうじ》蔵の十二天屏風《びょうぶ》】

伊舎那天《いしゃなてん》

御利益

鬼門《きもん》の障魔《しょうま》から守護され、劫波杯《ごうははい》に触《ふ》れると穏やかな気持に落ち着くとされる。

『十二天供儀軌《くぎき》』には主宰《しゅさい》で自在《じざい》の意から伊舎那天《いしゃなてん》は大自在天《だいじざいてん》（摩醯首羅天《まけいしゅらてん》）の変化身《へんげしん》で忿怒形《ふんぬぎょう》と記する。形像《ぎょうぞう》は一面《いちめん》三《み》つ目《め》（天眼《てんげん》）二臂《にひ》で左手には劫波杯《ごうははい》を持ち、右手には宝幢《ほうどう》で飾った三叉戟《さんさげき》を持ち、宝冠《ほうかん》を戴《いただ》き髑髏《どくろ》の首飾りをつけて白牛《びゃくぎゅう》に乗り、眷属《けんぞく》に伊舎那天妃《ひ》を持ち、『胎蔵界曼荼羅《たいぞうかいまんだら》』ではその外院に配される東北方の守護神に祀《まつ》られる。

『十巻抄《じっかんしょう》』に描《えが》かれた伊舎那天《いしゃなてん》

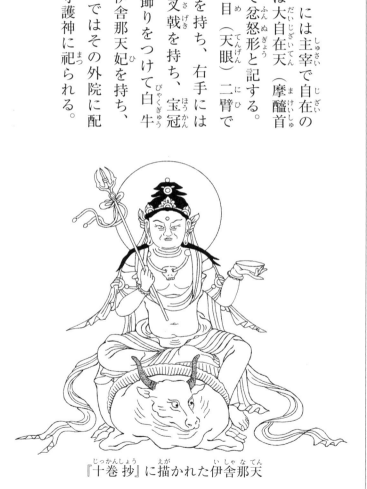

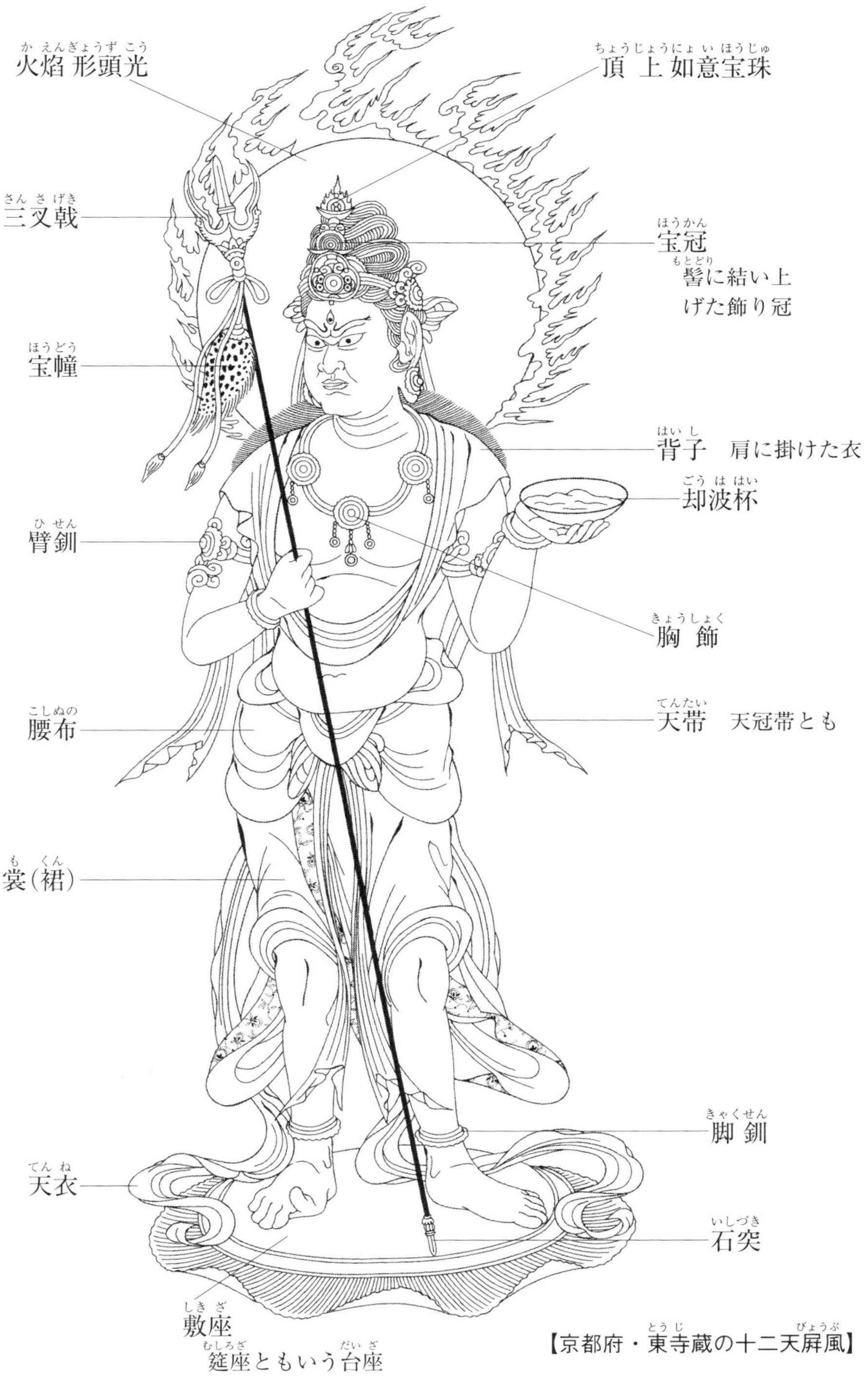

【京都府・東寺《とうじ》蔵の十二天屏風《びょうぶ》】

地天《ちてん》

御利益

農村と農業の一切の万物《ばんぶつ》の繁茂《はんも》と生育を助けて繁栄させる。

元は繁茂《はんも》と生育《せいいく》の神が大地《だいち》を司る意から、大地の一切の万物《ばんぶつ》を生育する象徴として大地神女《だいちしんにょ》と称されているのを十二天の下方《げほう》大地を守護することで地天《ちてん》と名付けられる男神《だんしん》となる。形像は宝冠《ほうかん》を戴き、二臂《にひ》で左手に宝華杯《ほうげはい》（盛花器）を、右手は虚妄《こもう》のない密印《みついん》（手《しゅ》印）をとり雲中に半《はん》跏趺坐《かふざ》の姿で地水火風四大神《しだいじん》のひとつとされ、地天妃《ひ》を眷属《けんぞく》に。

『十巻抄《じっかんしょう》』に描《えが》かれた地天《ちてん》

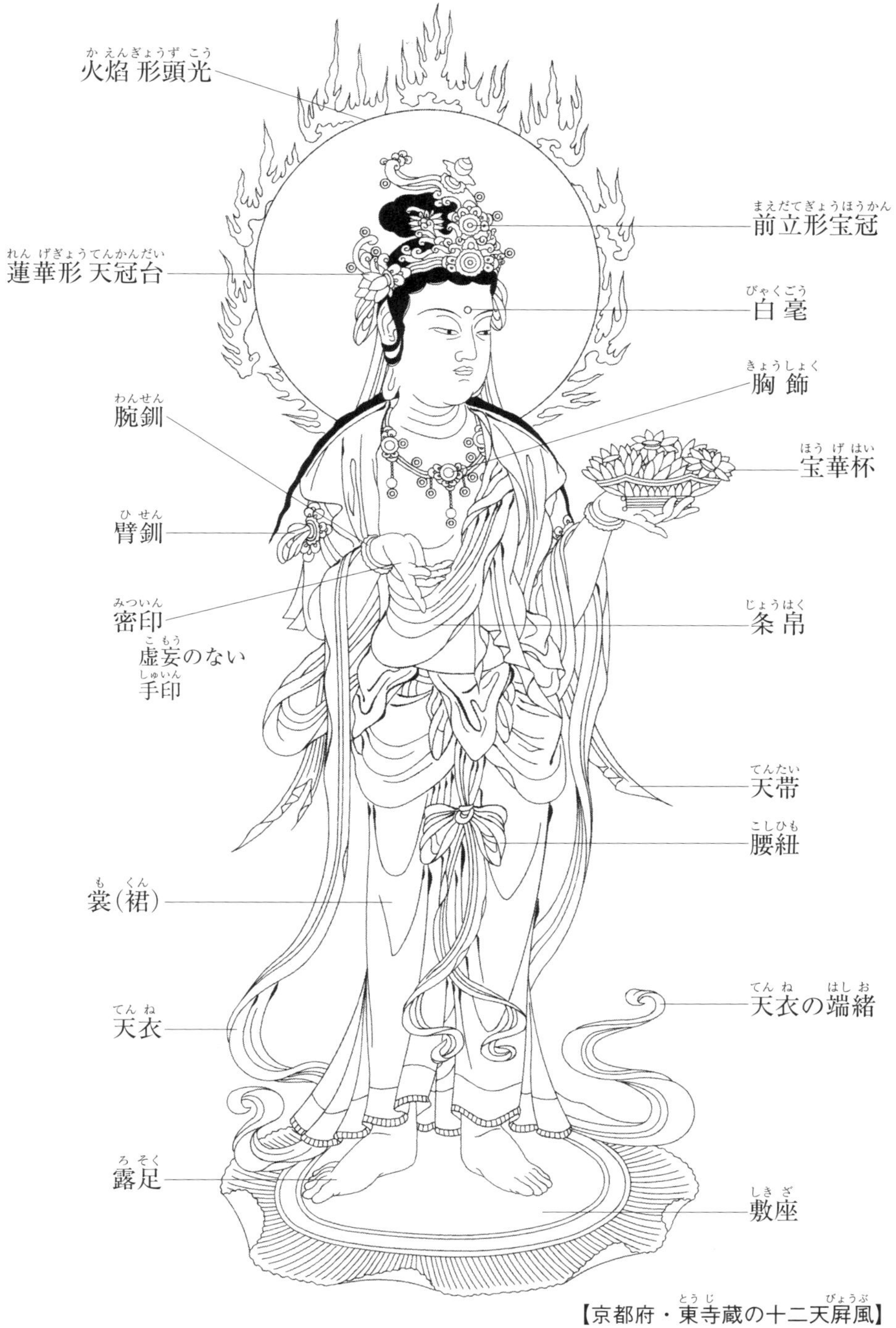

【京都府・東寺《とうじ》蔵の十二天屛風《びょうぶ》】

日天《にってん》

御利益

開敷蓮華《かいふれんげ》のもつ清浄不染《しょうじょうふぜん》な心で、衆生《しゅじょう》の煩悩《ぼんのう》を和らげては消滅させてくれる。

日天《にってん》は自由から生まれた意から日《にっ》天子《てんし》・日神《にっしん》とも称し、日輪《にちりん》を持つことで太陽を神格化した十二天のひとつで『金剛界《こんごうかい》・胎蔵界曼荼羅《たいぞうかいまんだら》』の外院に配されている。形像《ぎょうぞう》は宝冠《ほうかん》をかぶり、右手に八咫烏《やたがらす》（三本足の烏《からす》）がいる日輪を捧げ持ち、左手は未敷《みふ》蓮華《れんげ》（蓮華の蕾《つぼみ》）を持つか手印《しゅいん》をとり三馬か五馬に乗る。両手ともに開《かい》敷蓮華台《ふれんげだい》の上に日輪と未敷蓮華を持つ。また七曜星《しちようせい》の日曜座《にちようざ》を占める。

『十巻抄《じっかんしょう》』の日天《にってん》

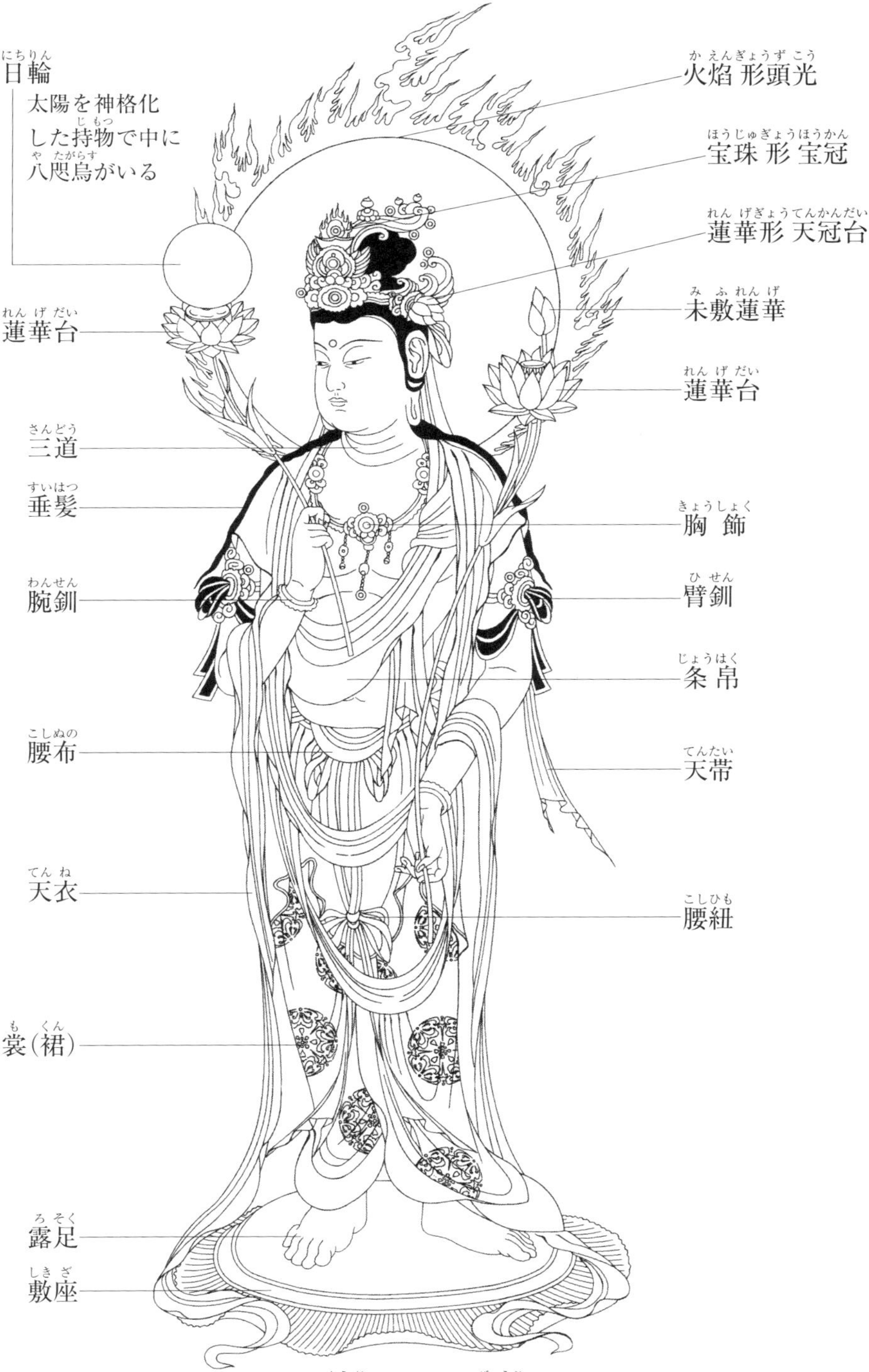

【京都府・東寺《とうじ》蔵の十二天屏風《びょうぶ》】

月天《がってん》

御利益

有情《うじょう》に法楽《ほうらく》を与えて、衆生《しゅじょう》の病の悩みや苦しみを癒《いや》して、離苦《りく》させてくれる。

月天《がってん》は大勢至菩薩《だいせいしぼさつ》の化身《けしん》とされ月天《がってん》子《し》とも呼ばれ、月を神格化した月輪《がちりん》（半月形《はんがつぎょう》の上に兎《うさぎ》が乗る）を両手で捧げ持ち、三鵝鳥《さんがちょう》に乗る。月天は十二天のひとつであり、夜《よ》の神として衆生《しゅじょう》に有情《うじょう》の法楽《ほうらく》を与えることで、今日でも「御月様《おつきさま》」と称されている。『嘉《か》祥法華疏《じょうほっけしょ》』には大勢至宝吉祥《だいせいしほうきちじょう》と名付けて月神《がっしん》と称する。『経軌《きょうき》』によってさまざまな異説があり、左手に月輪《がちりん》を持ち、右手は腰に托して拳印《けんいん》をとり騎《き》獣座《じゅうざ》に乗らずに半跏趺《はんかふ》に坐《ざ》す。

『十巻抄《じっかんしょう》』の月天《がってん》

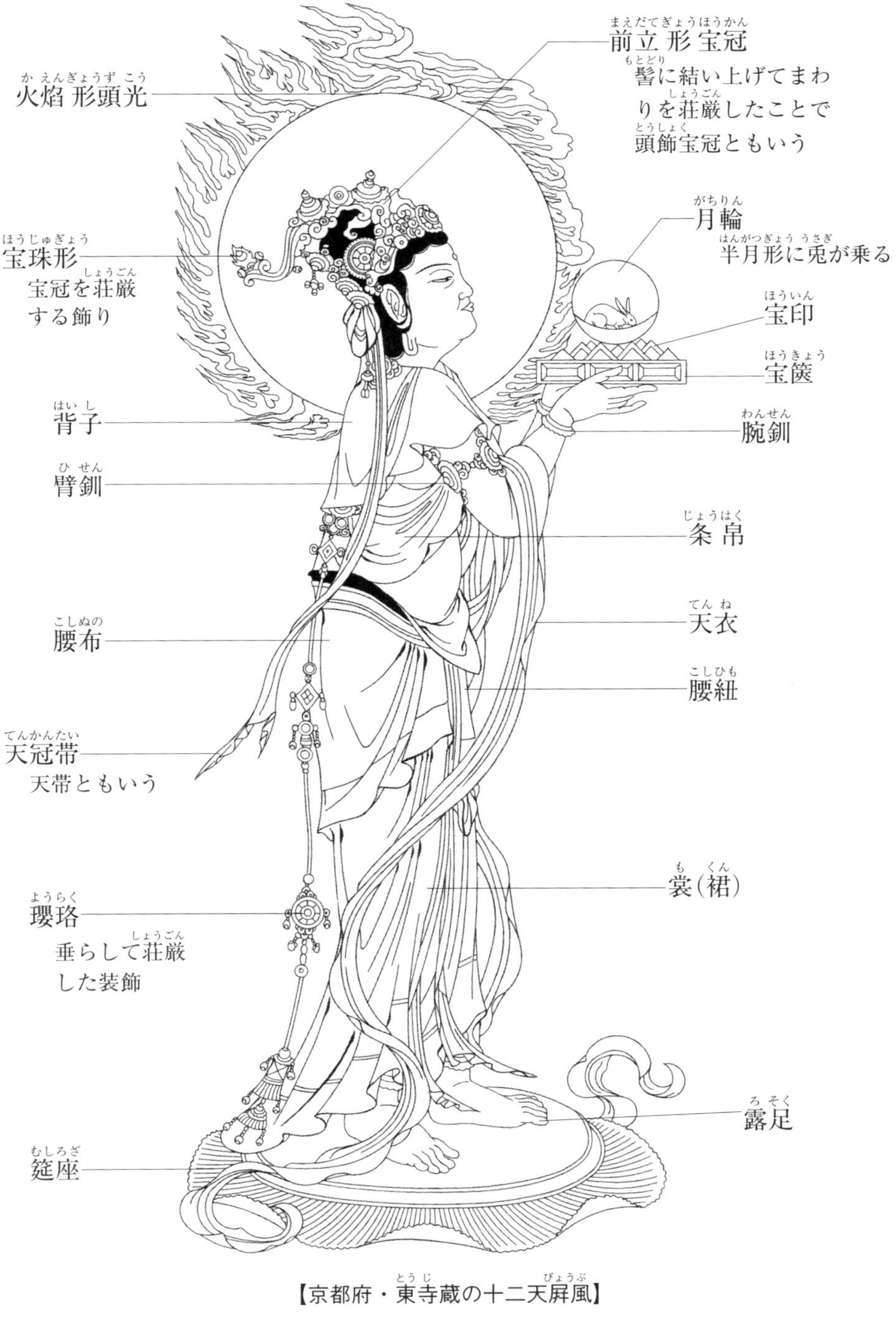

【京都府・東寺《とうじ》蔵の十二天屏風《びょうぶ》】

摩醯首羅天《まけいしゅらてん》

御利益

暴悪ながら福徳円満《ふくとくえんまん》をもたらし、また治療して病気全快を与える。また芸事が上達する。

摩醯伊湿伐羅《まけいしゅばら》を略して摩醯首羅天《まけいしゅらてん》と称され、訳して大自在天《だいじざいてん》とも称される。十二天の東北方の伊舎那天《いしゃなてん》は摩醯首羅天の忿怒身《ふんぬしん》と伝えられ、伎《ぎ》芸天女《げいてんにょ》（大自在天女）は摩醯首羅天が天界で伎楽《ぎがく》を舞っていると頭髪《とうはつ》から化生《けしょう》した諸芸成就《じょうじゅ》の尊《そん》として崇《あが》めた。

胎蔵界曼荼羅《たいぞうかいまんだら》では外院《げいん》の西南に配置される二臂《にひ》で妃《きさき》は烏摩妃《うまひ》という。降三世明王《ごうざんぜみょうおう》の形像で左足下に摩醯首羅天、右足下に妃《きさき》を踏む。

降三世明王《ごうざんぜみょうおう》が摩醯首羅天《まけいしゅらてん》と妃《きさき》を踏《ふ》む

前立形宝冠《まえだてぎょうほうかん》
頭光《ずこう》
三叉戟《さんさげき》
宝鉤《ほうこう》
三つ目
宝珠幢《ほうじゅどう》
腕釧《わんせん》
法輪《ほうりん》
三道《さんどう》
法螺貝《ほらがい》
宝棒《ほうぼう》
宝剣《ほうけん》
拳印《けんいん》
条帛《じょうはく》
半跏踏下坐《はんかふみさげざ》
白水牛《びゃくすいぎゅう》
障害を破壊する
【十巻抄《じっかんしょう》】
跪坐《きざ》　獣の正坐法
筵座《むしろざ》　敷座《しきざ》という台座《だいざ》

摩《ま》利《り》支《し》天《てん》

御利益

衆生《しゅじょう》を悪敵から護《まも》り、障魔《しょうま》・障難を除き、無病息災を施すとされる。

陽炎《かげろう》を神格化した尊《そん》の摩利支天《まりしてん》は帝釈天《たいしゃくてん》と阿修羅《あしゅら》が戦闘の時に摩利支天が三日月の光明《こうみょう》を放って帝釈天を助け白猪《びゃくちょ》に乗り疾走した。その功《く》徳《どく》を称《たた》えられて忿怒形《ふんぬぎょう》の武神《ぶしん》として仏法の守護神となる。風神《ふうじん》の化身《けしん》とも称される。

この摩利支天の持物《じもつ》によって得財の利益《りやく》もあり、もうひとつの天女《てんにょ》形《ぎょう》で天扇《てんせん》を持つ二臂像《にひぞう》もあり。

天女形《てんにょぎょう》の二臂《にひ》の摩利支天《まりしてん》

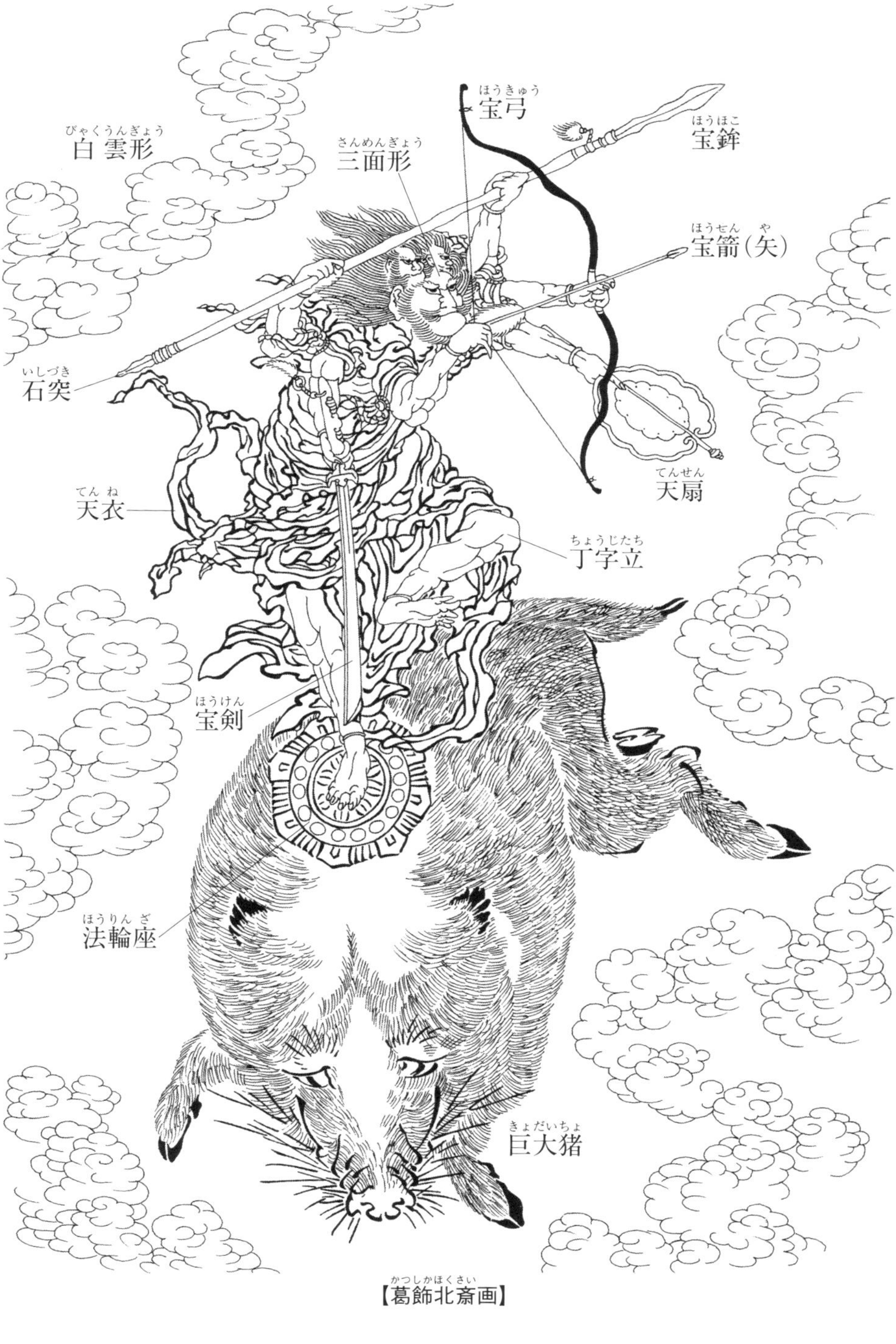

【葛飾北斎《かつしかほくさい》画】

大黒天《だいこくてん》

御利益

富貴《ふうき》と財福《ざいふく》を与えて商売を繁盛させる。また五穀豊穣《ごこくほうじょう》と開運の守護神である。

財福神《ざいふくしん》の大黒天《だいこくてん》は微笑《ほほえ》みを浮かべ豊かな体軀《たいく》の福相で頭巾《ずき》をかぶり、左肩に宝袋《ほうたい》（金嚢《きんのう》）を負い右手に打出《うちで》の小槌《こづち》を持ち、二俵の米俵《こめだわら》を並べて上に立つ姿。

大黒天は米俵の霊《れい》として宝珠《ほうじゅ》の功徳《くどく》があり、農神と崇《あが》められた。初め大黒天は戦闘《せんとう》の神で仏法《ぶっぽう》の守護神に取り入れられた。

戦闘神《せんとうしん》の大黒天《だいこくてん》

【藤原信実《ふじわらのぶざね》画】

穰虞梨童女《じょうぐりどうにょ》

御利益

衆生《しゅじょう》のために一切の毒殺を受けないという解毒《げどく》を与えられる。

観世音菩薩《かんぜおんぼさつ》の化身《けしん》で雪山《せっせん》の北方に住し、解毒《げどく》の意から穰虞梨童女《じょうぐりどうにょ》と称する。毒女《どくにょ》とも。

形像は七頭四臂《しちずしひ》で左手に黒蛇《こくじゃ》と施無畏印《せむいいん》、右手に三叉戟《さんさげき》と孔雀《くじゃく》の尾《お》を持す。この七頭の代わりに頭に七《しち》龍《りゅう》のある妙見菩薩《みょうけんぼさつ》も龍女《りゅうにょ》の如く童女《どうにょ》形《ぎょう》である。『毒女陀羅尼経《どくにょだらにきょう》』には二臂像《にひぞう》で降毒《こうどく》の剣をとると記す。

妙見菩薩《みょうけんぼさつ》

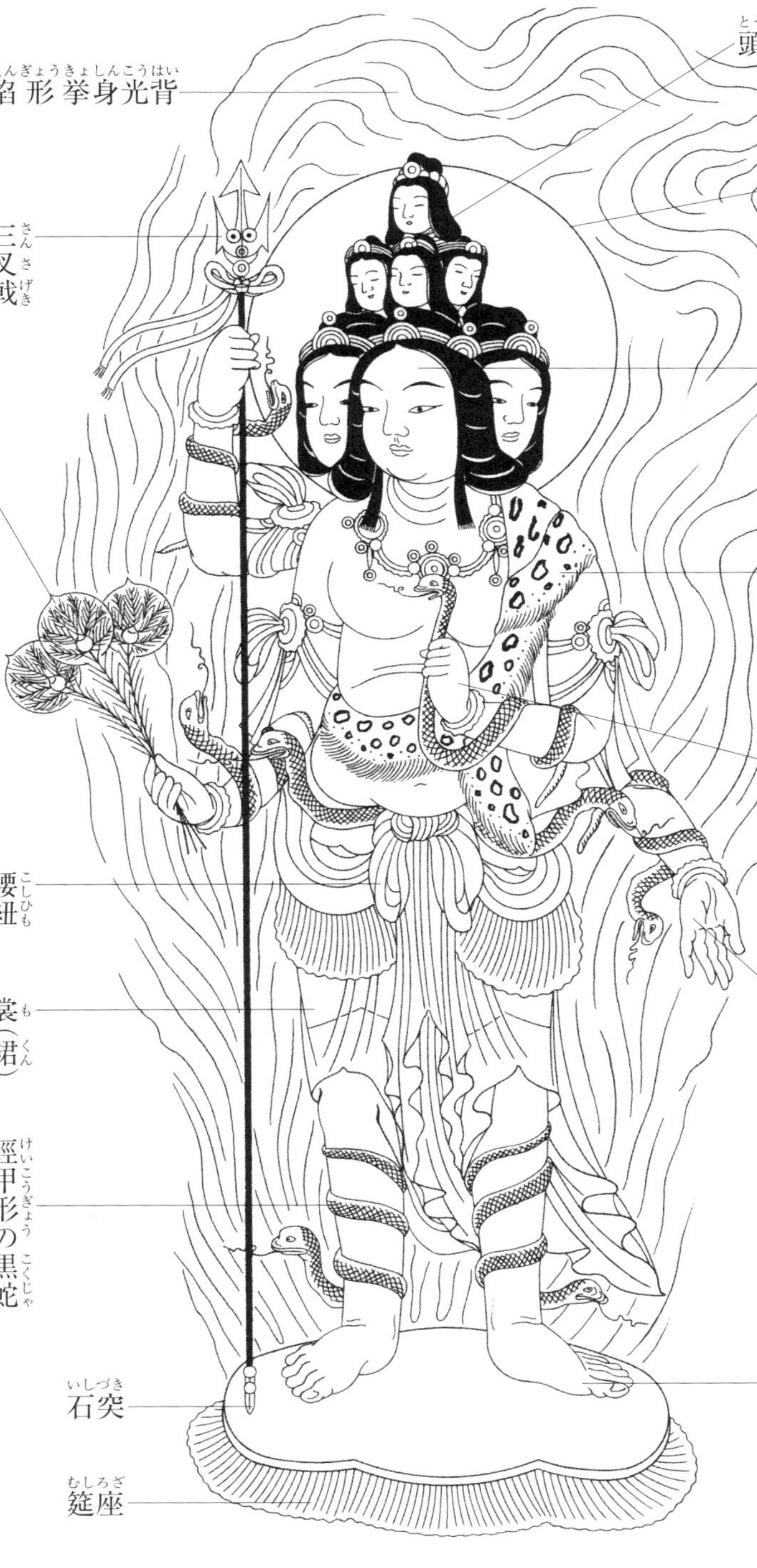
頭頂四仏《とうちょうしぶつ》
火《か》焔《えん》形《ぎょう》挙《きょ》身《しん》光《こう》背《はい》
頭光《ずこう》
円光《えんこう》ともいう
三叉戟《さんさげき》
宝鉾《ほうほこ》ともいう
三面童女相
獣皮《じゅうひ》の条帛《じょうはく》
三弁孔雀尾《さんべんくじゃくび》
管毒《かんどく》の木印《もくいん》
解毒を意とする持物《じもつ》
腰紐《こしひも》
裳《も》（裙《くん》）
施無畏印《せむいいん》
脛甲形《けいこうぎょう》の黒蛇《こくじゃ》
裸足《はだし》（露足《ろそく》）
石突《いしづき》
筵座《むしろざ》

【密教《みっきょう》図像本】

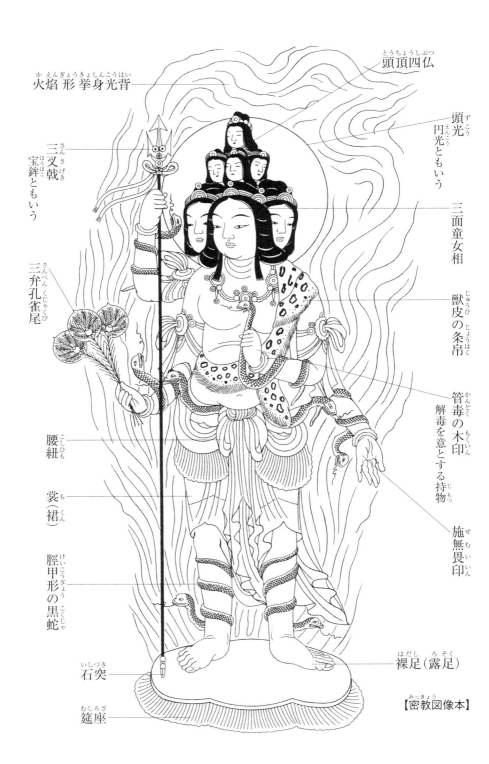

韋《い》駄《だ》天《てん》

御利益

伽藍《がらん》を守護し、その厨房《ちゅうぼう》では食物に不自由なく、駿足《しゅんそく》で障害を取り除いてくれる。

建陀《けんだ》の建を韋と誤字し、陀と駄を誤訳したために韋駄天《いだてん》となった名称と『慧琳音義《えりんおんぎ》』に記され、『金光明経《こんこうみょうきょう》』には韋駄天は湿婆神《しばしん》の子と、剣鎧童子《けんがいどうじ》は韋駄天の子と伝えられる。

伝説によると釈尊《しゃくそん》の涅槃《ねはん》の際に遺歯《いし》（仏牙《ぶつげ》）を盗んで逃げる捷疾鬼《しょうしつき》を韋駄天走《いだてんばし》りで取り返したように速やかに駆けつけて障害を取り除き、甲冑《かっちゅう》を着用した勇猛果敢《ゆうもうかかん》な武装形《ぶそうぎょう》で現わす形像が京都府・泉涌寺《せんにゅうじ》に蔵《ぞう》する。

法輪《ほうりん》を追《お》い韋駄天走《いだてんばし》りの如《ごと》く天翔《あまか》ける剣鎧童子《けんがいどうじ》

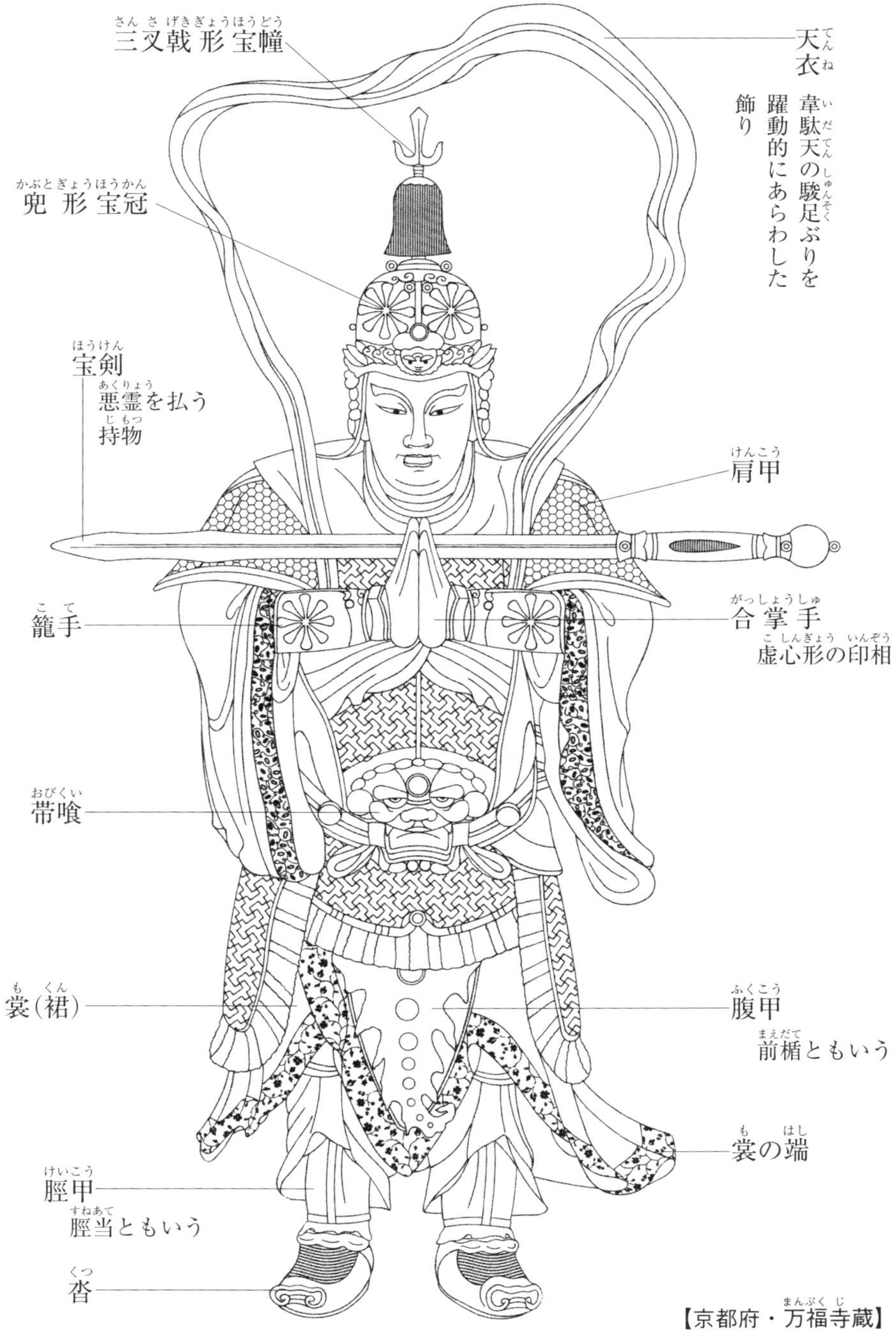

【京都府・万福寺《まんぷくじ》蔵】

飛《ひ》天《てん》女《にょ》人《にん》

御利益

衆生《しゅじょう》に智慧《ちえ》を与え、諸芸成就《じょうじゅ》と福徳円満《ふくとくえんまん》をもたらしてくれる。

一般的に仏教の尊には性別の判断は理解され、菩薩《ぼさつ》の女性的表現は慈悲《じひ》を意味することで除外、特に天形《てんぎょう》の外来神に性別はあるが妃《きさき》は別として女性的な風貌をした天女形のみを暗示するので、ここでは吉祥天《きちじょうてん》・宝蔵《ほうぞう》天女・辯才《べんざい》天・伎芸《ぎげい》天女・訶利帝母《かりていも》のみをいう。そうした天女が天界に住し、宝冠《ほうかん》を戴き天衣《てんね》（羽衣《はごろも》）をまとって虚空《こくう》を自由自在に飛行《ひこう》するは飛天女人《ひてんにょにん》とする。『近江国風土記《おうみのくにふうどき》』には天女が水浴中に羽衣を奪われ、天界に戻れない羽衣伝説を記す。

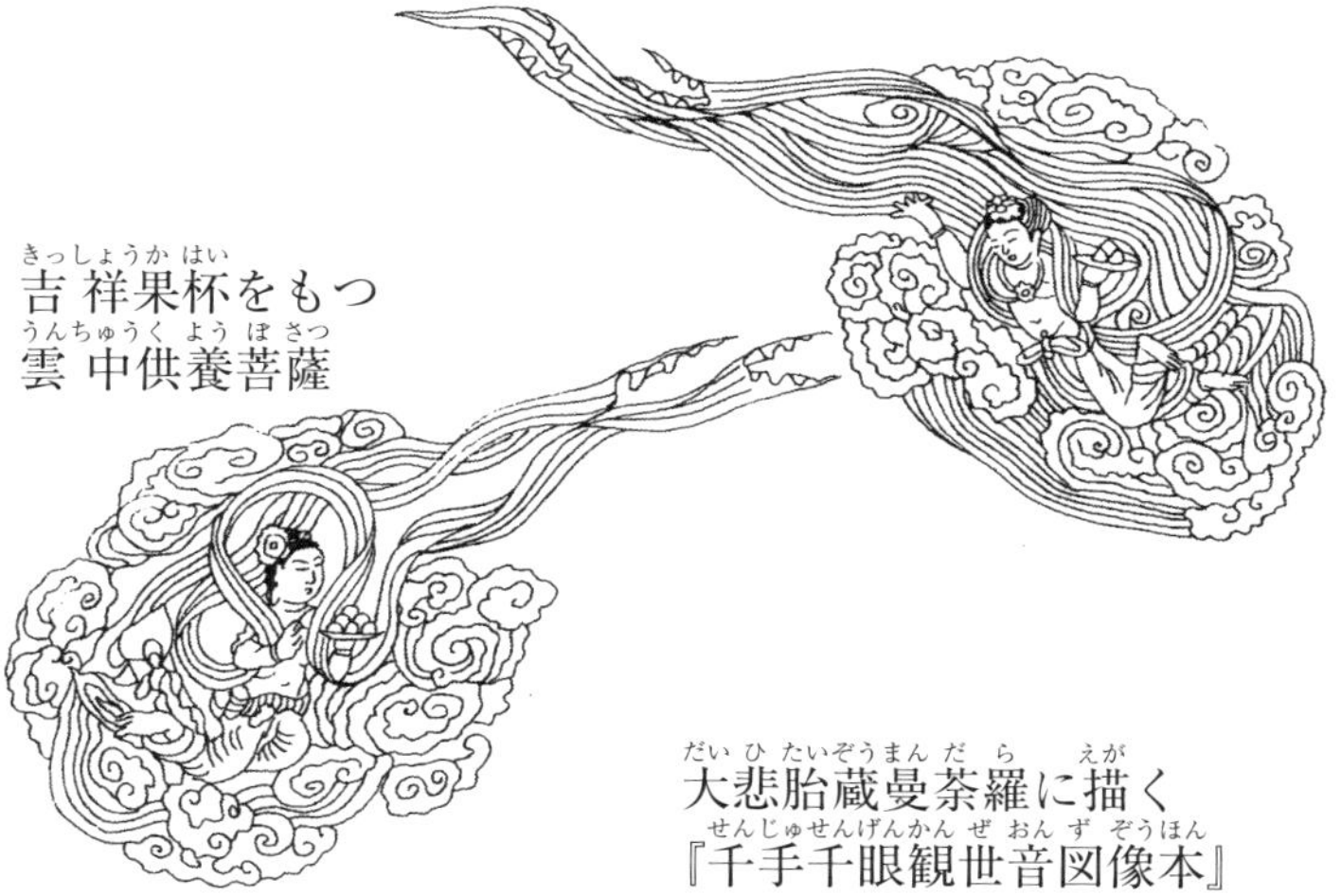

吉祥果杯《きっしょうかはい》をもつ
雲中供養菩薩《うんちゅうくようぼさつ》

大悲胎蔵曼荼羅《だいひたいぞうまんだら》に描《えが》く
『千手千眼観世音図像本《せんじゅせんげんかんぜおんずぞうほん》』

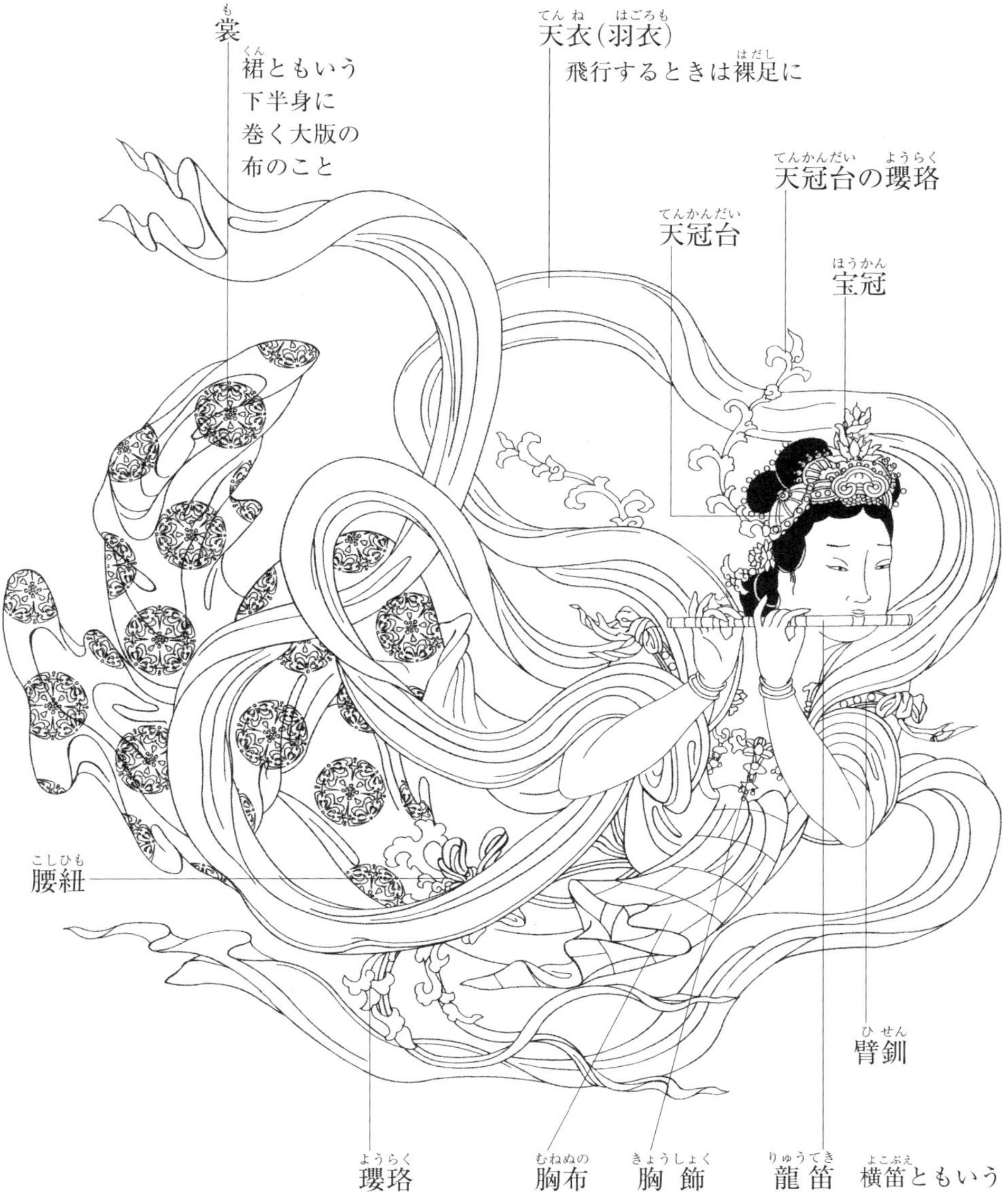

【静岡県・浅間《せんげん》神社蔵の狩野栄信《かのうながのぶ》画】

増長天《ぞうちょうてん》と持国天《じこくてん》（二王門の二王）

御利益

悪行を罰して、善行を助けて、五穀豊穣《ごこくほうじょう》をもたらす。

古き経典《きょうてん》『大宝積経《だいほうしゃくきょう》』によると東大寺《とうだいじ》法華堂厨子《ほっけどうずし》の秘仏像《ひぶつぞう》の執金剛神《しゅこんごうしん》は甲《こう》を着す忿怒相《ふんぬそう》の武神形《ぶしんぎょう》単独像で毘紐天《びしゅてん》に侍《じ》して口を開け杵棒《きねぼう》（金剛棒《こんごうぼう》）を持つ守護神であったが、後に寺門を守る仁王尊《におうそん》という名で一対（二分身《にぶんしん》）の阿形《あぎょう》・吽形《うんぎょう》として左右に配され、その門を仁王門《におうもん》と呼ぶ。

別に二王門には四天王《してんのう》の二王《におう》（増長天《ぞうちょうてん》と持国天《じこくてん》）を配する門もできる。他に神社の社殿《しゃでん》の前に護符像（阿形の獅子《しし》と吽形の狛犬《こまいぬ》の一対）が配され、魔除《まよけ》にも配置される。

阿形《あぎょう》の獅子《しし》

吽形《うんぎょう》の狛犬《こまいぬ》

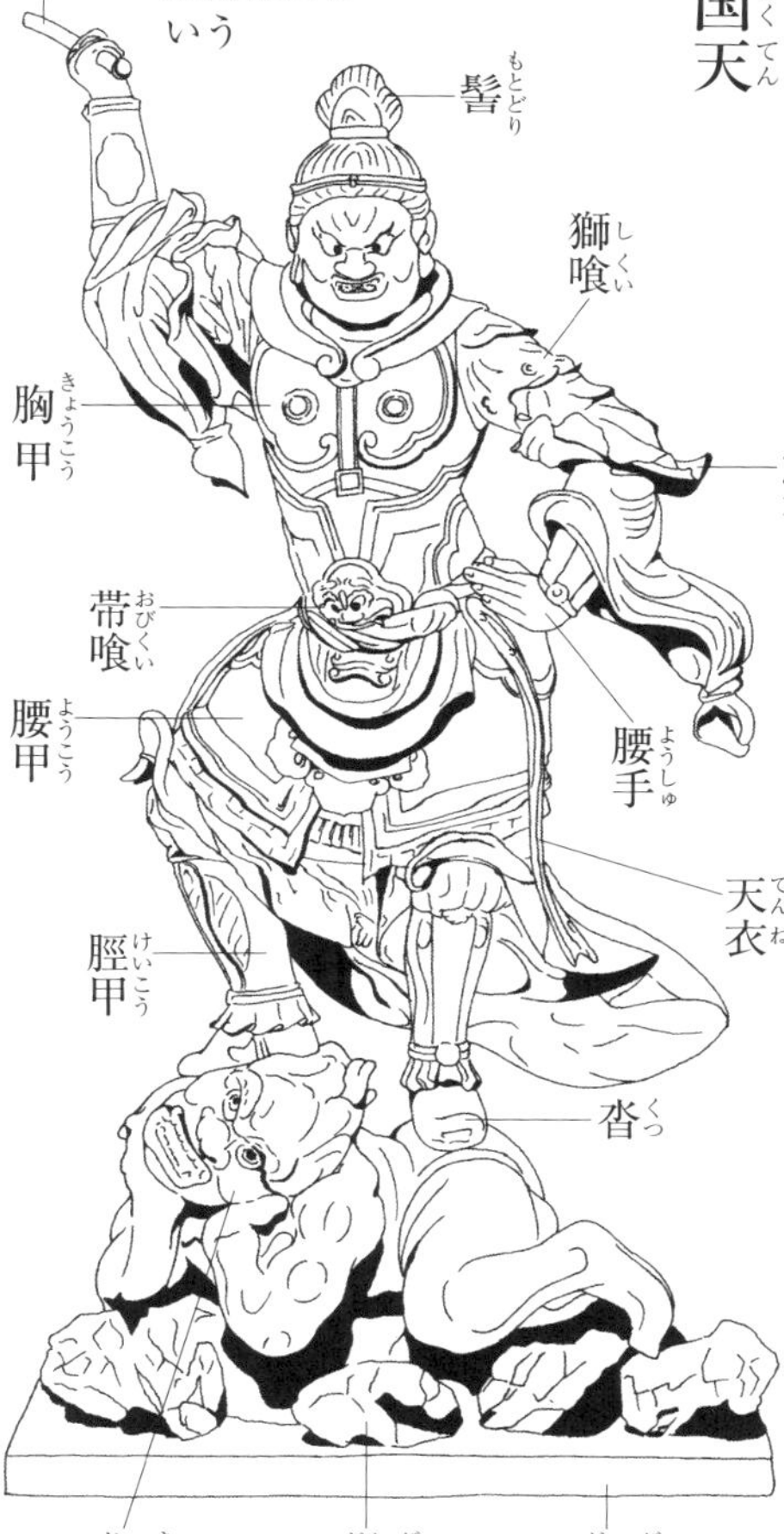

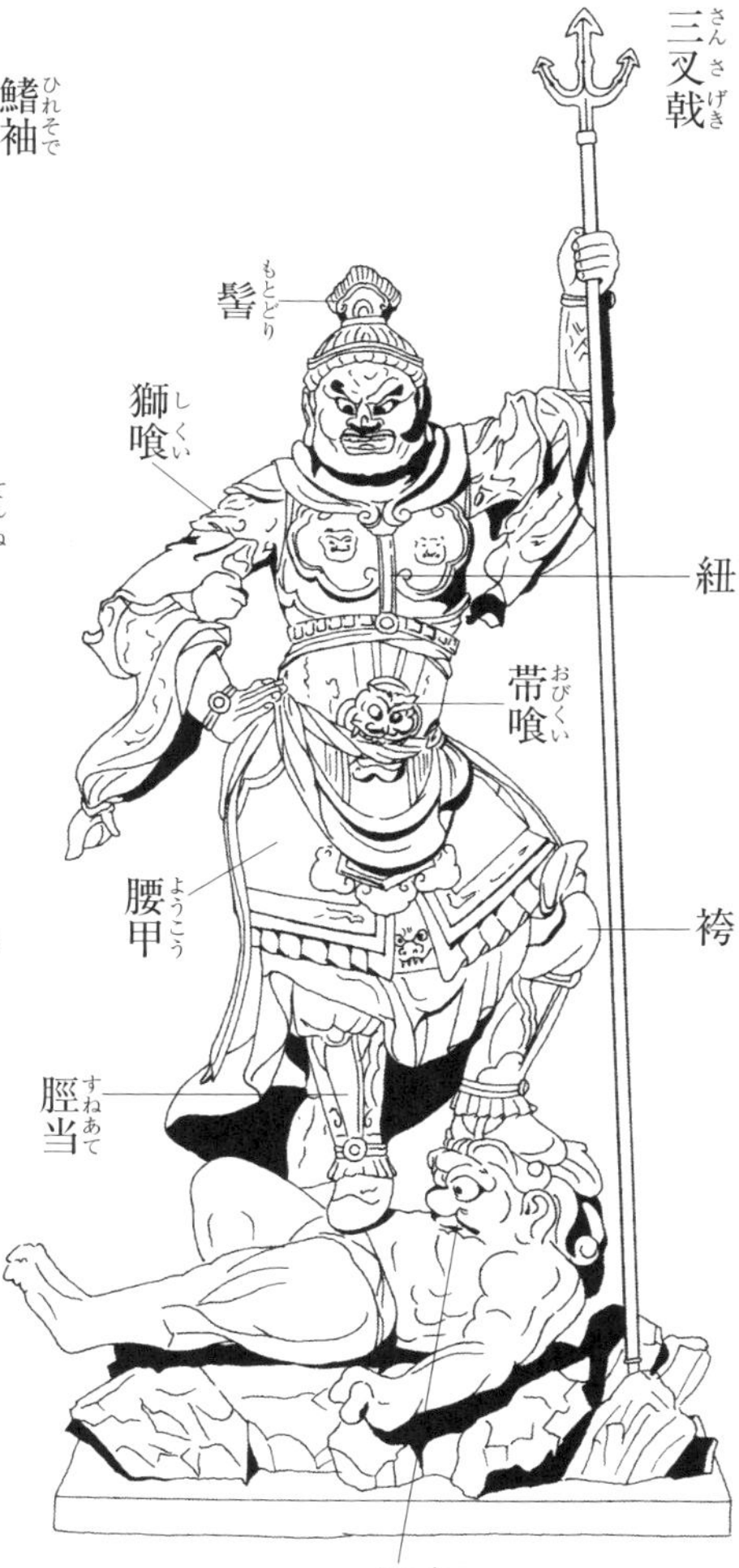

【奈良県・東大寺《とうだいじ》蔵】

大聖歓喜天《だいしょうかんぎてん》

御利益

一切の災禍《さいか》を滅却《めっきゃく》させて、富貴《ふうき》を与え、男女和合・子宝授与・安産無事の功徳《くどく》がある。

大聖歓喜天《だいしょうかんぎてん》は略され歓喜自在天、大聖天《だいしょうでん》、歓喜天とも呼び金剛界曼荼羅《こんごうかいまんだら》では毘那夜迦天《びなやかてん》、胎蔵界《たいぞうかい》曼荼羅では誐那鉢底天《がなばちてん》とも称される。もとは悪神で象鼻天大将《ぞうびてんたいしょう》と異称されるが災禍を排除し富貴を与える善神《ぜんじん》となる。雙身像《そうしんぞう》には子宝出生・夫婦相愛・富貴敬愛《ふうきけいあい》を祈る本尊《ほんぞん》として信仰される。

同《おな》じ方向《ほうこう》をむく雙身歓喜天《そうしんかんぎてん》

右肩《みぎかた》にのせる雙身歓喜天《そうしんかんぎてん》

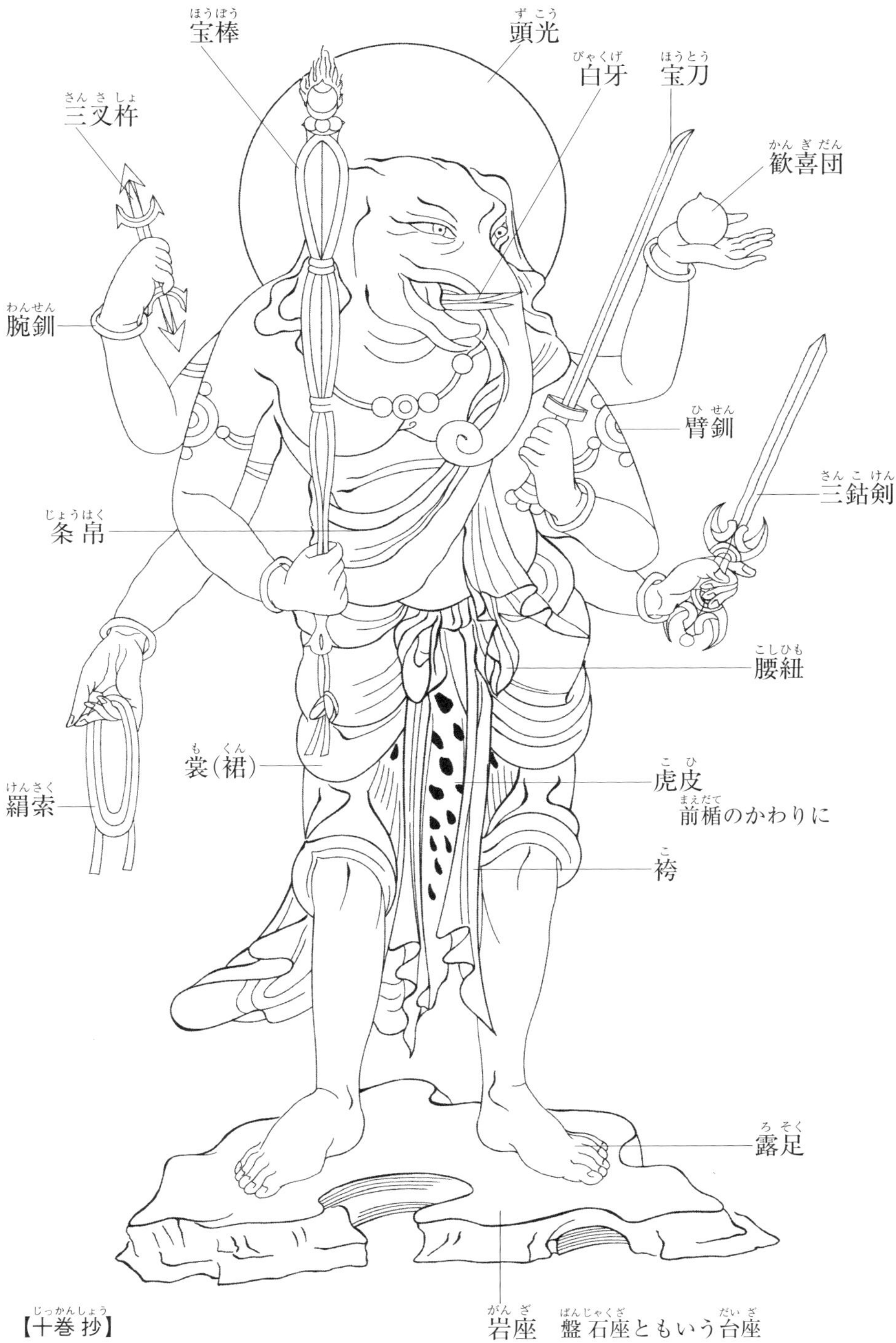
宝棒《ほうぼう》
頭光《ずこう》
白牙《びゃくげ》
宝刀《ほうとう》
三叉杵《さんさしょ》
歓喜団《かんぎだん》
腕釧《わんせん》
臂釧《ひせん》
三鈷剣《さんこけん》
条帛《じょうはく》
腰紐《こしひも》
裳《も》(裙《くん》)
虎皮《こひ》
前楯《まえだて》のかわりに
羂索《けんさく》
袴《こ》
露足《ろそく》
岩座《がんざ》
盤石座《ばんじゃくざ》ともいう台座《だいざ》
【十巻抄《じっかんしょう》】

その他の 諸《しょ》尊《そん》形《ぎょう》

羅《ら》漢《かん》（十六羅漢）・
祖《そ》師《し》（聖《しょう》徳《とく》太《たい》子《し》）・
垂《すい》迹《じゃく》（蔵《ざ》王《おう》権《ごん》現《げん》・僧《そう》形《ぎょう》八《はち》幡《まん》神《しん》）など

閻魔大王《えんまだいおう》

御利益

冥界《めいかい》の王として、死者の生前の罪を裁くが、現在の世人には懺悔《さんげ》すれば罪過《ざいか》を消滅させてくれる。

閻魔大王《えんまだいおう》は双子《ふたご》の兄で弟は焔摩《えんま》天《てん》という密教の護法神、閻魔大王は十王の首《しゅ》で地獄《じごく》の主《しゅ》とされ、『瑜伽論記《ゆかろんき》』には人間界の第一死者として冥界《めいかい》に入り闇黒《あんこく》の地獄王となり、死者の罪を裁き鬼官《きかん》の総《そう》主《しゅ》たる閻魔大王になると記される。死者は生前の罪の結果に応じて六道《ろくどう》（六趣《ろくしゅ》）に赴く先を決められた。

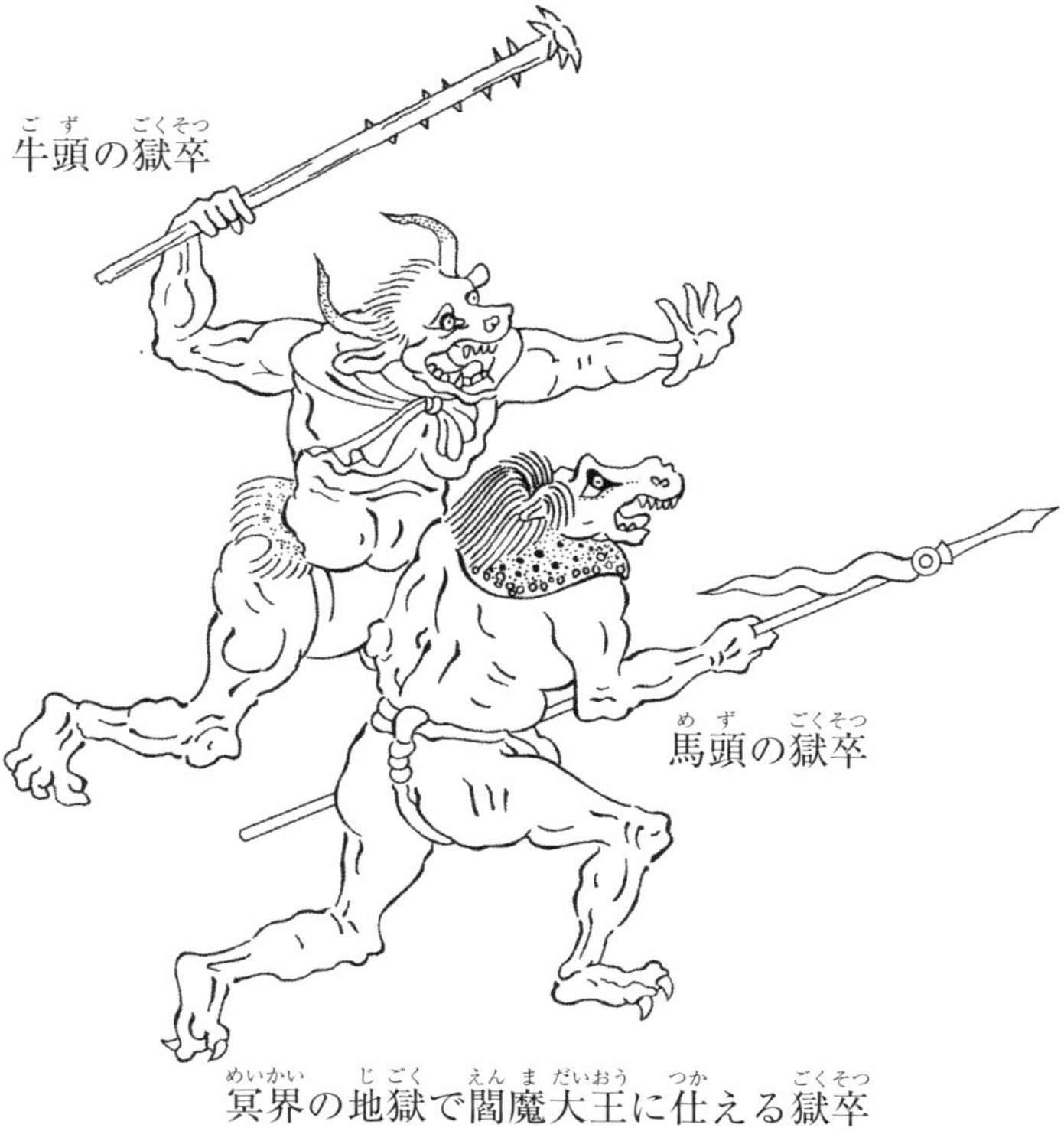

冥界《めいかい》の地獄《じごく》で閻魔大王《えんまだいおう》に仕《つか》える獄卒《ごくそつ》

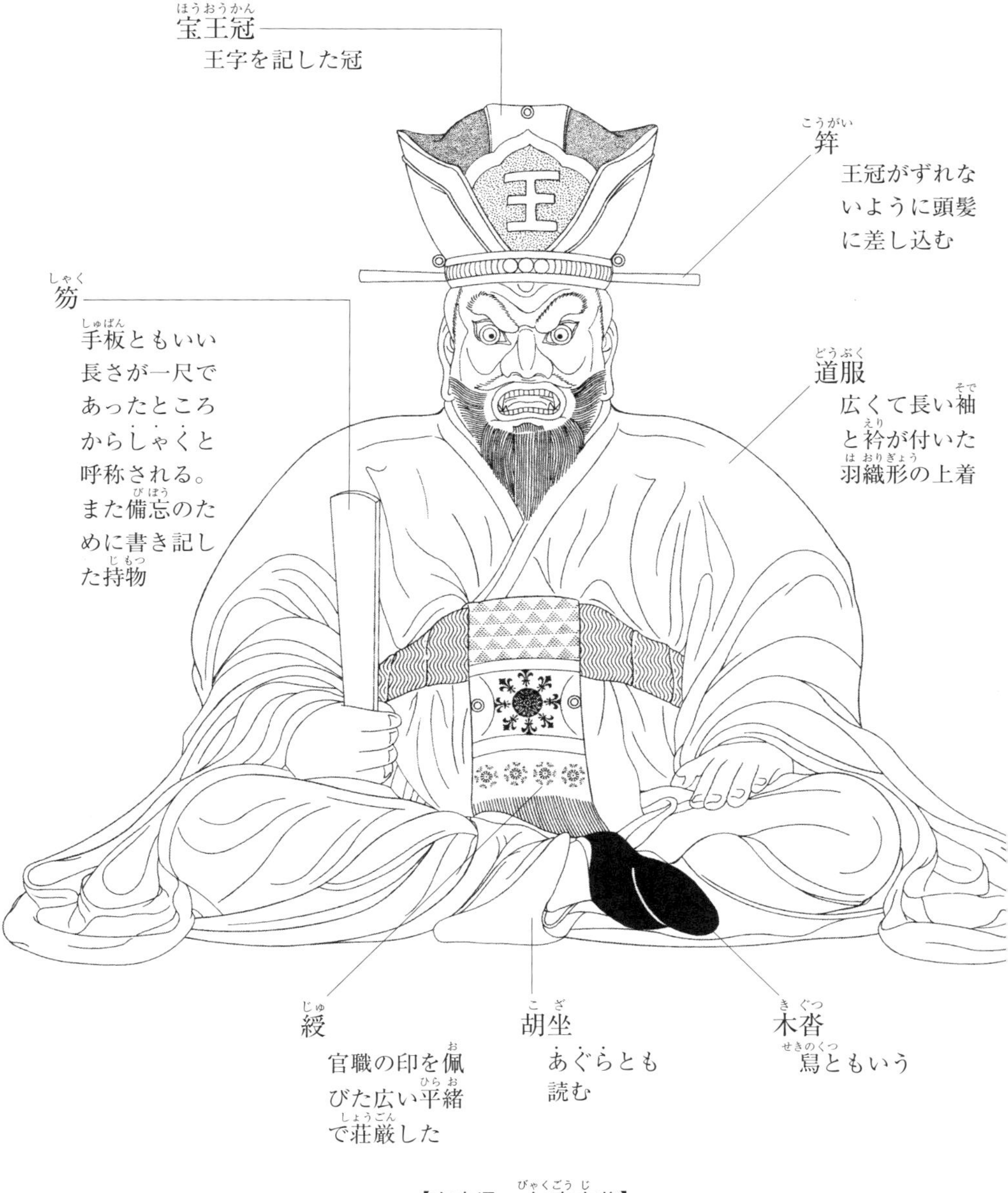

【奈良県・白毫寺《びゃくごうじ》蔵】

蔵王権現《ざおうごんげん》

御利益

衆生《しゅじょう》の利益《りやく》のために悪魔を降伏《ごうぶく》し、また苦難も飛散《ひさん》させては打破する。

修験道《しゅげんどう》の開祖《かいそ》に崇《あが》める役行《えんのぎょう》者《じゃ》、名は役小角《えんのおづぬ》が吉野《よしの》の金峯山《きんぷせん》で済世利益《さいせいりやく》のために感得《かんとく》した際に眼前に如来《にょらい》・観音《かんのん》・菩薩《ぼさつ》の三《さん》尊《ぞん》が化身《けしん》したのが蔵王権現《ざおうごんげん》である。その名称から金剛蔵王菩薩《こんごうざおうぼさつ》の本地《ほんじ》とされるが、金剛杵《こんごうしょ》の威力の意から執金剛神《しゅこんごうしん》の関わりの忿怒形《ふんぬぎょう》の尊《そん》。

伊豆島《いずとう》の役小角《えんのおづぬ》

【東京都・総持寺《そうじじ》蔵】

僧形八幡神《そうぎょうはちまんしん》

御利益

神仏習合《しんぶつしゅうごう》思想をもつ比丘形《びくぎょう》で衆生《しゅじょう》に代わって、六道《ろくどう》の地獄《じごく》での責苦《せめく》を救済する。

神仏習合《しんぶつしゅうごう》思想の垂迹神《すいじゃくしん》で剃髪《ていはつ》の僧形八幡神《そうぎょうはちまんしん》は最も成立が古く八幡大菩薩の名称も残っている。頭光《ずこう》の光背《こうはい》は日輪《にちりん》をあらわし光明《こうみょう》を放ち、袈裟《けさ》を着けて左手に数珠《じゅず》を右手に錫《しゃく》杖《じょう》を持つ坐像《ざぞう》である。

八幡神の前身に『記紀《きき》』に記される第十五代応神天皇《おうじんてんのう》（誉田別尊《ほんだわけのみこと》）と母の神功皇后《じんぐうこうごう》（息長足姫命《おきながたらしひめのみこと》）や仲津姫命《なかつひめのみこと》を併座さる像もある。

蔵王権現《ざおうごんげん》も垂迹神のひとつで神変《しんぺん》大菩薩《だいぼさつ》と呼ぶ。

垂迹形《すいじゃくぎょう》の蔵王権現《ざおうごんげん》

【奈良県・東大寺《とうだいじ》蔵】

木花之開耶姫命《このはなのさくやひめのみこと》

御利益

火難の消除・子宝と安産・漁業と農業の繁盛の神徳《しんとく》が施《ほどこ》される。

天照大御神《あまてらすおおみかみ》の孫の邇邇芸命《ににぎのみこと》が三種の神器を携えて記紀神話《ききしんわ》の天孫降臨《てんそんこうりん》により、山の神大山津見神《おおやまつみのかみ》の娘木花之開《このはなのさく》耶姫命《やひめのみこと》と結婚し、火中で三つ子（火《ほの》闌降命《すそりのみこと》と彦火火出見尊《ひこほほでみのみこと》と火明命《ほあかりのみこと》）を無事に出産したことで安産の守り神として信仰され子安《こやす》神社の祭神となった。さらに火中の意から火山とも結びついて、富士山の神と呼ばれ崇《あが》められ、富士山本宮の浅間《せんげん》大社を噴火を鎮めるために祀《まつ》った。

『記紀神話《ききしんわ》』国生《くにう》みの伊邪那美神《いざなみのかみ》と伊邪那岐神《いざなぎのかみ》

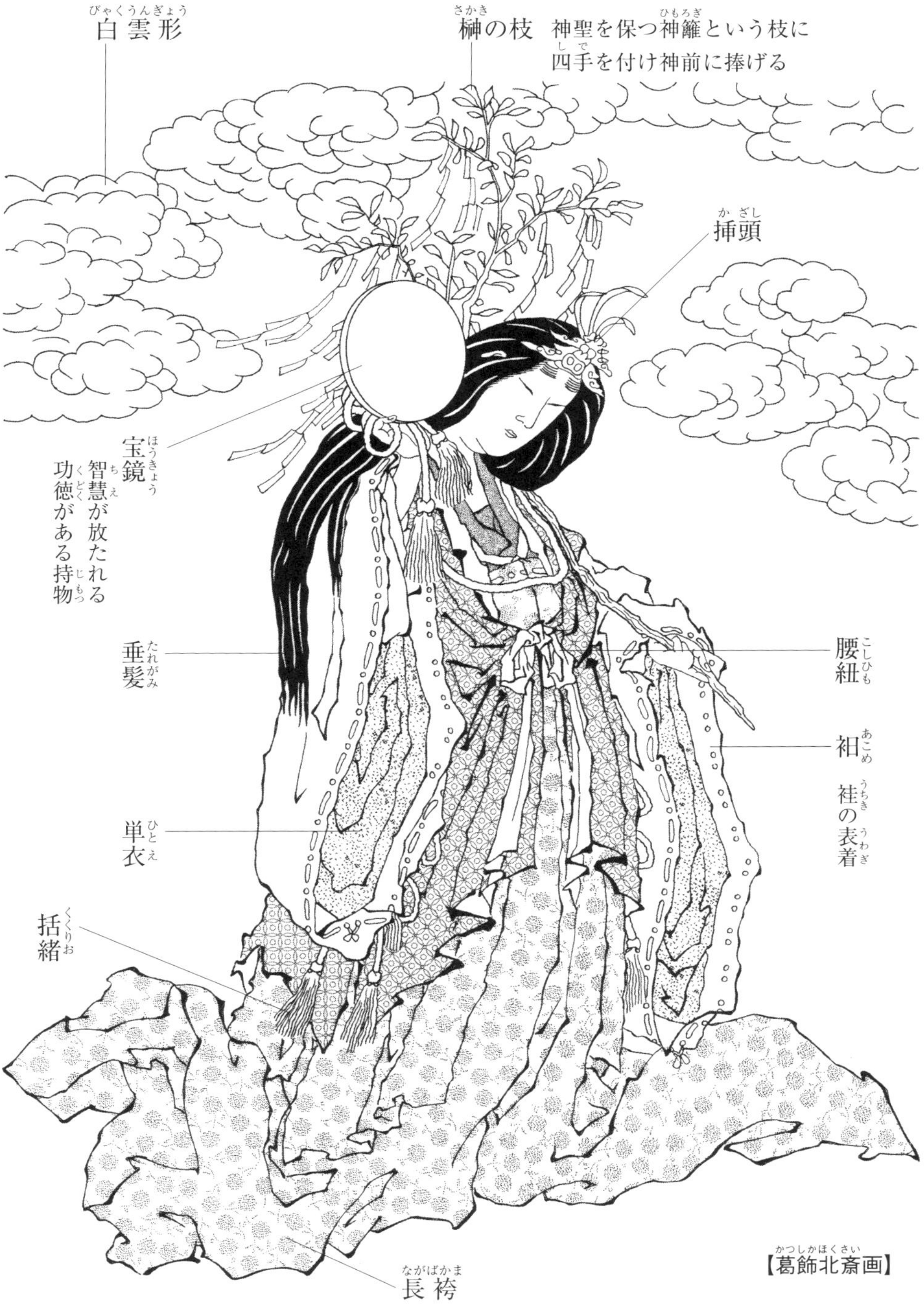

【葛飾北斎《かつしかほくさい》画】

十六羅漢《じゅうろくらかん》

御利益

釈迦《しゃか》の眷属《けんぞく》として衆生《しゅじょう》の供養《くよう》で煩悩《ぼんのう》の賊害《ぞくがい》を消滅させて、苦しみを与えない。

阿羅漢《あらかん》を略して羅漢《らかん》といい、衆生《しゅじょう》が遍《あまね》く三界《さんがい》（欲界《よくかい》・色界《しきかい》・無色界《むしきかい》）の煩悩《ぼんのう》を断って、修行者として世の中に供養《くよう》を受けられる応供《おうぐ》・応真《おうじん》とする仏法の聖者《しょうじゃ》の声聞《しょうもん》に共通する称号であり、釈尊《しゃくそん》の眷属《けんぞく》の修行者を初めに十六羅漢と決めた。『大阿羅漢難提《だいあらかんなんだ》蜜多羅《みったら》所説法』に説かれ、二尊を加えて十八羅漢とすることも。その後に『法華《ほっけ》経《きょう》五百弟子授記品《でしじゅきぼん》』に阿羅漢果《あらかんか》の五百人の修行高僧を説き、後世その信仰は盛んとなった。また禅宗《ぜんしゅう》では数を定めた十六羅漢が特に尊ばれた。

十六羅漢《らかん》の第《だい》一尊者《そんじゃ》（賓頭盧《びんずる》）

釈尊《しゃくそん》の眷《けん》属《ぞく》たる十六羅《ら》漢《かん》の降《こう》臨《りん》図《ず》

【狩野派下絵図像《かのうはしたえずぞう》】

聖徳太子《しょうとくたい し》（孝養像《きょうよう》）

御利益

財物や権力を得ては栄華《えいが》が叶うとされる。また商売繁盛も与えられる。

仏教興隆《こうりゅう》の祖《そ》でもある聖徳太子《しょうとくたいし》は阿《あ》弥陀如来《みだにょらい》の化身《けしん》とする用明《ようめい》天皇は聖観《しょうかん》音菩薩《のんぼさつ》の化身の玉世姫《たまよひめ》を妃《きさき》とし、その子に聖《しょう》という名を付けて聖徳太子《しょうとくたいし》とした言い伝えがある。また釈迦《しゃか》に準じる太子信仰が高まった。

合掌《がっしょう》して南無仏《なむぶつ》と唱える南無仏太子《なむぶつたいし》童形像《どうぎょうぞう》・袈裟《けさ》を着け柄香炉《えごうろ》を持ち用明天皇の病気平癒《へいゆ》を祈る孝養《きょうよう》太子像・勝鬘経《しょうまんぎょう》を講讃《こうさん》する摂政《せっしょう》太子像がある。他に馬上の太子像や水鏡御影《すいきょうみえい》像もある。伝暦《でんりゃく》の聖徳太子絵伝《えでん》も有名。

修行僧《しゅぎょうそう》の聖徳太子《しょうとくたいし》

孝養太子像《きょうようたいしぞう》

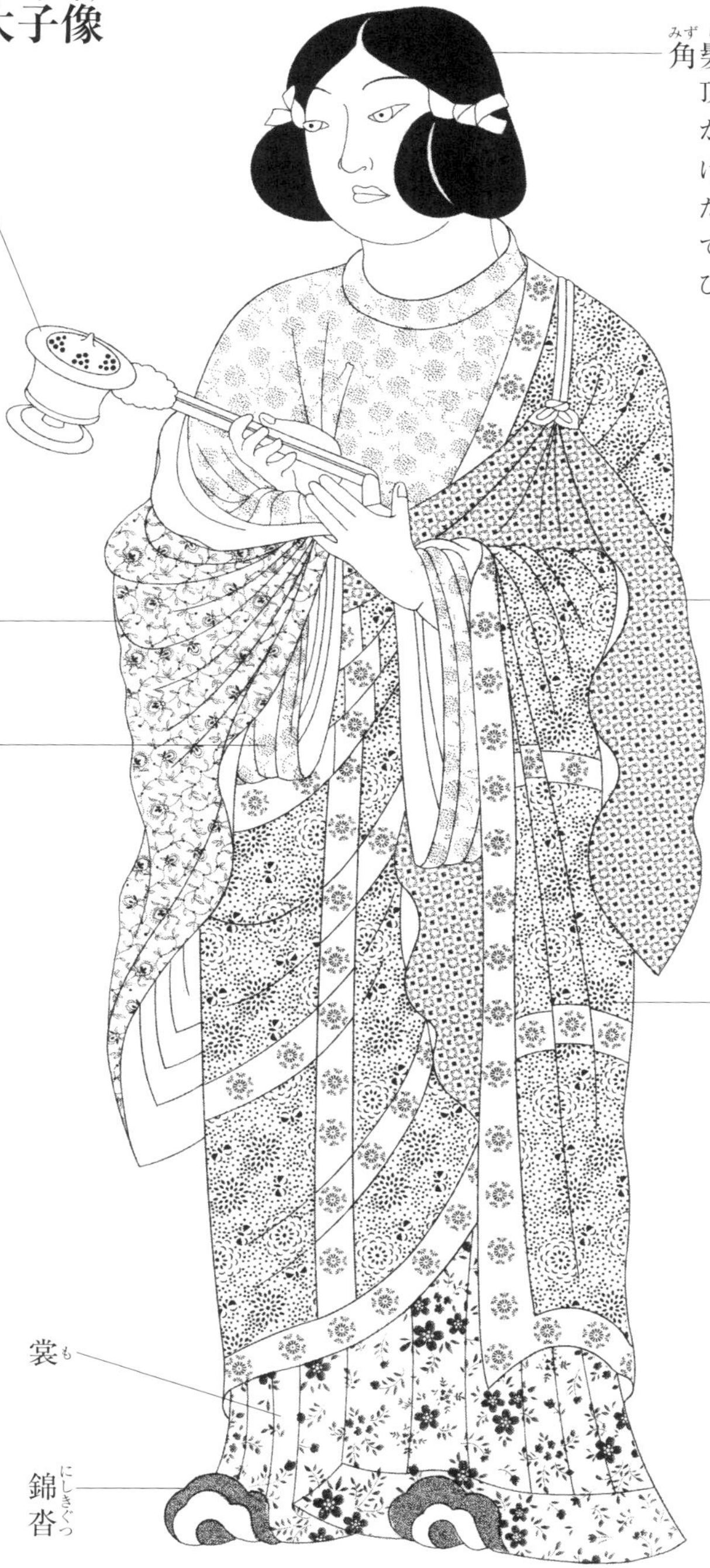

【大阪府・四天王寺《してんのうじ》蔵】

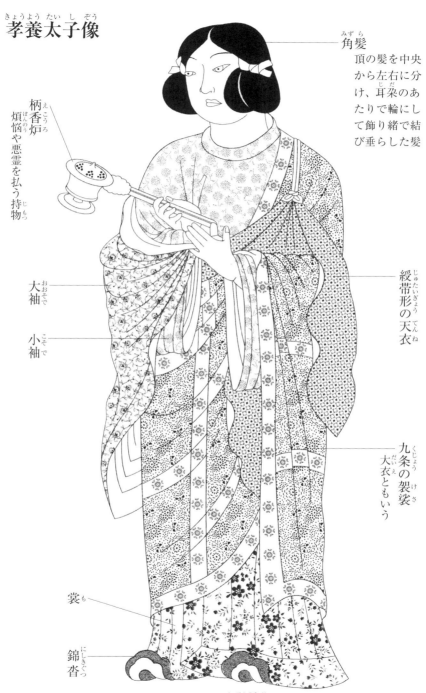

鍾《しょう》馗《き》

御利益

災《わざわ》いと悪夢を除《のぞ》き、魔除《まよけ》の神として邪魔も払う。また天然痘除《てんねんとうよけ》とされる。

わが国では黒冠《こくかん》を戴《いただ》き右手に剣を執り黒長沓《こくながぐつ》をはく鍾馗《しょうき》は鎮《ちん》宅符《たくふ》や大津絵《おおつえ》にして門や戸に貼って魔障《ましょう》や邪気《じゃき》を払う呪《まじな》いに使用された。また端午《たんご》の節《せっ》供《く》（五月五日）の式日に幟《のぼり》や人形にして祭《まつ》ったことで悪霊《あくりょう》や怨《おん》霊《りょう》を払う尊《そん》とされた。

達磨《だるま》は九年間壁に向かって一心に坐禅《ざぜん》を組むことで開運《かいうん》の尊。

坐禅《ざぜん》中の達磨《だるま》

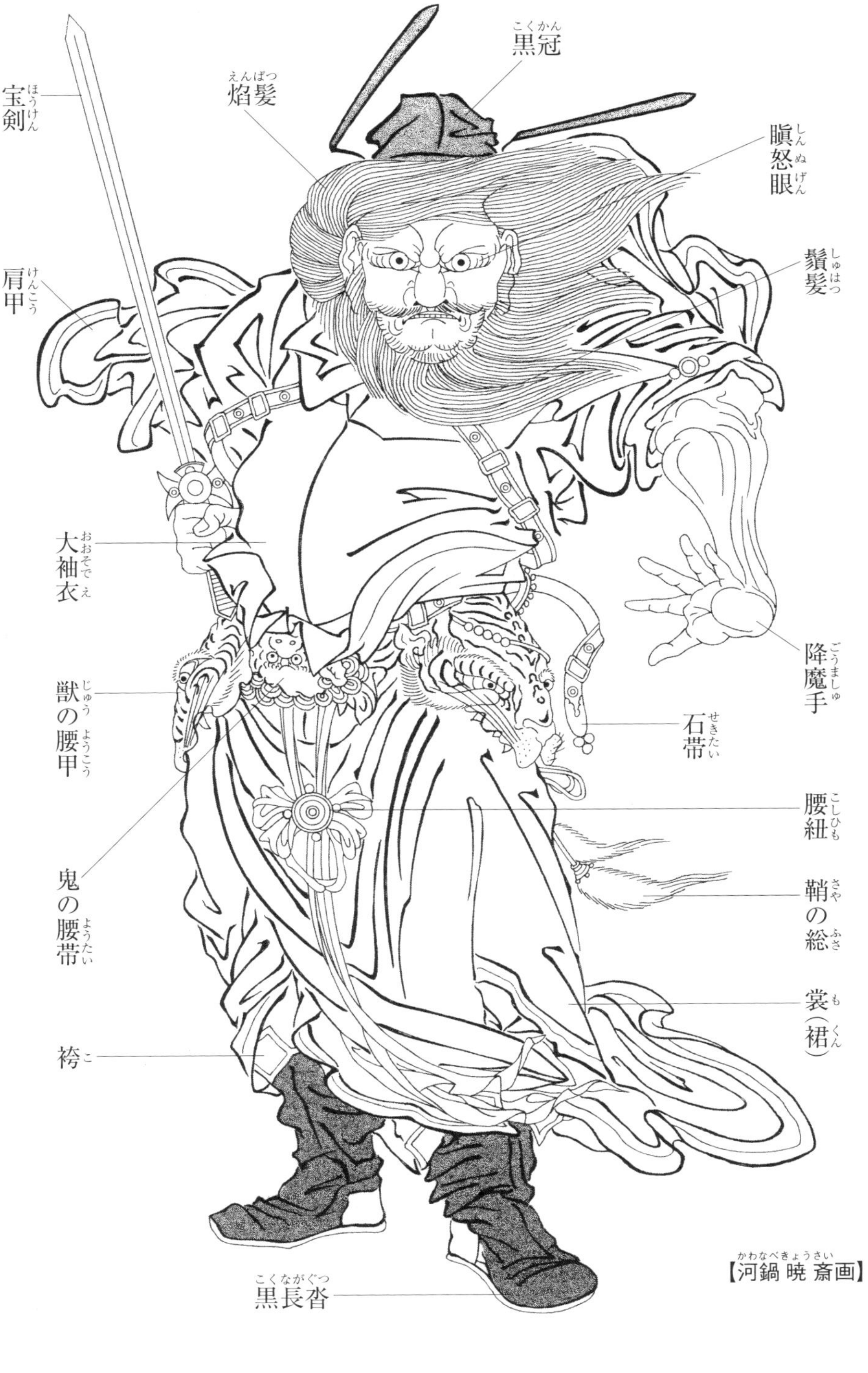

【河鍋暁斎《かわなべきょうさい》画】

七福神宝船《しちふくじんたからぶね》

御利益

福徳《ふくとく》の七神で、家内安全・商売繁盛・長寿延命・利益倍増・無上幸福の願いが叶う。

七福神《しちふくじん》を乗せた龍頭《りゅうず》の宝船《たからぶね》に、回文《かいぶん》〝長《なが》き世《よ》の遠《とお》の眠《ねふ》りの皆《みな》目《め》覚《さ》め波乗《なみの》り舟《ふね》の音《おと》の良《よ》きかな〟と書いた絵を正月二日の夜に枕の下にして寝ると幸運の初夢がみられる。これは聖徳太子《しょうとくたいし》の作とも。七福神とは日本の恵比須《えびす》、中国の福禄寿《ふくろくじゅ》・寿老人《じゅろうじん》、印度《いんど》の辯財天《べんざいてん》・毘沙門天《びしゃもんてん》・布袋《ほてい》・大黒天《だいこくてん》を福徳《ふくとく》賦与《ふよ》をもたらす七神とした。

宝船の上で七福神がくつろぐ姿のふざけあう同舟《どうしゅう》は「笑う門に福来たる」の由来からか。

回文《かいぶん》と龍頭《りゅうず》の宝船《たからぶね》にのる七福神《しきふくじん》

【喜多川歌麿《きたがわうたまろ》画】

附録

【正倉院《しょうそういん》宝物《ほうもつ》の古琴《こきん》文様《もんよう》】

坐《ざ》像《ぞう》（各名称）

阿弥陀如来《あみだにょらい》

【岩手県・平等院鳳凰堂《びょうどういんほうおうどう》】

悟《さと》りを開《ひら》いた如来《にょらい》には三十二相《そう》と八十随好形《ずいごうぎょう》の身体的特徴がある。

立像《りゅうぞう》（各名称）

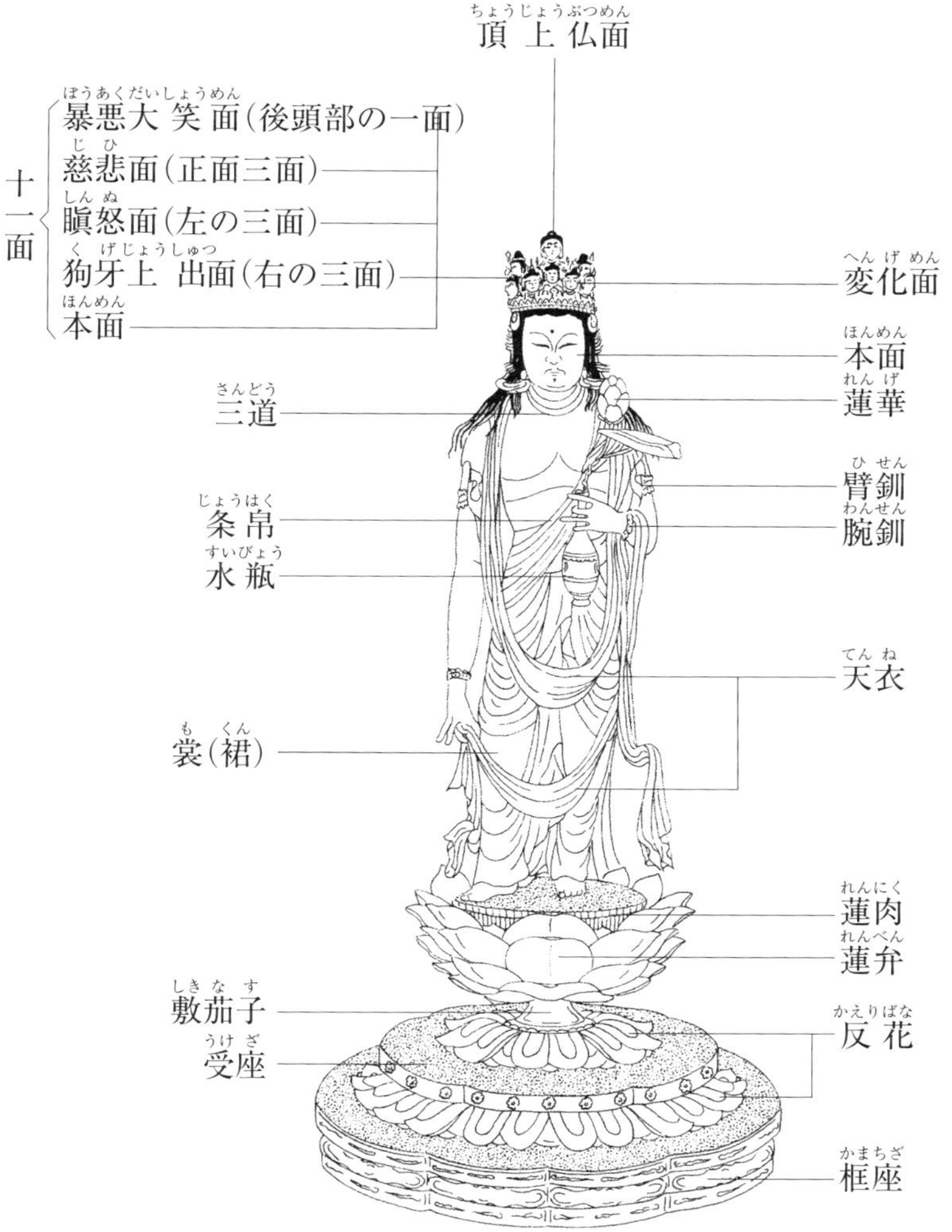

十一面観音《じゅういちめんかんのん》

【奈良県・法華寺《ほっけじ》】

仏像の像容（姿勢）には臥像《がぞう》もあり、釈迦如来《しゃかにょらい》の涅槃像《ねはんぞう》のみ。

仏《ほとけ》の三十二相《そう》

仏《ほとけ》（如来《にょらい》）には天竺僧《てんじくそう》の龍樹《りゅうじゅ》が著《あらわ》した『大《だい》智度論《ちどろん》』によると悟《さと》りを開《ひら》いた者《もの》（仏《ほとけ》）という意から、三十二相の最も優れた身体的特徴があると考えられ、仏像のそのような特徴の「仏の三十二相」を次に示す。

①足下安平立相《そくげあんぴょうりゅうそう》　足の裏《うら》は平らで、大地《だいち》に密着している。

②足下二輪相《そくげにりんそう》（千輻輪相《せんぷくりんそう》）　足の裏には千輻《せんぷく》の宝輪《ほうりん》の模様がある。

③長指相《ちょうしそう》　手と足の指《ゆび》は長くしなやかである。

④足跟広平相《そくげんこうびょうそう》　踵《かかと》は広く平らで、十分に満ちている。

⑤手足指縵網相《しゅそくしまんもうそう》　手足の指の間には水掻《みずか》きの膜《まく》がある。

⑥手足柔軟相《しゅそくにゅうなんそう》　手足が柔らかく、高貴《こうき》の相をなしている。

⑦足趺高満相《そくふこうまんそう》　足の甲《こう》が高く盛り上がり、亀の甲に似る。

⑧伊尼延膝相《いにえんしつそう》（伊尼延鹿王相《いにえんじかおうそう》）　膝《ひざ》が伊尼延鹿のように細くて丸い。

⑨正立手摩膝相《しょうりゅうしゅましつそう》（手過膝相《てかしつそう》）　直立《ちょくりつ》すると手先が膝《ひざ》をなでるほどに長い。

⑩陰蔵相《いんぞうそう》（陰馬蔵相《いんばぞうそう》）　馬王《ばおう》や象王《ぞうおう》のように陰相《いんそう》が隠される。

⑪身広長等相《しんこうちょうとうそう》（円身相《えんしんそう》）　身長《しんちょう》と両手を広げた長さが同じである。

⑫毛上向相《もうじょうこうそう》　体の毛《もう》が上向きになびている。

⑬一一孔一毛生相《いちいちくいちもうしょうそう》　すべての毛孔《もうく》に一本ずつ青い毛が生える。

⑭身金色相《しんこんじきそう》　全身が微妙な金色《こんじき》に輝きを放している。

⑮丈光相《じょうこうそう》　体から周囲に一丈《いちじょう》の光明《こうみょう》を放つ。

⑯細薄皮相《さいはくひそう》　皮膚は細やかで、塵《ちり》も汚《けが》れもつかない。

⑰七処隆満相《しちしょりゅうまんそう》　手、足、肩、頸筋《くびすじ》の肉が盛り上がる。

⑱両腋下隆満相《りょうえきげりゅうまんそう》　腋《わき》の下に肉が付き、くぼみがない。

⑲上身獅子相《じょうしんししそう》　威容端厳《いようたんげん》な上半身は獅子《しし》の如く。

⑳大直身相《だいじきしんそう》（身広端正相《しんこうたんせい》）　身体が大きく、端正無二《たんせいむに》である。

㉑肩円好相《けんえんこうそう》　両肩《りょうけん》は丸く豊かである。

㉒四十歯相《しじゅうしそう》　歯は四十本で、白く清潔《せいけつ》で美しい。

㉓歯斉相《しせいそう》　歯の大きさは同じで、並びが美しい。

㉔牙白相《げびゃくそう》　上下四本の犬歯《けんし》は白く美しく鋭い。

㉕獅子頬相《ししきょうそう》　獅子のように頬《ほほ》が膨《ふく》らんでいる。

㉖味中得上味相《みちゅうとくじょうみそう》　何を食べても口は最上《さいじょう》の味《あじ》を味わう。

㉗大舌相《だいぜつそう》（広長舌相《こうちょうぜつそう》）　舌は広く長い、出せば顔を覆《おお》える。

㉘梵声相《ぼんじょうそう》　梵天《ぼんてん》のような妙音《みょうおん》で聞くものは感嘆する。

㉙真青眼相《しんしょうげんそう》　青蓮華《しょうれんげ》のような青色《しょうじき》の眼《げん》である。

㉚牛眼睫相《ごげんしょうそう》　牛のように睫毛《まつげ》が長く美しい。

㉛頂髻相《ちょうけいそう》　頭頂《とうちょう》の肉が盛り上がり、髻《もとどり》のようである。

㉜白毫相《びゃくごうそう》　眉間《みけん》に長い白毛《びゃくげ》が右巻きに生えている。

如来形《にょらいぎょう》の特徴《とくちょう》

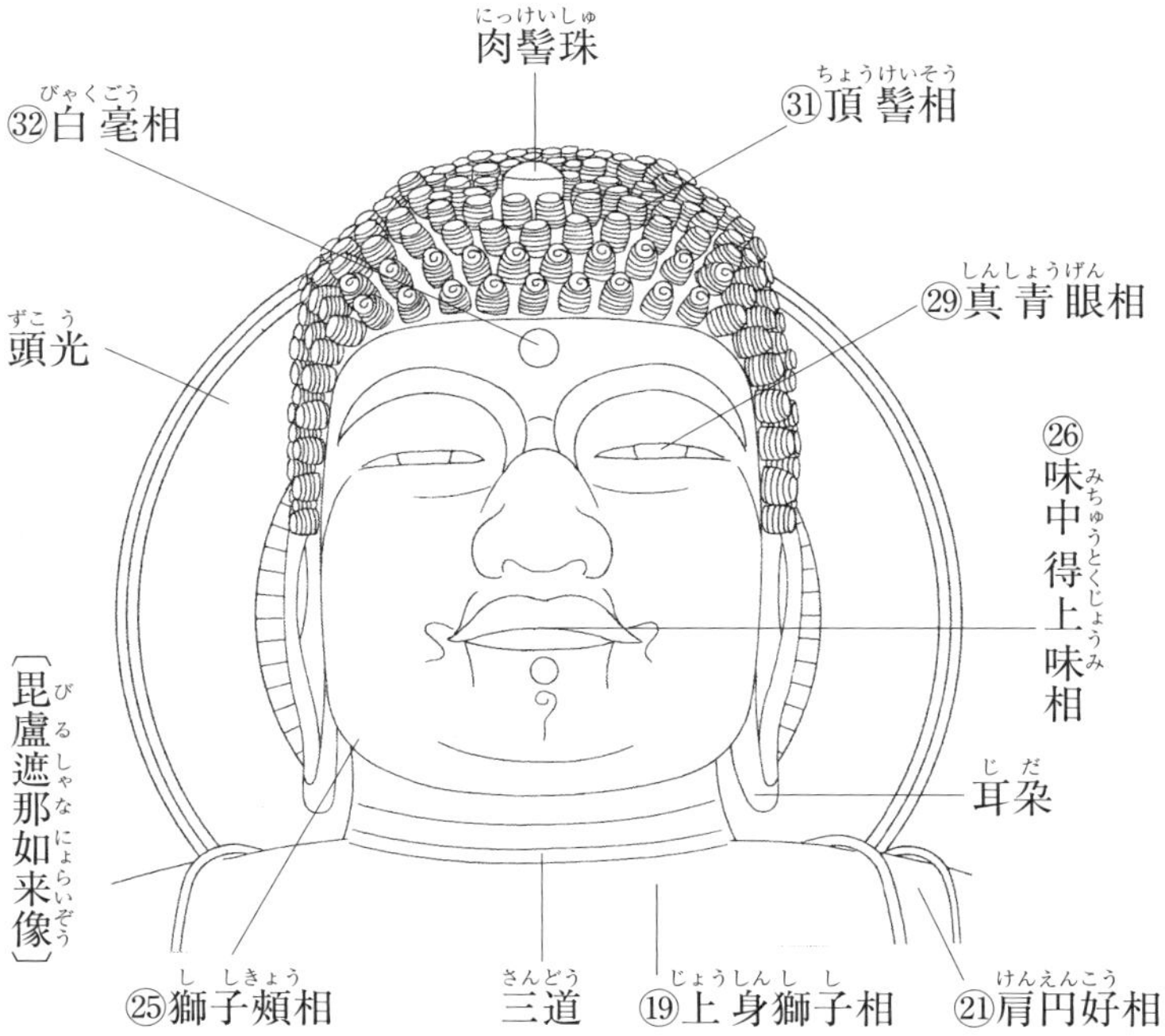

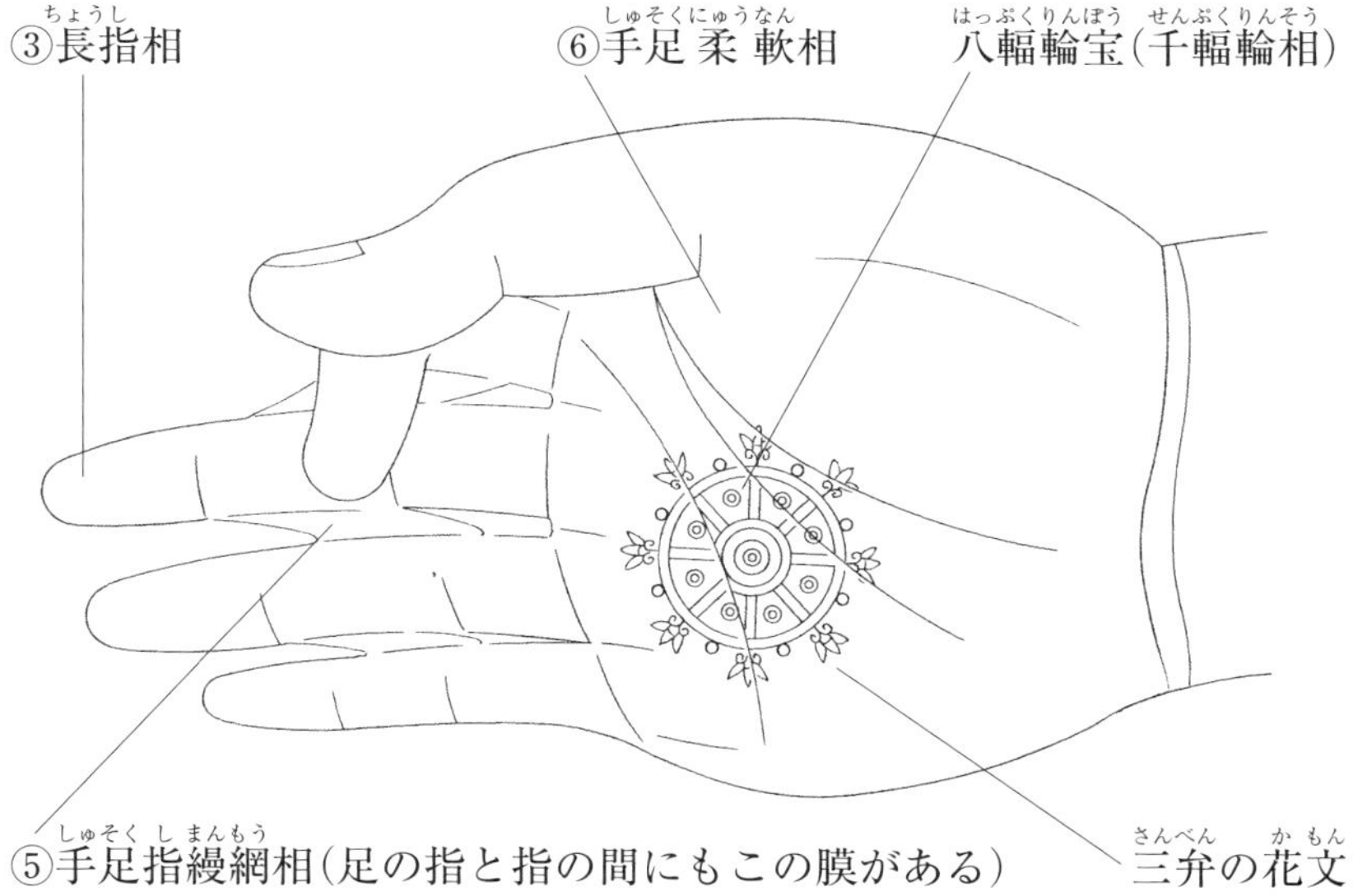

注）○に番号は「仏《ほとけ》の三十二相」の番号を示す。

【奈良県・薬師寺《やくしじ》の薬師如来坐像《やくしにょらいざぞう》】

《足裏《あしうら》の瑞祥七相《ずいしょうしちそう》》

如来像を拝むのと同じ御利益がある。

仏足石《ぶっそくせき》(最古の薬師寺金堂)

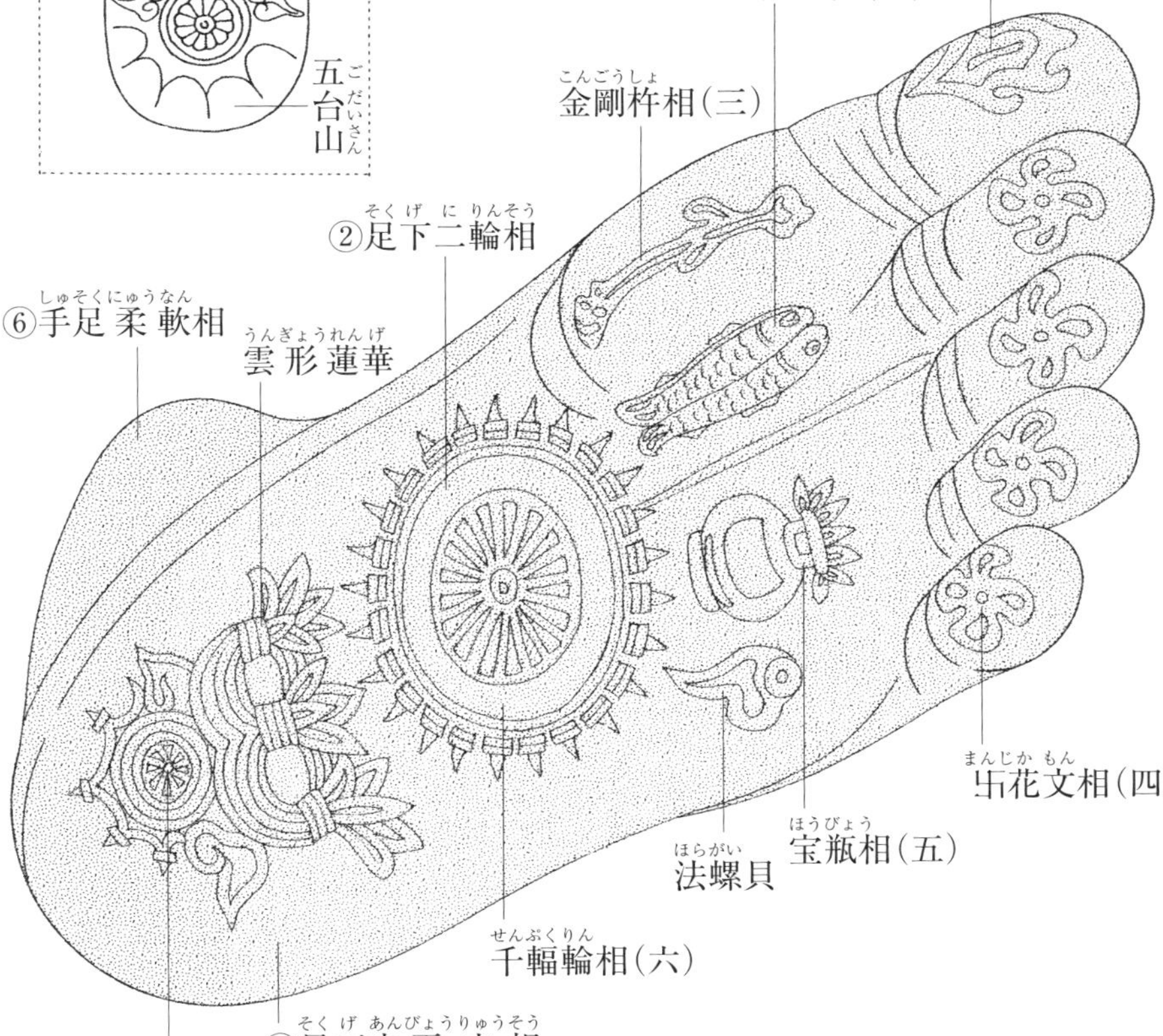

【奈良県・薬師寺《やくしじ》の薬師如来坐像《やくしにょらいざぞう》】

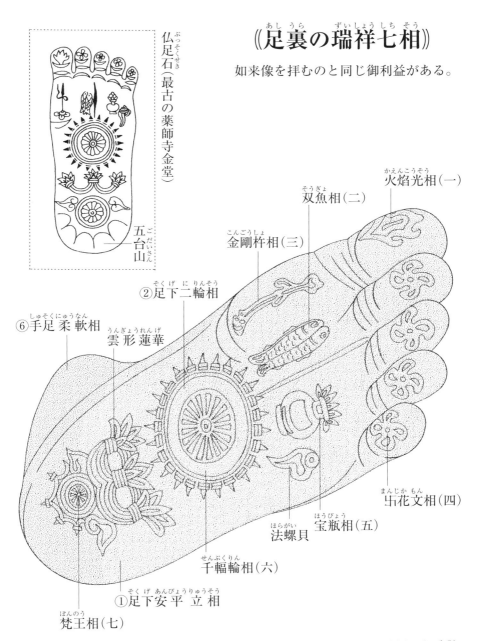

懸仏《かけぼとけ》

【奈良県・長谷寺《はせでら》蔵】

古くから宝鏡《ほうきょう》を御神体《ごしんたい》として神格化していたものを平安中期頃より神仏習合《しんぶつしゅうごう》の信仰から、鏡の裏側に神像《しんぞう》や本地仏《ほんじぶつ》をあらわして浮《うき》彫《ぼり》に鋳出《ちゅうしゅつ》して造形《ぞうぎょう》させた懸仏《かけぼとけ》が成立するに至り、その鏡を御正体《みしょうたい》と呼称され、後に円板による懸仏が造られた。奈良県・金峯山寺《きんぷせんじ》に多く見られ、遺品として神奈川県・総持寺《そうじじ》に蔵王権現《ざおうごんげん》を毛彫《けぼり》した銅板は懸仏の初期のもので、鎌倉時代まで盛んに分布したが室町末期になると衰えていった。

わが国でも宝鏡は姿見の具というより霊力をもつ神聖な宝物《ほうもつ》であった。神そのものと考えられ不祥を除く吉《きっ》祥《しょう》とされた。

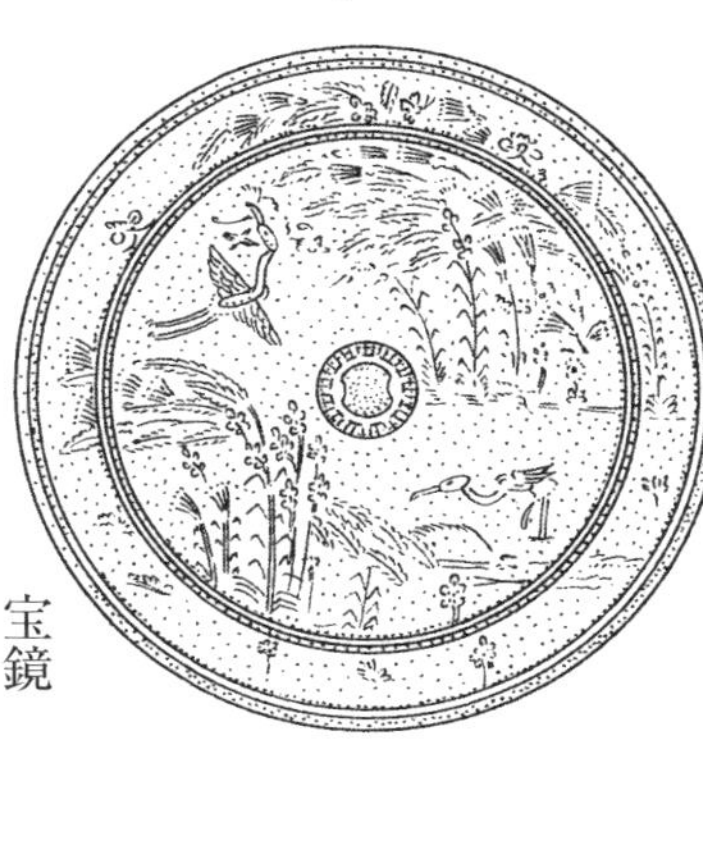

宝鏡

秘《ひ》仏《ぶつ》と印《いん》仏《ぶつ》

秘仏《ひぶつ》とは禍《わざわい》を受けるので、厨子《ずし》に納めて長く礼拝させぬ仏像。印仏《いんぶつ》とは尊を陽刻《ようこく》し、朱《しゅ》をつけ和紙《わし》に捺《お》し仏法の修法《しゅほう》に用いる。

吉祥天秘仏《きちじょうてんひぶつ》

印契《いんげい》

印契《いんげい》とは真理《しんり》に虚妄《こもう》がない意から密印《みついん》ともいう。仏と修行者が両手の指で合掌《がっしょう》させて象徴的に表現する手印《しゅいん》（印契）をいう。基本的に金剛合掌《こんごうがっしょう》と蓮華合掌《れんげ》をいう。

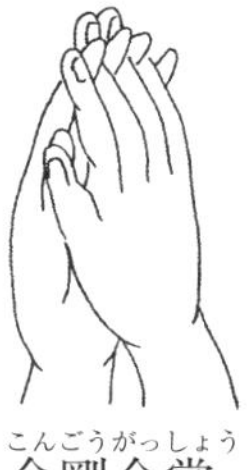

金剛合掌《こんごうがっしょう》

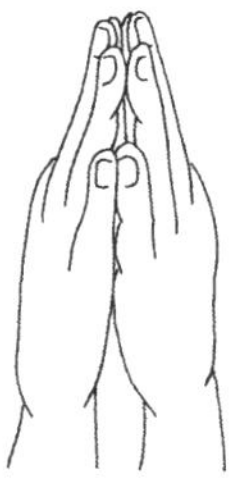

蓮華合掌《れんげがっしょう》

救世大慈《くぜだいじ》
観音菩薩《かんのんぼさつ》
妙教流通《みょうきょうりゅうつう》
東方日国《とうほうにちのくに》

聖徳太子印仏《しょうとくたいしいんぶつ》

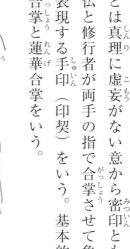

須弥壇《しゅみだん》

須弥山《しゅみせん》は四面の四宝でなり、それを摸《も》した須弥《しゅみ》壇《だん》は仏堂の内陣に仏像を安置する壇で、その四隅に北方の多聞天《たもんてん》、東方の持国天《じこくてん》、南方の増長《ぞうちょう》天《てん》、西方の広目天《こうもくてん》を配して厨子《ずし》も置くこともある。三具足《みつぐそく》などの供養具《くようぐ》は前にある経机《きょうづくえ》に置くのが一般的で、密教では尊像と修行者が一如にすることから四尺（約一・二メートル）より高い須弥壇は用いず。また須弥山の頂上に帝釈天《たいしゃくてん》が住することで須弥座か、梵天《ぼんてん》が坐《ざ》す蓮華座《れんげざ》かにするかは経典《きょうてん》では定めていない。奈良県・法輪寺《ほうりんじ》の薬師《やくし》如来《にょらい》と奈良県・法隆寺《ほうりゅうじ》金堂《こんどう》の釈迦《しゃか》如来は須弥座に配される。須弥座には四角と八角があり、岩手県・中尊寺《ちゅうそんじ》金色堂《こんじきどう》の須弥壇は四角の箱形《はこぎょう》で舎利壇《しゃりだん》は八角を配置している。

厨子《ずし》

もとは厨房《ちゅうぼう》の調度品《ちょうどひん》を納める道具から発達した厨子《ずし》に秘仏《ひぶつ》（仏像）、経巻《きょうかん》、仏舎利塔《ぶっしゃりとう》などを安置する筒形《つつぎょう》・楕円形《だえんぎょう》・箱形《はこぎょう》に正面を両面開きの扉をつけ、上部に屋根を、下部に台《だい》座《ざ》をとりつける。

三具足《みつぐそく》と六器《ろっき》

三具足《みつぐそく》は仏前供養《くよう》の華瓶《けびょう》・香炉《こうろ》・燭台《しょくだい》をいう。形式上は華瓶は香炉より高く燭台より低くする。六器《ろっき》は水などを盛る六個で一具。

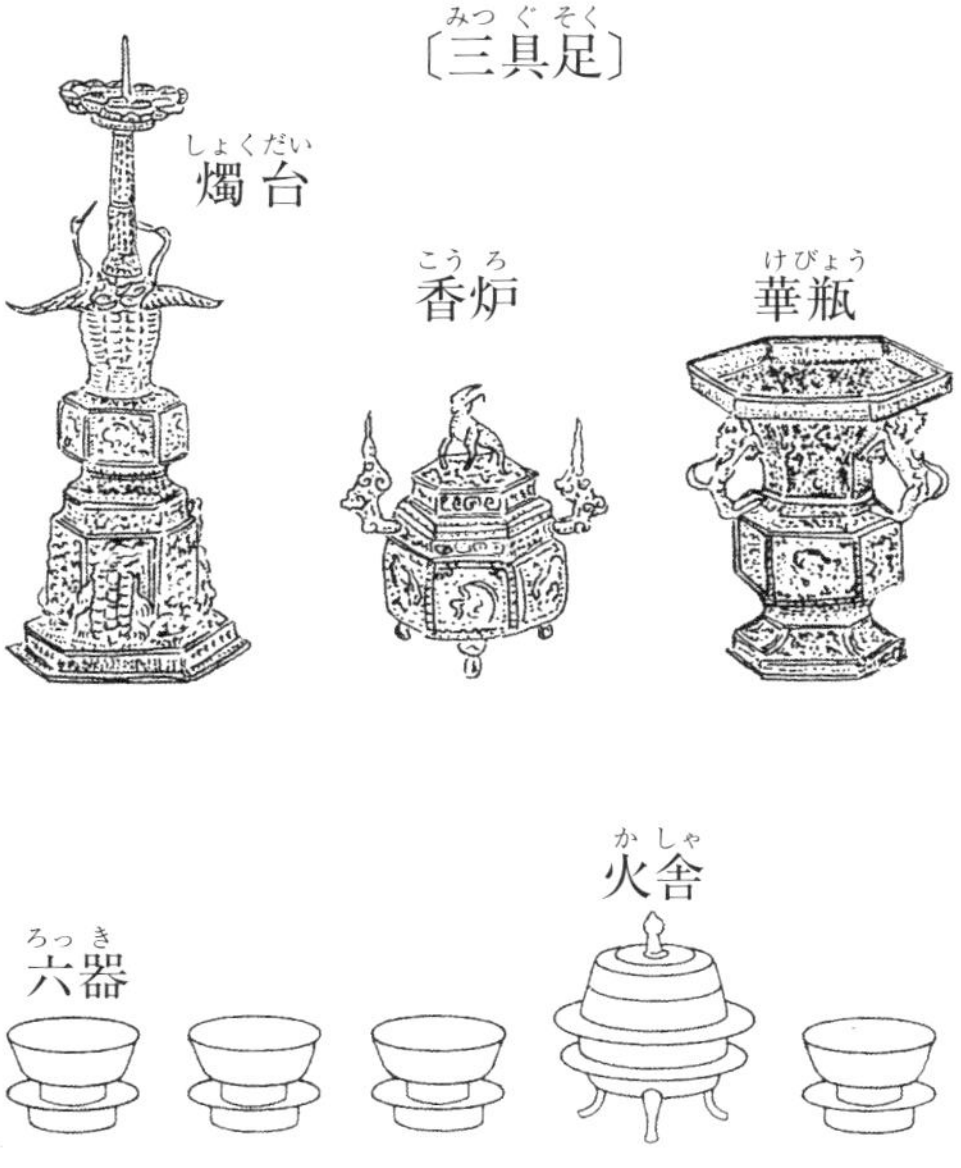

金剛杵《こんごうしょ》と金剛鈴《こんごうれい》

金剛杵《こんごうしょ》とは杵形《きねぎょう》の両端に鋭い刃をつけた武器とされたが、後に煩悩《ぼんのう》を破壊する法具となり、両端の鈷《こ》の数で呼称された。金剛鈴《こんごうれい》は金剛杵の一方に鉢《はち》を伏せたような鈴《すず》を作り、中に棒形《ぼうぎょう》の舌《した》を釣り下げて振ると妙音《みょうおん》を発して、仏《ほとけ》を歓喜《かんき》させる法具とされている。特に杵《きね》と接する鈴の上面に蓮華《れんげ》が装飾され、尊の持物《じもつ》。

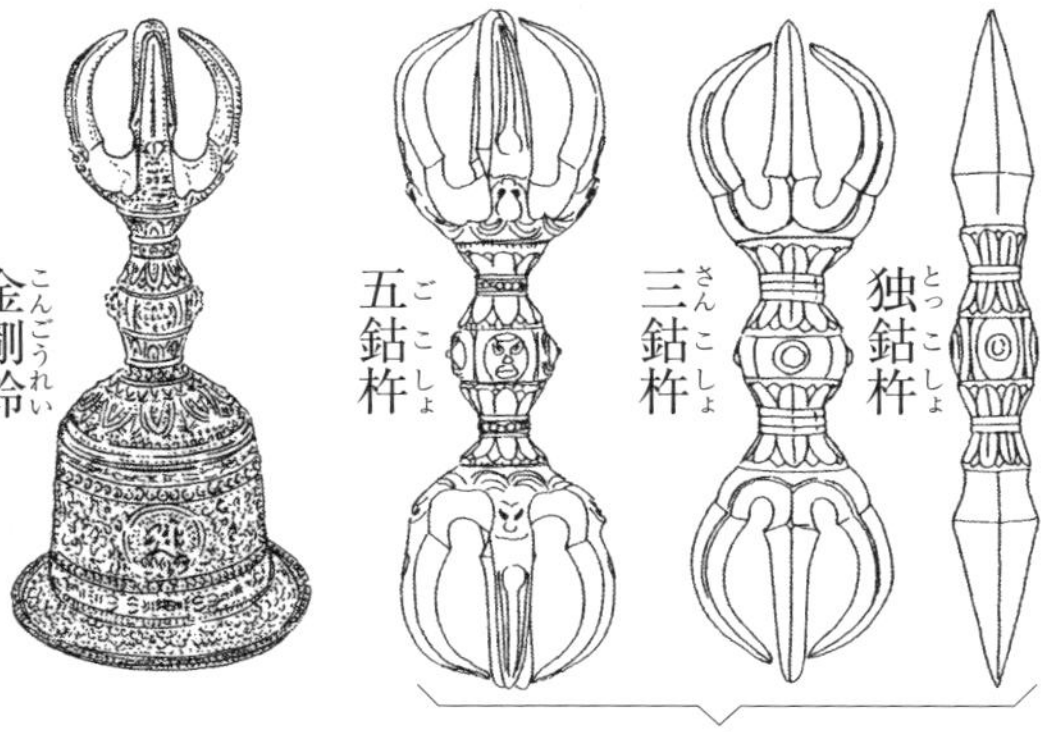

金剛杵《こんごうしょ》

華鬘《けまん》

糸や紐《ひも》で花を綴《つづ》り、首飾りの装飾品としたのが始まりとされ、仏堂の荘厳《しょうごん》に華鬘《けまん》を内陣の長押《なげし》に掛けて供養《くよう》に用いた。それは金銅の透彫《すかしぼり》の華鬘で華曼《けまん》とも呼称する。

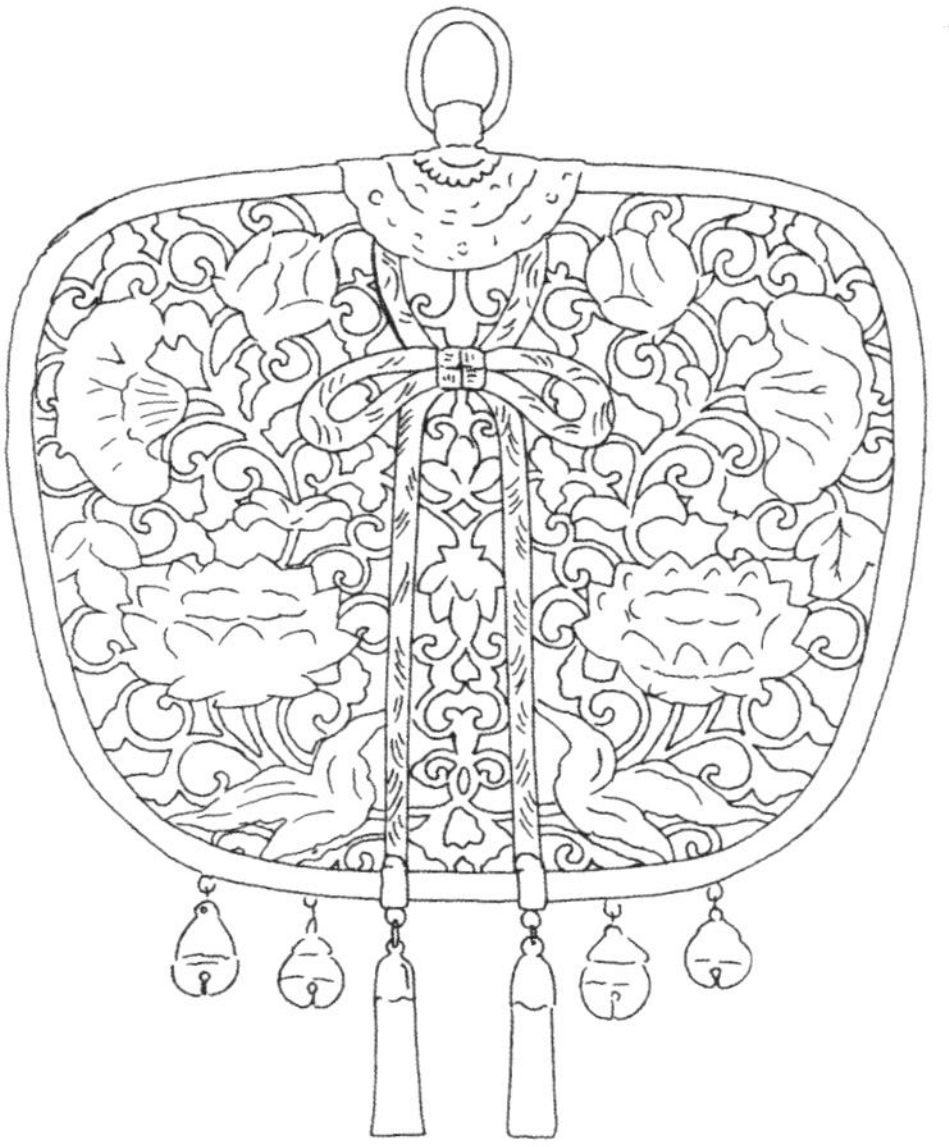

宝瓶《ほうびょう》

宝瓶《ほうびょう》は供養具《くようぐ》で水瓶《すいびょう》と華瓶《けびょう》の二種があり、水瓶は飲食供養に水を入れたもので、華瓶は恭敬《きょうけい》供養に花を挿《さ》すもので、軍持《ぐんじ》は水瓶を指し、迦羅舎《からしゃ》は宝薬《ほうやく》を入れてその口に宝華《ほうげ》を挿すことで華瓶と称している。

華籠《けこ》

仏前に香花を散華《さんげ》するのに用いる花を盛る器で、花筥《はなはこ》とも花皿《はなざら》ともいう。最初は質素に竹を編んで作り生花《いけばな》をそれに盛った。後に装飾的な銅製の透彫《すかしぼり》にして金銀を鍍《と》したものが滋賀県・神照寺《じんじょうじ》に見られる。

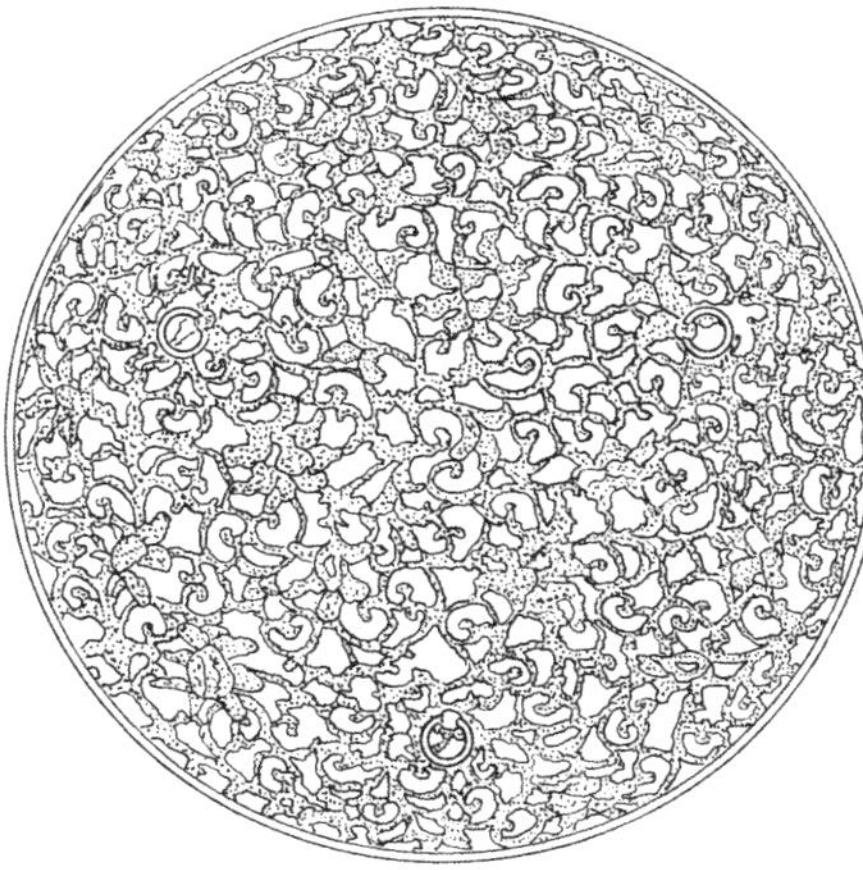

後世の華籠《けこ》には銅板の円い皿形《さらぎょう》で縁《ふち》を覆輪《ふくりん》にかけて宝相華唐草文《ほうそうげからくさもん》を透彫《すかしぼり》にした文様《もんよう》で華やかに装飾されている。

銅鑼《どら》と銅鈸《どうばつ》

銅鑼《どら》は鉦鼓《しょうご》に似た形であるが、鉦鼓は普通の鋳造《ちゅうぞう》であり銅鑼は鋳造の器《うつわ》をさらに鋳造して加え音響《おんきょう》をさらに良くしてある。また茶会の用途にも使われた。仏教では鐃《にょう》ともいう。

銅鈸《どうばつ》は二個で一対《いっつい》とし外側中央からの紐《ひも》を指に挟《はさ》んで打ち鳴らす。

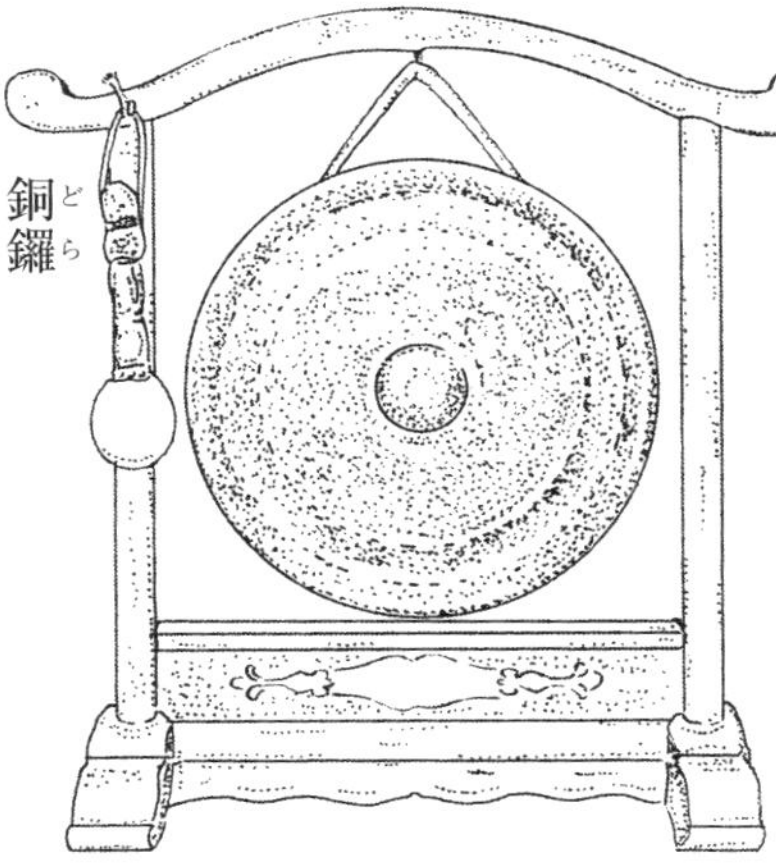

磬架《けいか》

磬《けい》の二つの紐《ちゅう》の孔《あな》に紐《ひも》を通して木制の象鼻《ぞうび》形《ぎょう》とも洲浜形《すはまぎょう》ともいう磬架《けいか》にかけて磬を丁字《ちょうじ》形《ぎょう》の撞木《しゅもく》の棒で打ち鳴らす鉦《かね》の一種。岩手県の中尊寺《ちゅうそんじ》に孔雀文《くじゃくもん》の磬が有名。

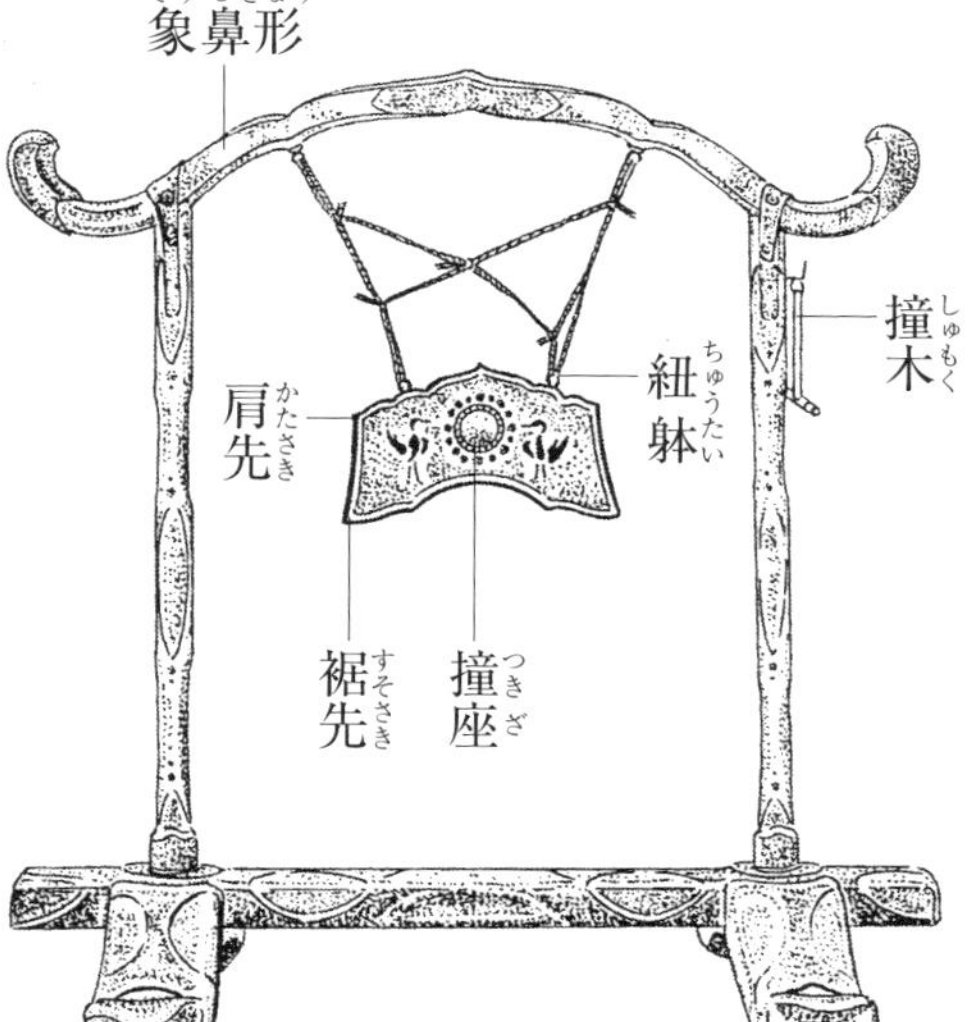

鉦鼓《しょうご》と楽太鼓《がくだいこ》

鉦鼓《しょうご》はもともと雅楽《ががく》の「鉦鼓四面」と明記されるがはっきりしない。青銅製の形で鰐口《わにぐち》を半面にし、表面は膨《ふく》らみがあり二ケ所に孔《あな》をあけた耳があり、そこに紐《ひも》を通し円台《えんだい》に吊《つ》るして撞木《しゅもく》で叩く鉦《かね》である。また二本の桴《ばち》で打つこともある。

京都府の六波羅蜜寺《ろくはらみつじ》蔵《ぞう》の空也上人《くうやしょうにん》像が鉦鼓を象鼻形《ぞうびぎょう》の架《か》にかけて踊り歩いたのが始まりとされている珍しい鉦《かね》である。

わが国では鉦《かね》と鼓《つづみ》はもともと別器である二種器を一器として称している。

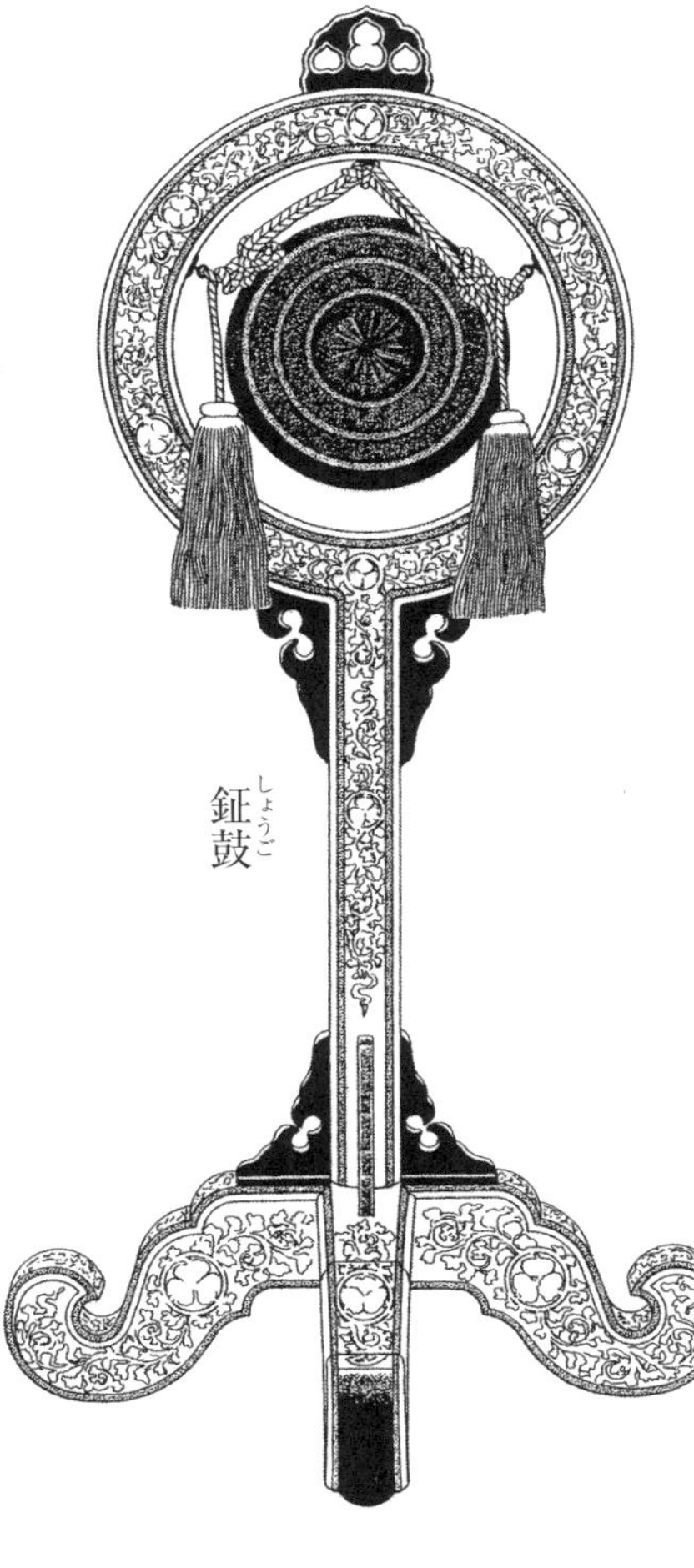

鉦鼓《しょうご》

雅楽《ががく》に用いた太鼓ともいわれて、仏教では大太鼓《だだいこ》とも釣太鼓《つりだいこ》ともいう。

楽太鼓《がくだいこ》

宝輪《ほうりん》

仏教において仏の説法で衆生《しゅじょう》の煩悩《ぼんのう》を破壊することでその説法を転法輪《てんぼうりん》と称しての法具のひとつ。その形制《ぎょうせい》は轂《こく》という輪《りん》の中心をつくり、八本の輻《ふく》と外輪《がいりん》とその外側の突起物の鋒《ほう》とから成り立っている。

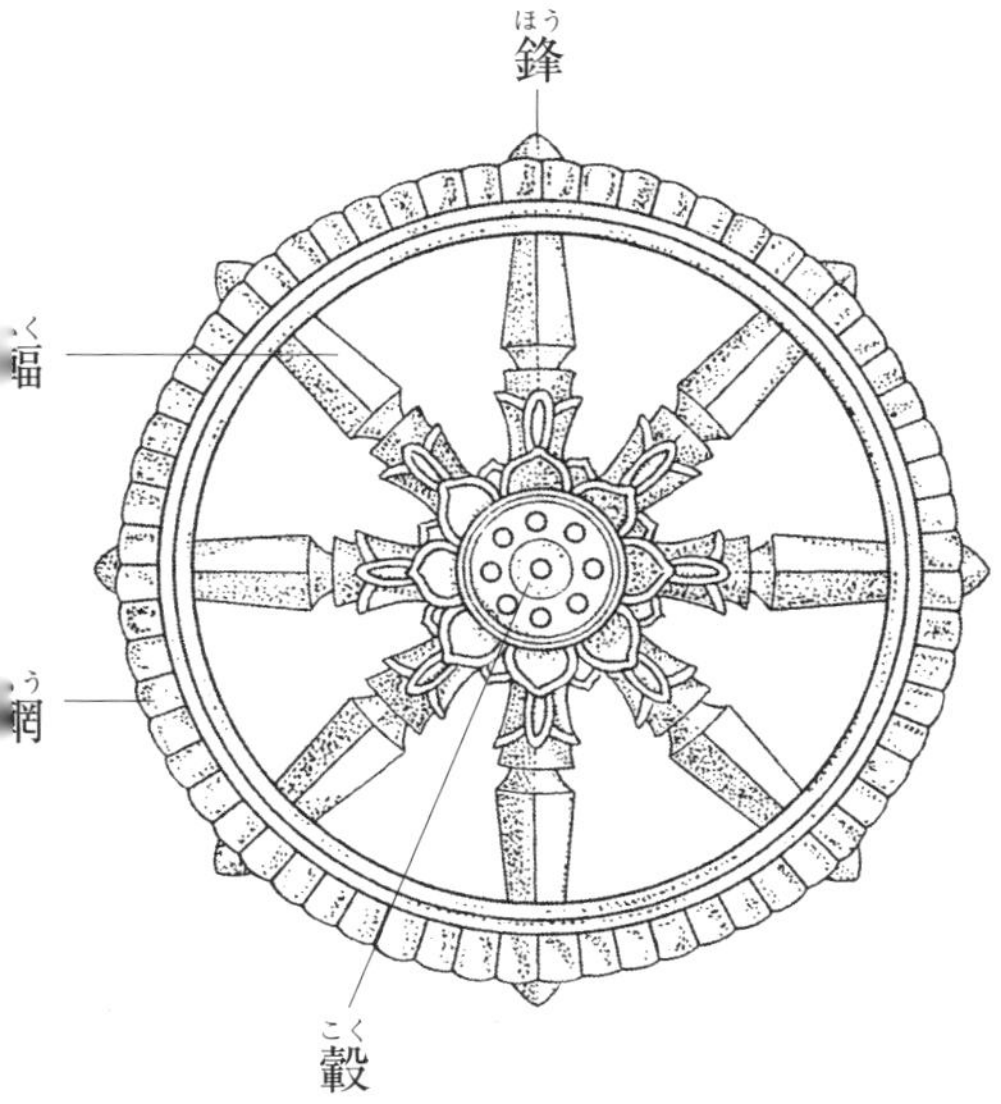

雲版《うんばん》

輪郭《りんかく》を雲形《うんぎょう》につくったことの名称であり、僧への睡眠の目覚《めざめ》のため、坐禅《ざぜん》をやめる合《あい》図《ず》、食事の時を知らせる梵音具《ぼんおんぐ》であり、斎《さい》板《ばん》・板鐘《ばんしょう》・雲板《うんばん》などの異称もある。宮城県の瑞巌寺《ずいがんじ》蔵の嘉暦元年の代表作もあり、それは上辺には柱に吊るための孔《あな》がある。

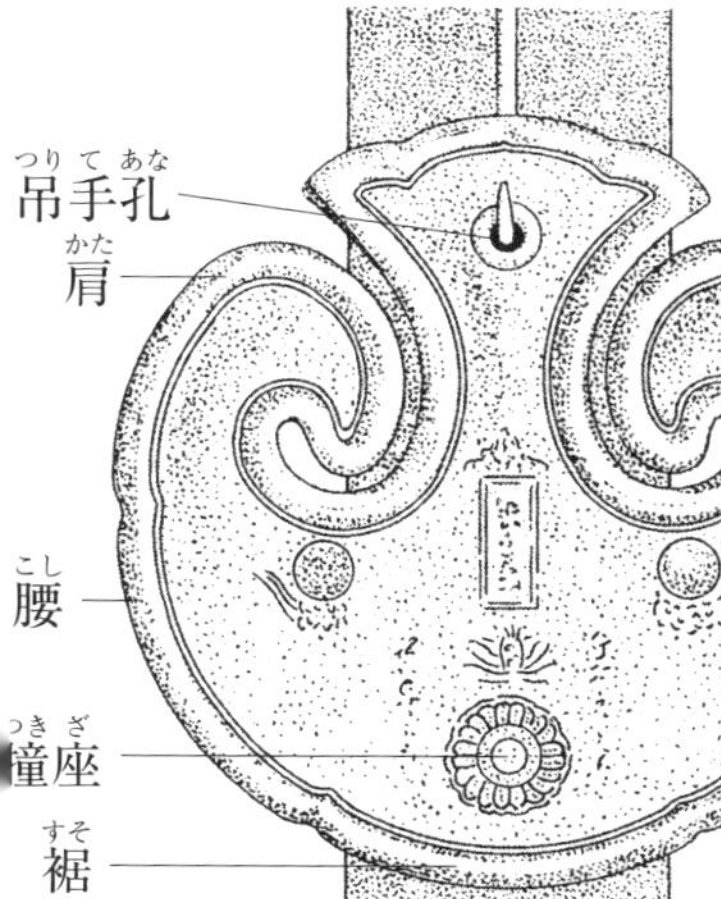

荷太鼓《にないだいご》

雅楽《ががく》の太鼓《たいこ》を法会などで担《かつ》ぎ棒を通して二人で歩きながら打った太鼓のこと。一人で両面を打つこともある法具《ほうぐ》（仏《ぶつ》具《ぐ》）の一種で、さらに楽太鼓《がくだいこ》、鉦鼓《しょうご》、双盤《そうばん》、磬《けい》、雲版《うんばん》、銅《ど》鑼《ら》などを伽藍《がらん》の用途に使うものができたとされている。さらに金剛名《こんごうめい》を付けた法具ができる。

双盤《そうばん》

撞木《しゅもく》でひとつの盤《ばん》の両面を打ち鳴らしたものがふたつにして双盤《そうばん》となったとされる。もともと伏鉦《ふせがね》の一種である。

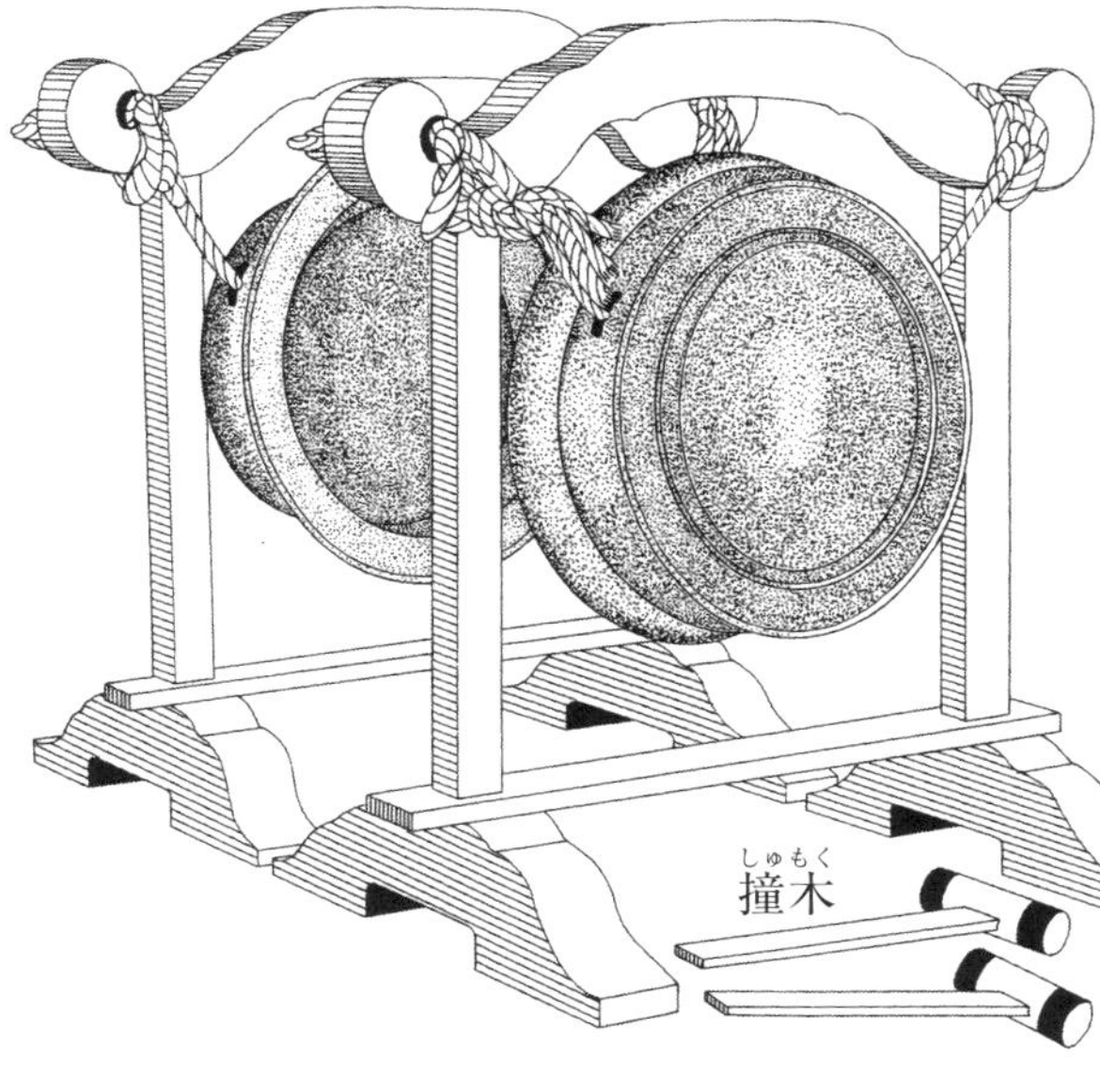

如意《にょい》

背中の痒《かゆ》いところを如意《にょい》（思いのまま）にする僧具名から説法における儀《ぎ》礼《れい》用の威儀《いぎ》具で、柄に備忘《びぼう》文を書いていた。

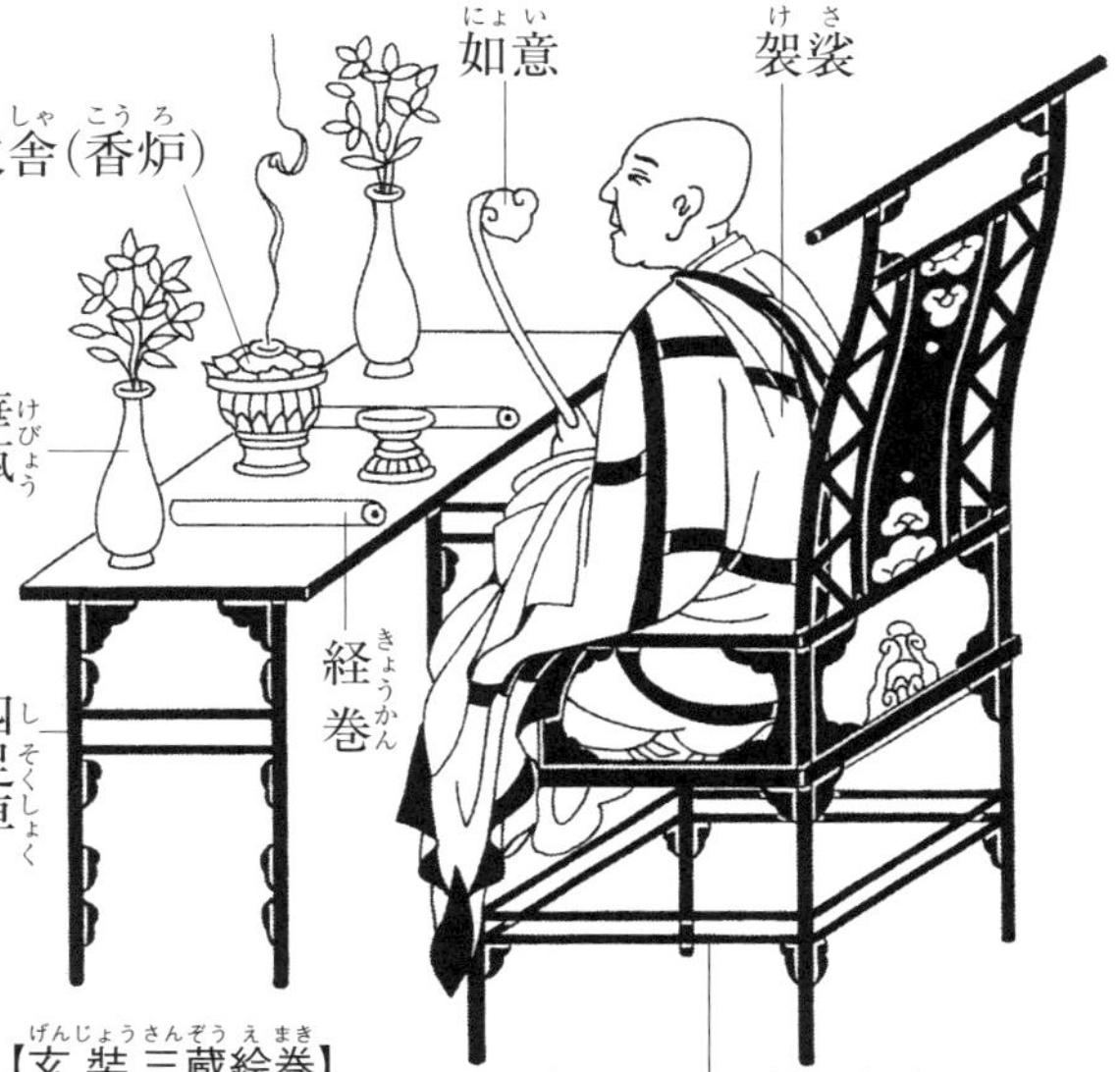

【玄奘三蔵絵巻《げんじょうさんぞうえまき》】

火舎《かしゃ》と木魚《もくぎょ》

火舎《かしゃ》は仏を供養《くよう》し、不浄を払うために香《こう》を焚《た》く器で、仏教の隆盛とともに使用された。平安時代になるとこれで和服や室内に香を焚いたりして香炉《こうろ》と呼称されて二階棚《にかいだな》という調度品に配置した。

木魚《もくぎょ》は魚形《ぎょぎょう》の仏具《ぶつぐ》のひとつとして惰性僧《だせいそう》の不眠勉学を悟《さと》し戒《いまし》めるために使用された。読《ど》経《きょう》唱名《しょうみょう》に合わせる用途にもなった。

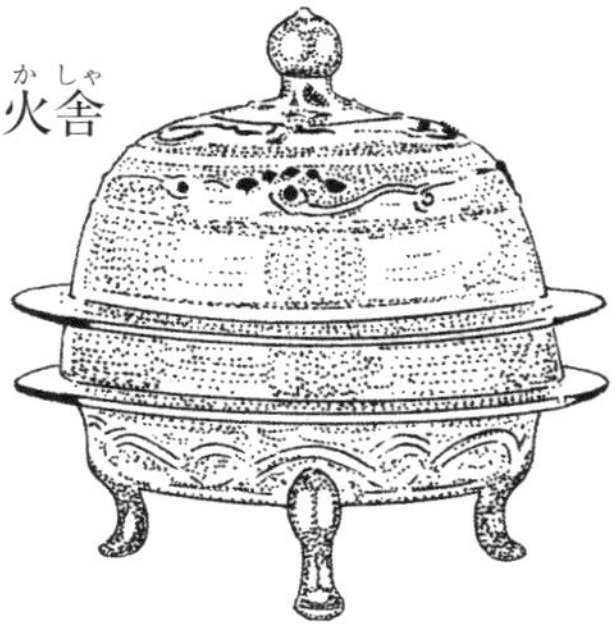

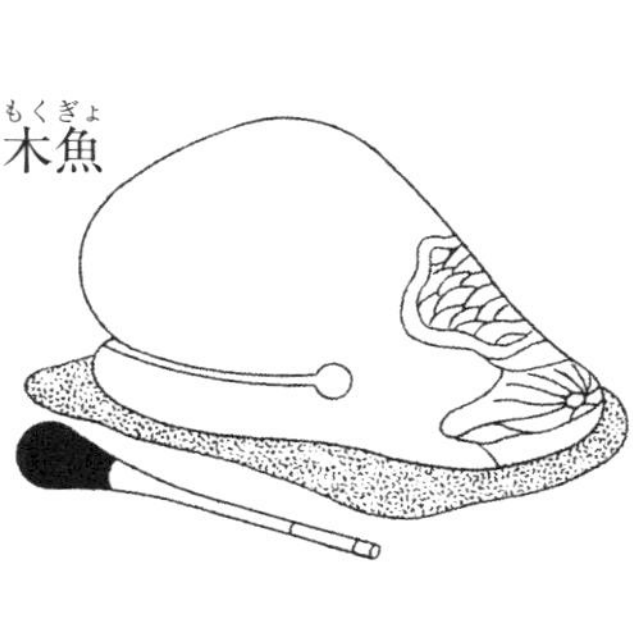

倶《く》利《り》迦《か》羅《ら》龍《りゅう》王《おう》剣《けん》

不動明王《ふどうみょうおう》の化身《けしん》の象徴《しょうちょう》とされる倶利迦羅《くりから》龍王《りゅうおう》が剣《けん》に巻き付き剣先を呑み込み四本足に降三世《ごうざんぜ》明王・軍荼利《ぐんだり》明王・大威徳《だいいとく》明王・金《こん》剛夜叉《ごうやしゃ》明王の四大明王がとりつく。

釣鐘《つりがね》

寺院では梵鐘《ぼんしょう》という。鐘楼《しょうろう》に吊《つ》るす甕形《かめぎょう》で下方に向け大きな口の青銅製で、撞木《しゅもく》で叩き鳴らし、時を伝える。

干支《えと》の守《まも》り本尊《ほんぞん》

自身の生《うま》れ年の干支《えと》には安全と運勢を守る本尊《ほんぞん》があります。また有縁日《うえんにち》という特別に縁《えん》がある日に参詣《さんけい》すると功徳《くどく》があるとされている。それは子《ね》は十七日、丑《うし》・寅《とら》は十三日、卯《う》は二十五日、辰《たつ》・巳《み》は二十四日、午《うま》は二十三日、未《ひつじ》・申《さる》は八日、酉《とり》は二十八日、戌《いぬ》・亥《い》は二十三日としている。

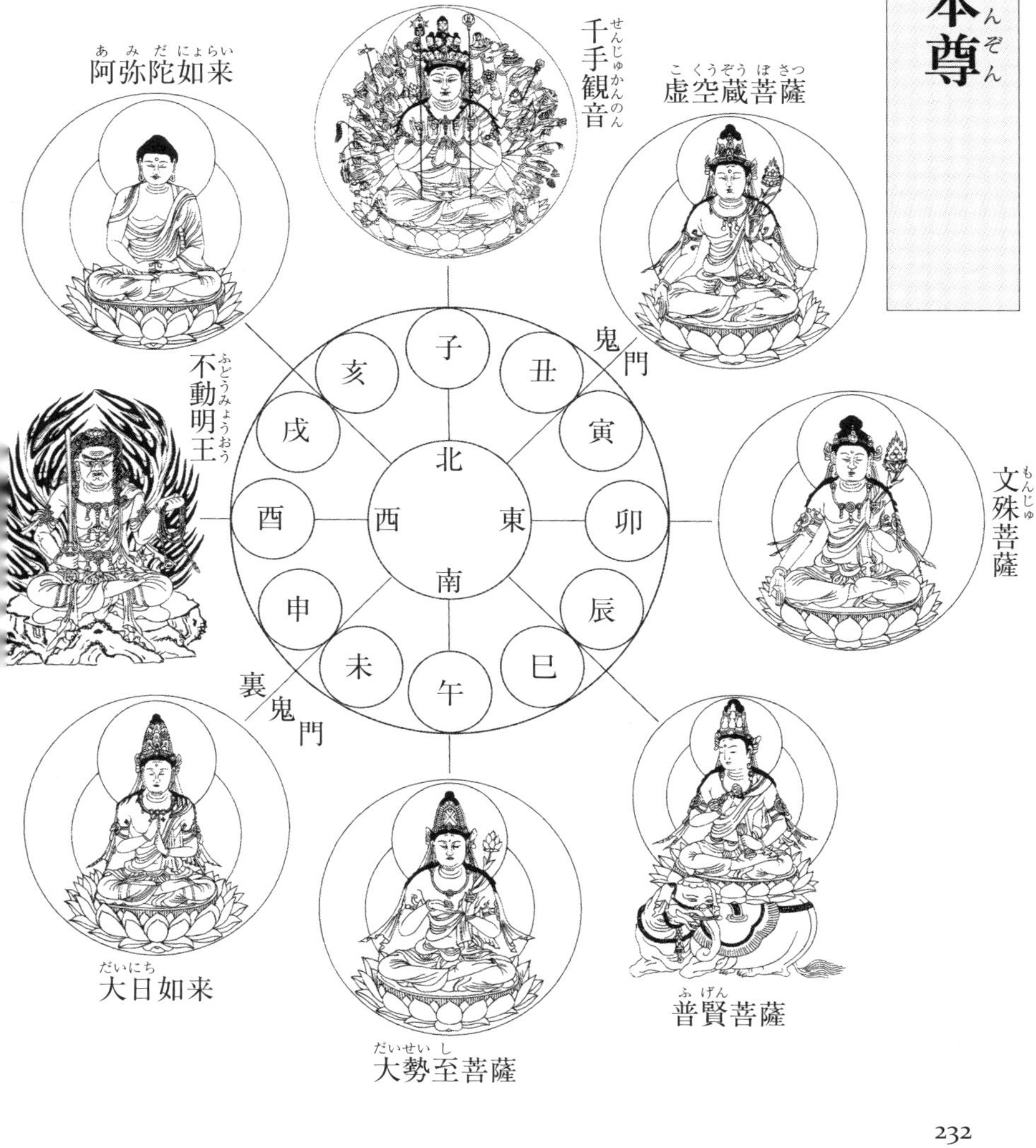

卵塔《らんとう》と五輪塔《ごりんとう》

卵塔《らんとう》は蘭塔《らんとう》とも書き、僧の墓石とされているが無縫塔《むほうとう》とも呼び広く用いられる。

五輪塔《ごりんとう》は古くは仏舎利《ぶっしゃり》を按ずる仏塔《ぶっとう》であるが、仏教では供養《くよう》の墓石塔として用いる。五《ご》輪《りん》とは下から方形《ほうぎょう》、円《えん》形、三角《さんかく》形、半月《はんがつ》形、宝珠《ほうじゅ》形に梵字《ぼんじ》を刻印する。

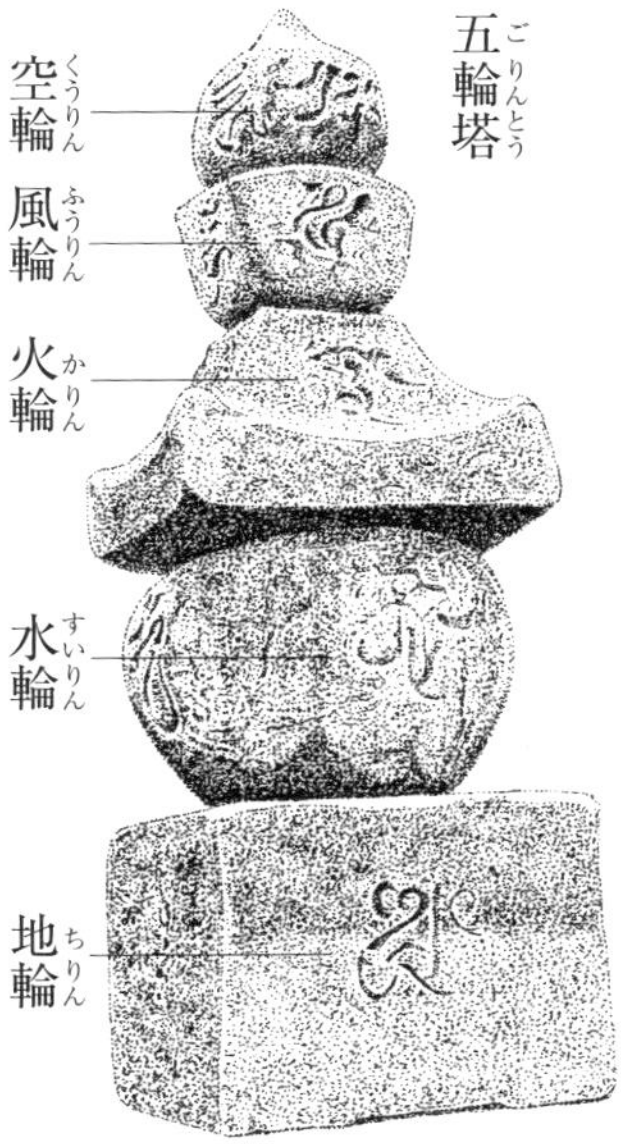

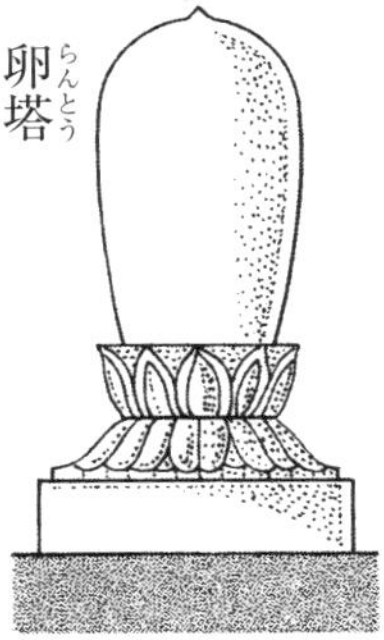

多宝塔《たほうとう》

はじめは釈迦《しゃか》の廟《びょう》として仏舎利《ぶっしゃり》を埋納することで宝塔《ほうとう》に裳階《もこし》（軒下の壁面に付けた庇《ひさし》）を付けた重層宝塔の意から多宝塔《たほうとう》と称された。また多宝如来《にょらい》の塔とする意から多宝塔と呼称された異説もある。

さらに密教の隆盛に伴い、法華経《ほっけきょう》の名目とも重なって多くの多宝塔が建立《こんりゅう》した。

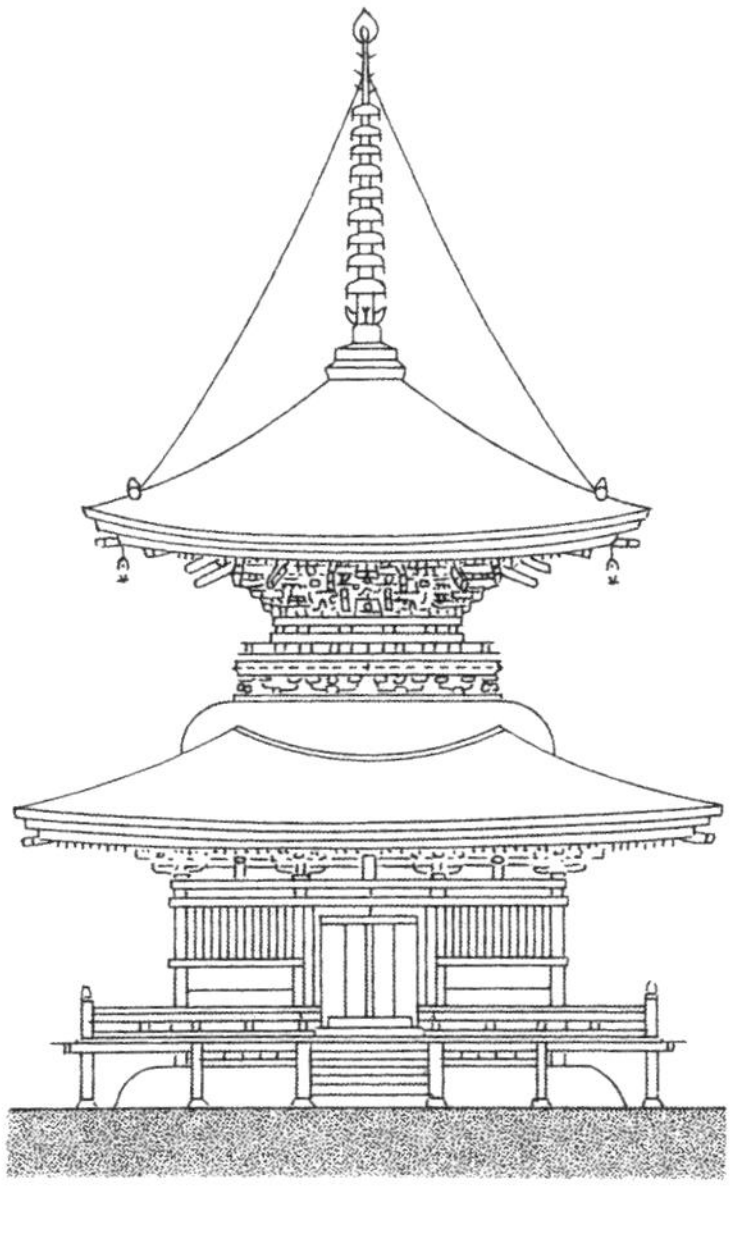

鳳《ほう》凰《おう》

瑞鳥《ずいちょう》で雄《おす》は鳳《ほう》、雌《めす》は凰《おう》という想像上の神鳥の長《おさ》とされている。八咫烏《やたがらす》（三本足）は太陽に住む神話上の烏《からす》。

八咫烏《やたがらす》

鶬鴰《そうかつ》（真鶴《まなづる》）

『記紀《きき》』によると古くからまなづると呼ばれ亀とともに長寿の象徴とされる吉祥《きっしょう》の鳥と記される。鶴《つる》が人間の赤ん坊を連れてきて高木の樹にて世話をする俗信は鸛《こうのとり》のことで誤称されている。

迦陵頻伽《かりょうびんが》

極楽浄土に住する童女面で比類なき仏陀《ぶっだ》の声をもつ人頭鳥身の鳳凰で、仏殿の荘厳の華《け》鬘《まん》に見られる。

青龍《しょうりゅう》

東方の青龍《しょうりゅう》は神秘的《しんぴてき》な神霊獣《しんれいじゅう》として守護を祈り、災難を防ぐとされ、神社の拝殿《はいでん》の天井に瑞雲《ずいうん》に乗る青龍を描き神聖視《しんせいし》した。

参考文献

大正新修大蔵経《たいしょうしんしゅうだいぞうきょう》 図像《ずぞう》

十巻抄《じっかんしょう》

覚禅鈔《かくぜんしょう》

別尊雑記《べっそんざっき》

諸尊図像本《しょそんずぞうほん》

醍醐寺図像本《だいごじずぞうほん》

高雄曼荼羅図像本《たかおまんだらずぞうほん》

密教《みっきょう》 図像集《ずぞうしゅう》

の粉本《ふんぽん》や転写の模本《もほん》による。

旒旗　りゅうき　169
龍華樹下　りゅうげじゅか　20
龍索　りゅうさく　166
龍樹菩薩　りゅうじゅぼさつ　92
龍頭　りゅうず　210
龍笛　りゅうてき　189
龍女　りゅうにょ　76・184
両頭愛染明王　りょうとうあいぜんみょうおう　112
輪王坐　りんのうざ　48
輪法　りんぽう　67
輪法座　りんぽうざ　75
輪法瓔珞　りんぽうようらく　97
流沙　るさ　146
盧舎那仏　るしゃなぶつ　14
蓮華形火焰法輪　れんげぎょうかえんほうりん　90
蓮華形台座　れんげぎょうだいざ　41
蓮華形宝冠　れんげぎょうほうかん　61
蓮華座　れんげざ　25
蓮華手　れんげしゅ　57
蓮華蔵世界　れんげぞうせかい　14
蓮華足座　れんげそくざ　58
蓮華台　れんげだい　25・67
蓮華台火焰形宝珠　れんげだいかえんぎょうほうじゅ　149
蓮華台宝塔　れんげだいほうとう　145
蓮華天冠台　れんげてんかんだい　167
蓮華の蕾　れんげのつぼみ　174
蓮華瓔珞　れんげようらく　115
蓮肉　れんにく　93
蓮弁　れんべん　55・135
老仙形　ろうせんぎょう　160
鹿衣観音　ろくえかんのん　46
六観音　ろくかんのん　48
六牙　ろくげ　74
六地蔵菩薩　ろくじぞうぼさつ　80
六趣　ろくしゅ　196
六道　ろくどう　34・196
鹿皮衣　ろくひえ　46
六臂像　ろくぴぞう　48
露足　ろそく　39・57・123
六臂六脚　ろっぴろくきゃく　106

〈わ〉

腕釧　わんせん　25・37

弥勒如来仏　みろくにょらいぶつ　20
弥勒仏　みろくぶつ　64
弥勒菩薩　みろくぼさつ　64
弥勒来迎　みろくらいごう　20
無畏観自在菩薩　むいかんじざいぼさつ　52
無畏十力吼菩薩　むいじっりきくぼさつ　88
無垢光　むくこう　70
無礙自在　むげじざい　34
無障礙観自在　むしょうげかんじざい　48
筵座　むしろざ　51・133・161
胸懸　むながい　71・121
胸飾り　むなかざり　73
無熱達池　むねつたっち　128
胸布　むねぬの　119・189
無能勝明王　むのうしょうみょうおう　110
無辺音声仏頂　むへんおんじょうぶっちょう　28
無憂最勝吉祥如来　むゆうさいしょうきちじょうにょらい　12
無憂世界　むゆうせかい　12
無量音声仏頂　むりょうおんじょうぶっちょう　30
無量寿経　むりょうじゅきょう　4
無量寿如来　むりょうじゅにょらい　4
無量の光明　むりょうのこうみょう　30
無量力吼菩薩　むりょうりきくぼさつ　88
冥途の三途の川　めいどのさんずのかわ　80
馬頭　めず　95・196
馬鳴菩薩　めみょうぼさつ　94
蒙古　もうこ　146
裳（裙）も（くん）　5・69・201
木造五大虚空蔵菩薩坐像　もくぞうごだいこくうぞうぼさつざぞう　78
髻　もとどり　41・155
髻形宝冠　もとどりぎょうほうかん　69
髻宝冠　もとどりほうかん　55
元結紐　もとゆいひも　137・169
文殊院　もんじゅいん　68
文殊師利　もんじゅしり　66
文殊師利法宝蔵陀羅尼経　もんじゅしりほうほうぞうだらにきょう　70
文殊菩薩　もんじゅぼさつ　66

〈や〉

薬師経　やくしきょう　10
薬師如来　やくしにょらい　10
薬師瑠璃光七仏　やくしるりこうしちぶつ　12
薬師瑠璃光浄土　やくしるりこうじょうど　84
薬師瑠璃光如来　やくしるりこうにょらい　10
夜叉女　やしゃめ　156
八咫烏　やたがらす　174
薬壺　やっこ　10
柳　やなぎ　45
維摩　ゆいま　66
維摩経　ゆいまきょう　66
遊戯坐　ゆうげざ　95・131・151
瑜伽論記　ゆかろんき　162・196
瑜祇経　ゆぎきょう　24
遊行　ゆぎょう　70
夢違い観音　ゆめちがいかんのん　36
夢殿　ゆめどの　38
腰甲　ようこう　143・191
養蚕機織りの神　ようさんはたおりのかみ　94
腰手印　ようしゅいん　169
腰帯　ようたい　129
腰帯紐　ようたいひも　135
瓔珞　ようらく　16・177
楊柳観音　ようりゅうかんのん　58
楊柳枝薬法　ようりゅうしやくほう　58
与願印　よがんいん　3・41
与願指　よがんし　123
欲金剛　よくこんごう　96
横笛　よこぶえ　189
夜の神　よのかみ　166

〈ら〉

礼冠形宝冠　らいかんぎょうほうかん　129
来迎印　らいごういん　8
来迎雲　らいごううん　149
雷電吼菩薩　らいでんくぼさつ　88
礼服　らいふく　130
羅漢　らかん　204
羅刹天　らせつてん　164
羅刹天女　らせつてんにょ　164
螺髪　らほつ　13
理趣釈　りしゅしゃく　72
龍王吼菩薩　りゅうおうくぼさつ　88
龍王尾　りゅうおうび　129

宝棒　ほうぼう　51・123・142
宝鉾　ほうほこ　181
宝物　ほうもつ　40
法隆寺仏躰数量記　ほうりゅうじぶったいすうりょうき　40
法輪　ほうりん　23・55
宝輪　ほうりん　29・107
宝輪形蓮華　ほうりんぎょうれんげ　25
法輪座　ほうりんざ　181
法輪手　ほうりんしゅ　48・89
法輪宝冠　ほうりんほうかん　157
宝蓮華座　ほうれんげざ　59・93
菩薩相　ぼさつそう　42
菩提（悟り）ぼだい（さとり）　18
菩提心　ぼだいしん　22・96
法界虚空蔵　ほっかいこくうぞう　78
法界定印　ほっかいじょういん　18
法界体性智　ほっかいたいしょうち　16
法界法印　ほっかいほういん　24
法華経　ほっけきょう　76・146
法華経観世音菩薩普門品　ほっけきょうかんぜおんぼさつふもんぼん　56
法華経提婆達多品　ほっけきょうだいばだったぼん　76
法身仏　ほっしんぶつ　14
払子　ほっす　45・131
布袋　ほてい　210
仏の足　ほとけのあし　48
仏の理　ほとけのことわり　18
仏の智　ほとけのち　16
法螺貝　ほらがい　55・179
本願経　ほんがんきょう　86
梵篋　ぼんきょう　68
本地仏　ほんじぶつ　38
梵釈　ぼんしゃく　132
梵釈二尊　ぼんしゃくにそん　130
誉田別尊　ほんだわけのみこと　200
梵天　ぼんてん　2
煩悩　ぼんのう　46・143
本面　ほんめん　42
梵網経　ぼんもうきょう　14

〈ま〉

前楯　まえだて　137・165
前立形宝冠　まえだてぎょうほうかん　149
摩竭魚　まかつぎょ　53
摩竭幢　まかつどう　97
摩訶不思議　まかふしぎ　36
摩醯伊湿伐羅　まけいしゅばら　178
摩醯首羅天　まけいしゅらてん　178
馬口印　まこういん　51
末法思想　まっぽうしそう　20
摩尼宝珠　まにほうじゅ　38
守り本尊　まもりほんぞん　26
魔除　まよけ　190
摩利支天　まりしてん　180
満願印　まんがんいん　159
慢金剛　まんこんごう　96
曼荼羅次第儀軌法　まんだらしだいぎきほう　106
未開敷合掌手　みかいふがっしょうしゅ　127
未開敷蓮華　みかいふれんげ　35・71・131
見返り阿弥陀如来　みかえりあみだにょらい　6
右脇侍　みぎわきじ　2
巳神　みしん　86
角髪　みずら　157・207
弥陀　みだ　4
密印　みついん　172
密教　みっきょう　16
密教像　みっきょうぞう　142
密迹金剛　みつしゃくこんごう　136
密接不離　みっせつふり　18
三つ目（仏眼）みつめ（ぶつげん）　46
三つ目三面相　みつめさんめんそう　131
三つ目六臂像　みつめろくぴぞう　112
妙音天　みょうおんてん　152
妙観察智　みょうかんざつち　16
妙吉祥菩薩　みょうきちじょうぼさつ　66
妙見菩薩　みょうけんぼさつ　94・184
妙宝珠鬘の冠　みょうほうじゅかずらのかんむり　60
妙宝世界　みょうほうせかい　12・60
未来仏　みらいぶつ　20
弥勒如来　みろくにょらい　20

仏眼尊　ぶつげんそん　24
仏眼仏母　ぶつげんぶつも　24
仏眼仏母尊　ぶつげんぶつもそん　24
仏嗣弥勒　ぶっしみろく　64
仏説延命普賢菩薩金剛最勝陀羅尼経
ぶっせつえんめいふげんぼさつこんごうさいしょうだらにきょう　74
仏尊　ぶっそん　16
仏陀　ぶっだ　2・64
仏頂尊　ぶっちょうそん　28
仏伝　ぶつでん　2
仏法守護神　ぶっぽうしゅごしん　130
仏母　ぶつも　22
不動の使者　ふどうのししゃ　100
不動八大童子　ふどうはちだいどうじ　122
不動明王　ふどうみょうおう　100
不二の法門　ふにのほうもん　66
踏割蓮華座　ふみわりれんげざ　31
部母　ぶも　22
忿怒瞋怖畏形　ふんぬしんふいぎょう　100
忿怒裸形　ふんぬらぎょう　56
蔽膝　へいしつ　135・157
遍吉菩薩　へんきつぼさつ　72
変化観音　へんげかんのん　34
変化形　へんげぎょう　58
変化仏　へんげぶつ　78
辯財天　べんざいてん　152
辯才天　べんざいてん　152
偏衫　へんさん　11・201
偏袒右肩　へんたんうけん　16
偏袒衣　へんたんえ　201
遍知院　へんちいん　24
遍知眼　へんちげん　24
辯天様　べんてんさま　152
弁髪　べんぱつ　100
暴悪相　ぼうあくそう　42
鳳凰　ほうおう　82
宝王冠　ほうおうかん　197
鳳凰形宝冠　ほうおうぎょうほうかん　83
鳳凰頭箜篌　ほうおうずくご　53
法海雷音如来　ほうかいらいおんにょらい　12
法海勝慧遊戯神通如来　ほうかいしょうえゆうげじんつうにょらい　12
宝羯磨杵　ほうかつましょ　78
宝冠　ほうかん　16・65
宝冠台　ほうかんだい　143
宝弓　ほうきゅう　103・181
宝篋　ほうきょう　55・177
宝鏡　ほうきょう　67・133
宝鏡冠　ほうきょうかん　56
宝髻（五髻）　ほうけい（ごけい）　71
宝髻文殊菩薩　ほうけいもんじゅぼさつ　68
宝月智厳光音自在王如来　ほうげつちごんこうおんじざいおうにょらい　12
宝華杯　ほうげはい　172
宝剣　ほうけん　103・179
宝鉤　ほうこう　105・179
豊作の功徳　ほうさくのくどく　91
宝珠　ほうじゅ　29
宝珠形化仏宝冠　ほうじゅぎょうけぶつほうかん　59
宝珠形光背　ほうじゅぎょうこうはい　38
宝珠形頭光　ほうじゅぎょうずこう　113
宝珠形宝冠　ほうじゅぎょうほうかん　23・93
鳳首箜篌　ほうしゅくご　52
宝珠幢　ほうじゅどう　55・179
宝珠捧持菩薩　ほうじゅほうじぼさつ　38
宝珠手　ほうじゅしゅ　39
豊穣　ほうじょう　152
宝杖　ほうじょう　111
宝生如来　ほうしょうにょらい　16
宝飾　ほうしょく　97
宝箭　ほうせん　103・181
宝蔵天女　ほうぞうてんにょ　150
宝蔵天女陀羅尼経　ほうぞうてんにょだらにきょう　150
法蔵菩薩　ほうぞうぼさつ　4
宝鐸　ほうたく　97
宝刀　ほうとう　193
法塔　ほうとう　67
宝塔　ほうとう　142
宝幢　ほうどう　107・170
法幢世界　ほうどうせかい　12
宝幢如来　ほうどうにょらい　18
宝鉢手　ほうはつしゅ　31・45
宝鬘　ほうばん　55
宝筆　ほうひつ　141
宝斧　ほうふ　87

皮沓　ひくつ　165
肘釧　ひじせん　41
毘舎浮仏　びしゃふぶつ　2
秘術如意法　ひじゅつにょいほう　106
毘紐天　びしゅてん　190
臂釧　ひせん　23・131・193
左脇侍　ひだりわきじ　2
未神　ひつじしん　86
飛天女人　ひてんにょにん　188
単衣　ひとえ　201・203
毘那夜迦天　びなやかてん　192
毘婆尸仏　びばしぶつ　2
秘仏　ひぶつ　38・134
神籬　ひもろぎ　203
白糸　びゃくいと　95
白雲　びゃくうん　95
白雲形　びゃくうんぎょう　181
白衣　びゃくえ　56
白衣印　びゃくえいん　56
白衣観音　びゃくえかんのん　56
白衣頭巾　びゃくえずきん　57
白開敷蓮華　びゃくかいふれんげ　57
白鵝鳥座　びゃくがちょうざ　130
白顔　びゃくがん　134
白亀　びゃくき　166
白裙　びゃくくん　57
白牙　びゃくげ　113・193
白牙出現相　びゃくげしゅつげんそう　42
白毫　びゃくごう　3・73・143
白傘蓋仏頂　びゃくさんがいぶっちょう　30
白獅子　びゃくしし　52・145
白蛇脚釧　びゃくじゃきゃくせん　105
白蛇索　びゃくじゃさく　147
白水牛　びゃくすいぎゅう　51・179
白垂髪　びゃくすいはつ　77
白象　びゃくぞう　73・132・148
白象形裳袴　びゃくぞうぎょうもこ　147
白象宝　びゃくぞうほう　29
白大象王　びゃくだいぞうおう　74
白檀　びゃくだん　36
白茶の雲　びゃくちゃのうん　87
白猪　びゃくちょ　180
白馬　びゃくば　94
白髪銀髯　びゃくはつぎんぜん　160
白裳　びゃくも　57・105
白龍　びゃくりゅう　94
白龍雲座　びゃくりゅううんざ　129
白蓮華　びゃくれんげ　68
白緑の雲　びゃくろくのうん　85
氷掲羅天　ひょうぎゃらてん　158
平等王　びょうどうおう　162
平等殺者　びょうどうさっしゃ　162
平等性智　びょうどうしょうち　16
瓶宝　びょうほう　29
畢哩孕迦羅　ひりようから　158
毘盧遮那如来　びるしゃなにょらい　14
鰭袖　ひれそで　67・129・157
琵琶　びわ　152
賓頭盧　びんずる　204
風神　ふうじん　180
風天　ふうてん　168
風幢　ふうどう　168
フェノロサ　ふぇのろさ　38
不空羂索観音　ふくうけんじゃくかんのん　46
不空羂索儀軌経　ふくうけんじゃくぎききょう　46
不空成就　ふくうじょうじゅ　16
不空成就如来　ふくうじょうじゅにょらい　108
不空訳経　ふくうやくきょう　50
腹甲　ふくこう　121
福徳神　ふくとくしん　152
福徳施与の神　ふくとくせよのかみ　150
福禄寿　ふくろくじゅ　210
普賢延命法典　ふげんえんめいほうてん　76
普賢行願　ふげんぎょうがん　72
普賢薩埵　ふげんさった　22
普賢菩薩　ふげんぼさつ　72
総　ふさ　145
趺坐　ふざ　131
不思議慧　ふしぎえ　70
補処の菩薩　ふしょのぼさつ　82
武神　ぶしん　180
武装形貴顕天　ぶそうぎょうきけんてん　132
二俣杵　ふたまたしょ　123
二俣の矢　ふたまたのや　111
歩擲明王　ぶちゃくみょうおう　104
仏牙　ぶつげ　186
仏眼　ぶつげん　51・89

二十五面四十二臂　にじゅうごめんしじゅうにひ　44
日耀　にちよう　84
日曜座　にちようざ　174
日輪　にちりん　84・112・175
日輪光背　にちりんこうはい　201
日輪宝珠　にちりんほうじゅ　45
肉髻　にっけい　21
肉髻珠　にっけいしゅ　5
日光遍照　にっこうへんじょう　84
日光菩薩　にっこうぼさつ　84
日神　にっしん　174
日天　にってん　174
日天子　にってんし　174
二分身　にぶんしん　136
如意手　にょいしゅ　81
如意の三宝珠　にょいのさんほうじゅ　13
如意宝珠　にょいほうじゅ　48・135
如意法輪　にょいほうりん　48
如意輪観音　にょいりんかんのん　48
如意輪菩薩　にょいりんぼさつ　48
如意輪瑜伽経　にょいりんゆがきょう　48
女人延命　にょにんえんめい　76
女人往生　にょにんおうじょう　76
如来喜　にょらいき　30
如来牙　にょらいげ　30
如来慈　にょらいじ　30
如来笑　にょらいしょう　30
如来舌　にょらいぜつ　30
如来相好尊　にょらいそうごうそん　30
如来悲　にょらいひ　30
如来宝　にょらいほう　30
如来愍　にょらいみん　30
人間道　にんげんどう　48
人頭幢　にんとうどう　163
仁王儀軌　にんのうぎき　106
仁王経　にんのうきょう　88
子神　ねしん　84
念珠観音　ねんじゅかんのん　56
念珠手　ねんじゅしゅ　48
燃燈仏　ねんとうぶつ　26
念仏　ねんぶつ　6
衲衣　のうえ　3
衲衣の袈裟　のうえのけさ　13
能生の徳　のうしょうのとく　24

〈は〉

背子　はいし　67・129
羽織形　はおりぎょう　197
白鳳仏　はくほうぶつ　38
羽衣　はごろも　188
羽衣伝説　はごろもでんせつ　188
馬首の蚕母　ばしゅのさんも　95
婆藪仙人　ばすせんにん　148
派生（発生）　はせい（はつしょう）　22
長谷寺式十一面観音　はせでらしきじゅういちめんかんのん　42
裸足　はだし　139
鉢　はち　128
蓮の座　はちすのざ　25
八大金剛童子　はちだいこんごうどうじ　122
発生仏頂　はっしょうぶっちょう　28
馬頭威怒明王　ばとういぬみょうおう　50
馬頭印　ばとういん　51
馬頭観音　ばとうかんのん　50
馬頭金剛明王　ばとうこんごうみょうおう　50
馬頭大威怒明王　ばとうだいいぬみょうおう　120
馬頭明王　ばとうみょうおう　50・120
馬宝　ばほう　29
破魔印　はまいん　25
半跏思惟形文殊　はんかしゆいぎょうもんじゅ　66
半跏思惟像　はんかしゆいぞう　48
半月形　はんがつぎょう　86
半月形風輪　はんがつぎょうふうりん　169
半跏趺吉祥坐法　はんかふきっしょうざほう　74
半跏趺坐　はんかふざ　25
半跏踏下坐　はんかふみさげざ　65
半跏踏下鳥獣坐　はんかふみさげちょうじゅうざ　52
盤石座　ばんじゃくざ　193
幡杖　ばんじょう　168
般若経典　はんにゃきょうてん　66
般若金剛　はんにゃこんごう　66
般若菩薩　はんにゃぼさつ　90
万有創造　ばんゆうそうぞう　130
魚籠　びく　60

智慧　ちえ　48
智慧の文殊　ちえのもんじゅ　68
畜生道　ちくしょうどう　48
智拳印　ちけんいん　16
稚児文殊菩薩　ちごもんじゅぼさつ　66
地天　ちてん　172
智徳　ちとく　18
智吉祥印　ちのきっしょういん　55
薙髪　ちはつ　201
紐　ちゅう　137・191
中台八葉院　ちゅうだいはちよういん　68
中論　ちゅうろん　92
頂髻形肉髻　ちょうけいぎょうにっけい　27
長袂衣　ちょうけつえ　129・157
丁字立　ちょうじたち　181
丁字立の足　ちょうじたちのあし　105
鳥獣形宝冠　ちょうじゅうぎょうほうかん　165
鳥獣形蓮華座　ちょうじゅうぎょうれんげざ　115
鳥獣座　ちょうじゅうざ　130
頂上化身仏　ちょうじょうけしんぶつ　111
頂上如意宝珠　ちょうじょうにょいほうじゅ　171
頂上如来相　ちょうじょうにょらいそう　43
跳足　ちょうそく　109
鎮護国家祈願　ちんごこっかきがん　116
鎮宅符　ちんたくふ　208
剃髪　ていはつ　80・201
鉄鉤　てっこう　145
鉄鉢　てっぱつ　31
天冠帯　てんかんたい　73・133
天冠台　てんかんだい　35・59
天弓愛染明王　てんきゅうあいぜんみょうおう　112
天鼓雷音如来　てんくらいおんにょらい　18
天華杯　てんげはい　154
天眼　てんげん　103・133
天竺　てんじく　40・128
天扇　てんせん　180
天孫降臨　てんそんこうりん　202
天帯　てんたい　171
天台宗　てんだいしゅう　110
天道　てんどう　48
天女形　てんにょぎょう　134
天女宝　てんにょほう　29
天人丈夫観音　てんにんじょうぶかんのん　54
天衣　てんね　35・53・137
天衣の端緒　てんねのはしお　39・151
天変地異　てんぺんちい　30
転法輪印　てんほうりんいん　7・53
転輪聖王　てんりんしょうおう　50
刀印　とういん　89
燈鬼　とうき　164
刀剣　とうけん　144
榻座　とうざ　65
頭頂四仏　とうちょうしぶつ　185
童女応現身　どうにょおうげんしん　60
童女形　どうにょぎょう　184
刀八毘沙門天　とうはちびしゃもんてん　144
道服　どうぶく　197
塔本塑像　とうほんそぞう　66
東密　とうみつ　116
東密系　とうみつけい　102
当来仏　とうらいぶつ　20・64
忉利天　とうりてん　126
渡海文殊菩薩　とかいもんじゅぼさつ　70
毒女陀羅尼経　どくにょだらにきょう　184
髑髏冠　どくろかん　104
兜率浄土　とそつじょうど　20
兜率天　とそつてん　20・64
独鈷杵　とっこしょ　74
怒髪　どはつ　103
兜跋国王城　とばつこくおうじょう　142
兜跋毘沙門天　とばつびしゃもんてん　142
寅神　とらしん　84
酉神　とりしん　86
貪瞋痴　どんしんち　102

〈な〉

長袴　ながばかま　203
靡髪　なびきはつ　123・147
南無仏　なむぶつ　206
奈良の安倍　ならのあべ　68
仁王　におう　136
仁王尊　におうそん　138
仁王門　におうもん　190
二王門　におうもん　190
錦沓　にしきぐつ　129
二十五有界　にじゅうごうかい　44

総髪　そうはつ　100
象鼻天大将　そうびてんたいしょう　192
澡瓶　そうびょう　55
増益の功徳　そうやくのくどく　91
息災離苦　そくさいりく　10
速疾鬼　そくしつき　164
蘇利也波羅皮遮那　そりやはらひしゃな　84
尊勝仏頂　そんしょうぶっちょう　30
尊勝仏頂曼荼羅　そんしょうぶっちょうまんだら　102

〈た〉

大安楽不空真実菩薩名　だいあんらくふくうしんじつぼさつめい　76
大威徳色力無比　だいいとくしきりきむひ　150
大威徳明王　だいいとくみょうおう　106
大威怒烏枢沙摩儀軌　だいいぬうすさまぎき　110
大衣　だいえ　16
大慧金剛　だいえこんごう　66
大円鏡智　だいえんきょうち　16
太元帥明王　たいげん（すい）みょうおう　116
大黒頭巾　だいこくずきん　183
大黒天　だいこくてん　182
大金剛法輪　だいこんごうほうりん　74
台座　だいざ　35・133・191
大自在天　だいじざいてん　103・154
大自在天女　だいじざいてんにょ　154
大慈悲　だいじひ　72
帝釈天　たいしゃくてん　132
大聖歓喜天　だいしょうかんぎてん　192
大笑相　だいしょうそう　42
大聖天　だいしょうでん　192
大瞋印　だいしんいん　104
大随求菩薩　だいずいぐぼさつ　90
大勢官　だいせいかん　52
大勢至宝吉祥　だいせいしほうきちじょう　176
大勢至菩薩　だいせいしぼさつ　82
胎蔵界金剛部院　たいぞうかいこんごうぶいん　76
胎蔵界曼荼羅　たいぞうかいまんだら　68・118
大地神女　だいちしんにょ　172
大智度論　だいちどろん　28
大日経　だいにちきょう　18・164
大日経疏　だいにちきょうしょ　24
大日神変真言経　だいにちしんぺんしんごんきょう　100
大日如来（金剛界）　だいにちにょらい（こんごうかい）　16
大日如来（胎蔵界）　だいにちにょらい（たいぞうかい）　18
大般若十六善神図様　だいはんにゃじゅうろくぜんじんずよう　146
大悲胎蔵曼荼羅　だいひたいぞうまんだら　188
大白蓮　だいびゃくれん　24
大忿怒印　だいふんぬいん　117
大辯功徳天　だいべんくどくてん　152
大辯財天女品最勝王経　だいべんざいてんにょぼんさいしょうおうきょう　152
大宝積経　だいほうしゃくきょう　138
大梵天　だいぼんてん　130
当麻曼荼羅図　たいままんだらず　6
台密　たいみつ　116
台密系　たいみつけい　102
大妙金剛経　だいみょうこんごうきょう　50
太陽神　たいようしん　132
大楽軌　たいらくき　96
大力持明王　だいりきじみょうおう　50
大輪明王　だいりんみょうおう　108
宝船　たからぶね　210
太刀　たち　141
辰神　たつしん　86
多宝塔　たほうとう　141
多面多臂　ためんたひ　44
多聞天　たもんてん　140
多羅尊観音　たらそんかんのん　60
陀羅尼　だらに　114
陀羅尼集経　だらにじっきょう　104
陀羅尼集経吉祥天曼荼羅　だらにじっきょうきちじょうてんまんだら　148
達磨　だるま　208
垂髪　たれがみ　203
垂平緒　たれひらのお　39・135
端午の節供　たんごのせっく　150
噉食金剛　たんじきこんごう　50
男神　だんしん　172
檀拏印　だんだいん　106

浄菩提心　じょうぼだいしん　112
上品下生　じょうぼんげしょう　6
勝鬘経　しょうまんぎょう　206
摂無礙経　しょうむげきょう　34・58
請来仏　しょうらいぶつ　40
清涼山　しょうりょうざん　70
浄瑠璃寺流記事　じょうるりじるきのこと　134
浄瑠璃世界　じょうるりせかい　12
青蓮華　しょうれんげ　60
触金剛　しょくこんごう　96
触金剛手　しょくこんごうしゅ　97
触地印　しょくちいん　25・86
諸芸成就　しょげいじょうじゅ　154
除災の功徳　じょさいのくどく　91
除病安楽　じょびょうあんらく　10
襯衣　しんえ　57・129
神格化　しんかくか　132
神功皇后　じんぐうこうごう　200
身光　しんこう　39・113
真言　しんごん　68
真言宗　しんごんしゅう　108
深沙大将　じんじゃたいしょう　146
神呪経　しんじゅきょう　2
神泉苑　しんせんえん　128
真如金剛　しんにょこんごう　22
瞋怒相　しんぬそう　11・42
神仏習合思想　しんぶつしゅうごうしそう　200
神変加持経　しんぺんかじきょう　100
神変大菩薩　しんぺんだいぼさつ　200
水月観音　すいがっかんのん　58
垂迹神　すいじゃくしん　200
随順　ずいじゅん　122
瑞鳥形宝冠　ずいちょうぎょうほうかん　135
水天　すいてん　166
水天法　すいてんほう　166
水波の相　すいはのそう　100
垂髪　すいはつ　25・131
水瓶　すいびょう　37・104
透彫の宝冠　すかしぼりのほうかん　40
頭光　ずこう　13・135
厨子　ずし　38・134
脛当　すねあて　183
聖獣　せいじゅう　75
施願印　せがんいん　131
施願施無畏印　せがんせむいいん　47
石帯　せきたい　157・209
舃　せきのくつ　197
雪山　せつせん　184
説法印　せっぽういん　8
説法来迎印　せっぽうらいごういん　129
施無畏印　せむいいん　21・185
善見城　ぜんけんじょう　132
千眼千舌千臂千手千足観音　せんげんせんぜつせんぴせんじゅせんそくかんのん　44
千眼相　せんげんそう　132
浅間大社　せんげんたいしゃ　202
千光眼　せんこうげん　44
善財童子　ぜんざいどうじ　70
禅宗　ぜんしゅう　204
善住宝海世界　ぜんじゅうほうかいせかい　12
千手観音　せんじゅかんのん　44
千手聖観音　せんじゅしょうかんのん　44
千手千眼観世音　せんじゅせんげんかんぜおん　44
仙杖　せんじょう　70・160
禅定印　ぜんじょういん　18
善神　ぜんじん　156・192
善膩師童子　ぜんにしどうじ　148
善如龍王　ぜんにょりゅうおう　128
千臂観世音　せんぴかんぜおん　44
千臂観音　せんぴかんのん　44
千宝相　せんぽうそう　88
千宝の光明　せんぽうのこうみょう　74
善名称吉祥王如来　ぜんみょうしょうきちじょうおうにょらい　12
箭（矢）　せん（や）　22・107
雙王　そうおう　162
僧祇支　そうぎし　39・81
僧形の中尊　そうぎょうのちゅうそん　92
僧形八幡神　そうぎょうはちまんしん　200
僧形仏陀波利　そうぎょうぶっだはり　70
僧形文殊　そうぎょうもんじゅ　66
雙身像　そうしんぞう　192
雙身歓喜天　そうしんかんぎてん　192
雙世　そうせい　162
増長天　ぞうちょうてん　140・191
増長天と持国天　ぞうちょうてんとじこくてん　190

湿婆神　しばしん　186
襦袢　じばん　57
慈悲　じひ　6
慈悲相　じひそう　42
持宝金剛　じほうこんごう　48
持物　じもつ　84・180
下腰甲　しもようこう　137
釈迦院　しゃかいん　24
釈迦三尊　しゃかさんぞん　130
釈迦三尊像　しゃかさんぞんぞう　66
釈迦入滅　しゃかにゅうめつ　80
釈迦如来　しゃかにょらい　2
釈迦八相　しゃかはっそう　2
釈迦仏　しゃかぶつ　2
釈迦牟尼仏　しゃかむにぶつ　2
邪鬼　じゃき　116・164
笏　しゃく　197
赤蛇腕釧　しゃくじゃわんせん　105
錫杖　しゃくじょう　81・201
蛇索　じゃさく　146
遮止　しゃし　162
娑婆界　しゃばかい　20
綬　じゅ　197
思惟　しゆい　4・64
思惟上手印　しゆいあげしゅいん　155
思惟下手印　しゆいさげしゅいん　155
思惟手　しゆいしゅ　48・65
思惟相　しゆいそう　155
手印　しゅいん　127
十一面観音　じゅういちめんかんのん　42
執金剛　しゅうこんごう　22
十二天供儀軌　じゅうにてんくぎき　170
十二天屛風　じゅうにてんびょうぶ　133
十二天報恩経　じゅうにてんほうおんきょう　160
十二の大願　じゅうにのだいがん　10
獣皮　じゅうひ　161
獣皮の条帛　じゅうひのじょうはく　185
十六羅漢　じゅうろくらかん　204
修験道　しゅげんどう　198
執金剛神　しゅこんごうしん　136
授産の功徳　じゅさんのくどく　91
衆生　しゅじょう　40
衆生の足　しゅじょうのあし　48
殊勝仏頂　しゅしょうぶっちょう　30
数珠　じゅず　45・160
綬帯形の天衣　じゅたいぎょうのてんね　207
鬚髪　しゅはつ　169・209
須弥山下　しゅみせんか　140
修羅界　しゅらかい　126
修羅道　しゅらどう　48
寿老人　じゅろうじん　210
准胝観音　じゅんていかんのん　54
摂一切仏頂　しょういっさいぶっちょう　26
定印　じょういん　8
請雨　しょうう　114
請雨修法　しょううしゅほう　128
小王応現身　しょうおうおうげんしん　60
聖月光　しょうがっこう　86
正観音　しょうかんのん　34
聖観音　しょうかんのん　34
聖観音自在菩薩　しょうかんのんじざいぼさつ　34
鍾馗　しょうき　208
青牛　しょうぎゅう　168
常暁　じょうぎょう　116
青頸観音　しょうきょうかんのん　52
穰虞梨童女　じょうぐりどうにょ　184
勝軍大威徳明王法　しょうぐんだいいとくみょうおうほう　106
定光仏　じょうこうぶつ　26
錠光仏　じょうこうぶつ　26
青金剛童子　しょうこんごうどうじ　118
捷疾鬼　しょうしつき　186
青蛇腰紐　しょうじゃこしひも　105
青蛇瓔珞　しょうじゃようらく　105
請召　しょうじょう　70
上生信仰　じょうしょうしんこう　20・64
清浄の尊　しょうじょうのそん　54
清浄比丘　しょうじょうびく　122
成所作智　じょうしょさち　16
生身　しょうじん　2
小象　しょうぞう　74
聖天　しょうでん　154
聖天法　しょうでんほう　104
聖徳太子　しょうとくたいし　206
条帛　じょうはく　17・127
招福の功徳　しょうふくのくどく　91
成仏　じょうぶつ　20

うかん　113
三鈷形髑髏宝冠　さんこぎょうどくろほうかん
105
三鈷剣　さんこけん　45・167
三鈷杵　さんこしょ　22・73
三鈷柄剣　さんこつかけん　55
三鈷鈴　さんこれい　73
三叉鎌　さんさがま　199
三叉戟　さんさげき　45・170
三叉戟形宝幢　さんさげきぎょうほうどう　187
三叉鉤　さんさこう　51・79
三叉杵　さんさしょ　193
三叉鉾　さんさほこ　141
散脂大将　さんしたいしょう　146
三十三観音　さんじゅうさんかんのん　52
三十二相　さんじゅうにそう　28
三十日秘仏　さんじゅうにちひぶつ　26
三尊形　さんぞんぎょう　2
三尊仏　さんぞんぶつ　72
三道　さんどう　5・131・179
三毒　さんどく　102
蚕の守護神　さんのしゅごしん　94
三弁孔雀尾　さんべんくじゃくび　185
三弁宝珠　さんべんほうじゅ　78・128
三弁宝珠宝冠　さんべんほうじゅほうかん　79
三宝珠　さんほうじゅ　45
三宝珠蓮華　さんほうじゅれんげ　78
三本足の烏　さんぼんあしのからす　174
三煩悩　さんぼんのう　102
三昧耶形　さんまやぎょう　10
三面形　さんめんぎょう　181
三面形宝冠　さんめんぎょうほうかん 143
三面極忿怒相　さんめんごくふんぬそう　107
三面相　さんめんそう　51
三面童子形　さんめんどうじぎょう　127
三面頭飾宝冠　さんめんとうしょくほうかん　37
三面童女相　さんめんどうにょそう　185
三面八臂像　さんめんはっぴぞう　102
三面忿怒形相　さんめんふんぬぎょうそう　103
三面宝冠　さんめんほうかん　106
三文殊　さんもんじゅ　68
思案相　しあんそう 155
地慧幢　じえどう　70
耳飾り　じかざり 75
敷座　しきざ　133・161
敷茄子　しきなす　131
尸棄仏　しきぶつ　2
獅噛　しくい　143・191
四眼　しげん　109
慈眼　じげん　44
事業金剛　じごうこんごう　118
持国天　じこくてん　140・191
地獄道　じごくどう　48
四金剛菩薩　しこんごうぼさつ　96
自在天身　じざいてんしん　56
獅子　しし　190
獅子頭の宝冠　ししがしらのほうかん　112
獅子形宝冠　ししぎょうほうかん　145
四執金剛　ししつこんごう　160
慈子菩薩　じしぼさつ　64
侍者　じしゃ　70
慈手　じしゅ　44
四十八の大願　しじゅうはちのだいがん　4
熾盛光仏頂　しじょうこうぶっちょう　30
四摂菩薩　ししょうぼさつ　118
自性輪身　じしょうりんじん　108
持世菩薩　じせぼさつ　92
持世菩薩曼荼羅　じせぼさつまんだら　92
地蔵菩薩　じぞうぼさつ　80
耳朶　じだ　31
四大神　しだいじん　160
七倶胝仏母　しちぐていぶつも　54
七頭四臂　しちずしひ　184
七福神宝船　しちふくじんたからぶね　210
七仏本願功徳経　しちぶつほんがんくどくきょう
12
七宝冠　しちほうかん　149
七宝雙蓮華座　しちほうそうれんげざ　31
七曜星　しちようせい　174
七龍頭宝冠　しちりゅうずほうかん　167
瑟瑟座　しつしつざ　101
十住毘婆沙論　じっじゅうびばしゃろん　92
十大願　じっだいがん　72
七宝山　しっぽうさん　134
四手　しで　203
四天王　してんのう　140
耳璫　じとう　57
指徳　しとく　122

五台山　ごだいさん　70
五台山文殊楼　ごだいさんもんじゅろう　70
五大明王　ごだいみょうおう　102
五大力菩薩　ごだいりきぼさつ　88
五智印　ごちいん　72
五智大忿怒尊　ごちだいふんぬそん　108
五智如来　ごちにょらい　16・78
五智仏宝冠　ごちぶつほうかん　74
五智宝冠　ごちほうかん　17・73
国家護法　こっかごほう　88
籠手　こて　187
籠手甲　こてこう　143
虎頭皮　ことうひ　103
木花之開耶姫命　このはなのさくやひめのみこと　202
虎皮　こひ　119
虎皮裙　こひくん　109
五秘密菩薩　ごひみつぼさつ　96
五秘密曼荼羅　ごひみつまんだら　96
胡瓶　ごびょう　45
拳印　こぶしいん　137
五仏宝冠　ごぶつほうかん　19
護法金剛　ごほうこんごう　160
五宝天冠　ごほうてんかん　133
狛犬　こまいぬ　190
子安地蔵　こやすじぞう　80
子安神社　こやすじんじゃ　202
五欲の解脱　ごよくのげだつ　96
矜羯羅・制吒迦　こんがら・せいたか　122
欣求浄土　ごんぐじょうど　80
金剛王菩薩　こんごうおうぼさつ　22
金剛界五仏　こんごうかいごぶつ　17
金剛界曼荼羅　こんごうかいまんだら　192
金剛喜悦　こんごうきえつ　96
金剛吼菩薩　こんごうくぼさつ　88
金剛戟　こんごうげき　145
金剛牙菩薩　こんごうげぼさつ　108
金剛拳　こんごうけん　97
金剛鉤　こんごうこう　22
金剛光菩薩　こんごうこうぼさつ　84
金剛蔵王菩薩　こんごうざおうぼさつ　198
金剛薩埵　こんごうさった　22
金剛鏁菩薩　こんごうさぼさつ　118
金剛手印　こんごうしゅいん　138
金剛主秘密王　こんごうしゅひみつおう　22
金剛手菩薩　こんごうしゅぼさつ　22
金剛杵　こんごうしょ　68
金剛箭　こんごうせん　96
金剛尊　こんごうそん　138
金剛頂経　こんごうちょうぎょう　16
金剛童子　こんごうどうじ　118
金剛童子経　こんごうどうじきょう　118
金剛板沓　こんごうばんぐつ　127
金剛宝　こんごうほう　29
金剛棒　こんごうぼう　111・190
金剛矟　こんごうほこ　141
金剛鉾　こんごうほこ　131
金光明経　こんこうみょうきょう　186
金剛夜叉明王　こんごうやしゃみょうおう　108
金剛欲自在　こんごうよくじざい　96
金剛力士　こんごうりきし　136
金色宝光妙行成就如来　こんじきほうこうみょうぎょうじょうじゅにょらい　12
根本仏　こんぽんぶつ　16

〈さ〉

宰官身　さいかんしん　52
最勝最尊　さいしょうさいそん　28
最勝仏頂　さいしょうぶっちょう　30
最勝老人　さいしょうろうにん　70
済度　さいど　80
賽の河原　さいのかわら　80
摧破仏頂　さいはぶっちょう　30
財福神　ざいふくじん　134
蔵王権現　ざおうごんげん　198
棹秤　さおばかり　95
榊の枝　さかきのえだ　203
柘榴　ざくろ　157
坐禅　ざぜん　208
鞘　さや　141
申神　さるしん　86
三会　さんえ　20
山岳修行者　さんがくしゅぎょうしゃ　114
三鵝鳥　さんがちょう　176
懺悔　さんげ　134
三髻　さんけい　159
三鈷形獅子頭宝冠　さんこぎょうししがしらほ

軍荼利印　ぐんだりいん　105
軍荼利明王　ぐんだりみょうおう　104
脛甲　けいこう　121
脛甲形の黒蛇　けいこうぎょうのこくじゃ　185
計設尼　けいしに　70
化現　けげん　142
華厳の三聖　けごんのさんせい　72
袈裟　けさ　7・81・200
化作　けさ　142
化生　けしょう　154
下生信仰　げしょうしんこう　20・64
化身仏　けしんぶつ　29
結跏趺坐　けっかふざ　13・46
外道神　げどうしん　116
化仏　けぶつ　35・130
化仏宝冠　けぶつほうかん　47
剣印　けんいん　89
拳印　けんいん　176
肩衣　けんえ　165
剣鎧童子　けんがいどうじ　186
顕教経典　けんぎょうきょうてん　26
肩甲　けんこう　121・137
賢劫十六尊　けんごうじゅうろくそん　72
羂索　けんさく　45・101
賢者　けんじゃ　72
玄奘三蔵　げんじょうさんぞう　146
現図胎蔵界曼荼羅　げんずたいぞうかいまんだら　160
眼相　げんそう　24
建陀　けんだ　186
玄應音義　げんのうおんぎ　162
眼病平癒　げんびょうへいゆ　10
顕密　けんみつ　92
袴　こ　87・137・161
鉤　こう　45
降雨法　こううほう　166
降閻魔尊　ごうえんまそん　106
笄　こうがい　197
降下成道　こうかじょうどう　64
光輝普遍　こうきふへん　14
降三世印　ごうざんぜいん　103
降三世明王　ごうざんぜみょうおう　102
光聚仏頂　こうじゅうぶっちょう　30
業障　ごうしょう　108
光勝世界　こうしょうせかい　12
広生仏頂　こうしょうぶっちょう　28
香象　こうぞう　148
広大仏頂　こうだいぶっちょう　30
降毒の剣　こうどくのけん　184
光背　こうはい　12・72
劫波杯　ごうははい　170
業波羅蜜　ごうはらみつ　122
降魔形宝剣　ごうまぎょうほうけん　109
降魔坐　ごうまざ　21
降魔手　ごうましゅ　209
光明山手　こうみょうせんしゅ　48
光明遍照　こうみょうへんじょう　14
光網　こうもう　70
広目天　こうもくてん　140
曠野鬼神大将　こうやきしんたいしょう　116
五境の静虚　ごきょうのせいきょ　96
虚空　こくう　40
虚空手　こくうしゅ　127
虚空蔵菩薩　こくうぞうぼさつ　78
黒冠　こくかん　208
黒耳天　こくじてん　148
獄卒　ごくそつ　164・196
黒長沓　こくながぐつ　208
極忿怒相　ごくふんぬそう　106
極楽浄土　ごくらくじょうど　4・82
五髻　ごけい　71・123
五眼　ごげん　108
五劫　ごこう　4
五鈷鉤　ごここう　112
五鈷杵　ごこしょ　22・68
五鈷鈴　ごこれい　22
胡坐　ござ　131・197
五山髻　ござんけい　37
居士身　こじしん　58
腰垂衣　こしたれえ　155
腰布　こしぬの　123
腰紐　こしひも　39・123
五障　ごしょう　76
五条の袈裟　ごじょうのけさ　201
牛頭　ごず　196
古拙相　こせつそう　41
小袖　こそで　207
五大虚空蔵菩薩　ごだいこくうぞうぼさつ　78

感得　かんとく　198
管毒の木印　かんどくのもくいん　185
咸応伝　かんのうでん　60
観音三十三応現身　かんのんさんじゅうさんおうげんしん　34
観無量寿経　かんむりょうじゅきょう　34
顔容端正　がんようたんせい　154
環珞　かんらく　16
甘露　かんろ　104
甘露軍荼利　かんろぐんだり　104
伎楽　ぎがく　154・178
記紀　きき　200
儀軌　ぎき　34・126
記紀神話　ききしんわ　202
木沓　きぐつ　197
伎芸天女　ぎげいてんにょ　154
伎芸天念誦法　ぎげいてんねんじゅほう　154
黄金剛童子　きこんごうどうじ　118
鬼子母神　きしもじん　156
騎獣座　きじゅうざ　176
鬼神　きしん　126・146
鬼神王般闍迦　きしんおうはんじゃか　156
北野天神縁起絵巻　きたのてんじんえんぎえまき　126
吉祥金剛　きちじょうこんごう　66
吉祥天　きちじょうてん　134
吉祥天と梵釈　きちじょうてんとぼんしゃく　148
吉祥猿　きっしょうえん　121
吉祥果　きっしょうか　92・157
吉祥果杯　きっしょうかはい　188
吉祥悔過会　きっしょうけかえ　134
吉祥坐　きっしょうざ　13
吉祥鳥　きっしょうちょう　52・114
杵杖　きねじょう　138
杵棒　きねぼう　138
騎白牛　きびゃくぎゅう　106
脚釧　きゃくせん　57・103
宮殿　きゅうでん　45
経巻　きょうかん　67
経巻紙　きょうかんし　141
経軌　きょうき　10・128
教化　きょうけ　20
教化神　きょうけしん　168
教化の智　きょうけのち　44
胸甲　きょうこう　121・137
胸飾　きょうしょく　25・173
京都の切戸　きょうとのきりと　68
京都の黒谷　きょうとのくろだに　68
孝養太子像　きょうようたいしぞう　206
教令輪身　きょうりょうりんじん　100
挙身形光背　きょしんぎょうこうはい　7・93
巨大魚　きょだいぎょ　61
巨大猪　きょだいちょ　181
巨大白象　きょだいびゃくぞう　75
魚籃観音　ぎょらんかんのん　60
魚籃手　ぎょらんしゅ　61
緊迦羅　きんから　122
金嚢の宝袋　きんのうのほうたい　183
空海　くうかい　128
倶縁果　くえんか　115・149
括緒　くくりお　203
狗牙上出相　くげじょうしゅつそう　42
救護慧　くごえ　70
鼙　くじか　168
孔雀形光背　くじゃくぎょうこうはい　115
孔雀尾　くじゃくび　114
孔雀仏母　くじゃくぶつも　114
孔雀明王　くじゃくみょうおう　114
九条の袈裟　くじょうのけさ　207
救世観音　くぜかんのん　38
具足　ぐそく　48
百済　くだら　4
百済観音　くだらかんのん　40
沓　くつ　121・145
倶胝　ぐてい　54
口伝　くでん　144
功徳　くどく　10・134
功徳経　くどくきょう　84
功徳天　くどくてん　134
倶那含牟尼仏　くながんむにぶつ　2
九品往生相　くぼんおうじょうそう　8
倶摩羅儀軌　くまらぎき　118
九面観音　くめんかんのん　36
供養　くよう　26
倶利迦羅剣　くりからけん　100
倶留孫仏　くるそんぶつ　2
紅蓮華　ぐれんげ　78
裙帯　くんたい　153

円満香積世界　えんまんこうしゃくせかい　12
延命普賢菩薩　えんめいふげんぼさつ　74
延命菩薩　えんめいぼさつ　76
厭離穢土　えんりえど　80
王冠　おうかん　197
往生　おうじょう　8
応神天皇　おうじんてんのう　200
近江国風土記　おうみのくにふうどき　188
大袖　おおそで　207
大袖衣　おおそでえ　209
大津絵　おおつえ　208
岡倉天心　おかくらてんしん　38
御月様　おつきさま　176
帯喰　おびくい　87・165
音楽神　おんがくしん　152
怨敵調伏　おんてきちょうぶく　116

〈か〉

襠襠衣　がいとうえ　52・129
開敷華王如来　かいふけおうにょらい　18
開敷手印　かいふしゅいん　35
開敷蓮華　かいふれんげ　48・130
回文　かいぶん　210
火焔形挙身光背　かえんぎょうきょしんこうはい　185
火焔形光背　かえんぎょうこうはい　59
火焔形三弁宝珠　かえんぎょうさんべんほうじゅ　25
火焔形身光　かえんぎょうしんこう　27・69
火焔形瑞鳥　かえんぎょうずいちょう　97
火焔形頭光　かえんぎょうずこう　27・133
火焔形宝冠　かえんぎょうほうかん　67
火焔形摩尼宝珠　かえんぎょうまにほうじゅ　39
火焔座　かえんざ　111・161
火焔形三鈷剣　かえんぎょうさんこけん　100
雅楽　ががく　8
餓鬼道　がきどう　48
花形の髻　かぎょうのもとどり　100
学問神　がくもんしん　152
陽炎　かげろう　180
過去七仏　かこしちぶつ　2
挿頭　かざし　203
飾り布　かざりぬの　157
迦葉仏　かしょうぶつ　2
嘉祥法華疏　かじょうほっけしょ　176
火頭金剛　かずこんごう　110
鬘　かずら　55
肩喰　かたくい　143
我痴我見我慢我愛　がちがけんがまんがあい　104
月輪　がちりん　86・176
月輪宝珠　がちりんほうじゅ　45
月光遍照　がっこうへんじょう　86
月光菩薩　がっこうぼさつ　86
合掌　がっしょう　8
月浄　がつじょう　86
合掌印相　がっしょういんぞう　56
合掌観音　がっしょうかんのん　56
合掌手　がっしょうしゅ　45・83
甲冑　かっちゅう　140
月天　がつてん　176
月天子　がつてんし　176
羯磨衣　かつまえ　58・148
火天　かてん　160
誐那鉢底天　がなばちてん　192
可怖畏　かふい　162
冑　かぶと　141
兜形宝冠　かぶとぎょうほうかん　187
髪結紐　かみゆいひも　147
荷葉　かよう　151
荷葉座　かようざ　159
唐草文宝冠　からくさもんほうかん　39
唐様式　からようしき　36
狩衣　かりぎぬ　183
訶利帝母　かりていも　156
狩袴　かりばかま　183
迦陵頻伽　かりょうびんが　82
迦陵頻伽宝冠　かりょうびんがほうかん　53
迦楼羅焔光　かるらえんこう　101
歓喜自在天　かんぎじざいてん　192
歓喜団　かんぎだん　193
歓喜天　かんぎてん　104・154
岩座　がんざ　191
観自在菩薩阿摩提法　かんじざいぼさつあまだいほう　52
灌頂経　がんじょうきょう　86
観世音菩薩　かんぜおんぼさつ　34・40
観想念仏　かんそうねんぶつ　80

索引〔ゴシックは見出しの仏像〕

〈あ〉

愛金剛　あいこんごう　96
愛子成就経　あいしじょうじゅきょう　158
愛染曼荼羅　あいぜんまんだら　112
愛染明王　あいぜんみょうおう　112
愛欲貪染　あいよくどんぜん　112
阿形　あぎょう　136
悪趣　あくしゅ　50
衵　あこめ　203
阿閦如来　あしゅくにょらい　16・110
阿修羅　あしゅら　126
阿修羅身　あしゅらしん　56
阿耨達　あのくた　122
阿摩提観音　あまだいかんのん　52
天照大御神　あまてらすおおみかみ　202
阿弥陀如来　あみだにょらい　4
阿弥陀如来の来迎　あみだにょらいのらいごう　8
阿弥陀仏　あみだぶつ　4
阿弥陀宝冠　あみだほうかん　46
阿羅漢　あらかん　204
阿利也賛坦羅鉢羅波　ありやさんたらはらは　86
闇黒の地獄王　あんこくのじごくおう　196
安産の守り神　あんざんのまもりがみ　202
安鎮軌　あんちんき　168
医王如来　いおうにょらい　10
異形像　いぎょうぞう　50
遺歯（仏牙）　いし（ぶつげ）　186
石突　いしづき　105・141
伊舎那天　いしゃなてん　170
亥神　いしん　84
韋駄天　いだてん　186
韋駄天走り　りいだてんばしり　186
一字金輪仏頂　いちじきんりんぶっちょう　29
一面二臂　いちめんにひ　100
一髻文殊　いっけいもんじゅ　68
一光三尊像　いっこうさんぞんぞう　4
一切義成就菩薩　いっさいのぎじょうじゅぼさつ　72
一生補処　いっしょうふしょ　64
威徳金剛　いとくこんごう　84
糸枠　いとわく　95
戌神　いぬしん　84
威怒相　いぬそう　42
印相　いんぞう　2・6
烏倶婆誐　うくばが　122
丑神　うししん　84
卯神　うしん　84
烏枢沙摩手　うすさましゅ　111
烏枢沙摩明王　うすさまみょうおう　110
袿の表着　うちきのうわぎ　203
打出の小槌　うちでのこづち　182
優塡王　うでんおう　70
烏波計設尼　うばけいしに　70
午神　うましん　86
烏摩妃　うまひ　102・178
上腰甲　うわようこう　137
吽形　うんぎょう　136
雲中供養菩薩　うんちゅうくようぼさつ　188
雲雷形光背　うんらいぎょうこうはい　111
永観　えいかん　6
慧喜　えき　122
慧光　えこう　122
柄香炉　えこうろ　206
鉞斧　えっぷ　153
恵比須　えびす　210
慧琳音義　えりんおんぎ　162・186
円光　えんこう　185
円仁　えんにん　70
役小角　えんのおづぬ　198
役行者　えんのぎょうじゃ　198
焰髪　えんぱつ　89・147
閻魔　えんま　106
閻魔大王　えんまだいおう　196
焰摩天　えんまてん　162

香取良夫（かとり　よしお）

一九四三年、東京都生まれ。

教科書、百科事典、国語辞典、古語辞典、歴史辞典などの挿絵を手はじめに、有識故実、古典絵巻、仏像の復元と模写に従事して、新大字典・漢和辞典（講談社）、国語大辞典・日本歴史館（小学館）、広辞苑・日本史辞典（岩波書店）、国史大辞典・日本随筆大成（吉川弘文館）などの出版に携わる。

〔画・著〕

○古典画　十二支文様図典（東京堂出版）

○イラストでみる日本史博物館　第1巻　社会・芸能編　第2巻　服飾・生活編　第3巻　武具・神仏編（柏書房）

○白描画　仏像知識事典（遊子館）

白描画による仏像の見方図典

2015年8月15日　初版第1刷印刷
2015年8月20日　初版第1刷発行

画・著者　香取良夫
発行者　森下紀夫
発行所　論創社
東京都千代田区神田神保町2-23　北井ビル
tel.03(3264)5254　fax.03(3264)5232　http://www.ronso.co.jp/
振替口座　00160-1-155266
装幀／宗利淳一
印刷・製本／中央精版印刷㈱
ISBN978-4-8460-1411-7　
落丁・乱丁はお取り替えいたします。